協同組合
未来への選択

編
中川雄一郎・杉本貴志

監修
全労済協会

日本経済評論社

目次

はじめに………………………………………………………………… 1
 （1）協同組合は社会から広く支持されているか 1
 （2）協同組合は地域社会への関与を通じて社会に貢献できる 2
 （3）本書の構成 4

序章 協同組合とはいかなる存在なのか………………… 杉本貴志 5
 「国際協同組合年」と「協同組合の10年」の課題

1. 協同組合とは何か 5
2. 富豪支配のサッカー界を拒否したサポーターたち 6
3. 普通の人たちがつくる協同組合 10
4. 文化と協同組合 12
5. 「官」と「民」と「公」 13
6. コミュニティとアソシエーション 16
7. 社会を変える協同組合 19
8. 「国際協同組合年」から「協同組合の10年」へ 20

第1編 協同組合の事業

第1章 買い物が社会を変える……………………………… 杉本貴志 27
 協同組合における購買事業の可能性

1. ピープルズ・スーパーマーケットの衝撃：レジも陳列もお客さん自身で 28

2. 買い物もできない山間地域と都心地域：コンビニ帝国とフード・デザート 31
3. 消費から社会を変える：ロッチデールの夢と転針 35
4. 「倫理的消費」の運動 39
5. 日本の生協と生協法 44
6. 班の成果と課題 47
7. 生協産直 50
8. 原発事故と格差社会 53

第2章 コミュニティの自立をめざして 杉本貴志 59
協同組合によるエネルギー事業と医療・福祉事業

1. 協同組合が取り組むエネルギー問題：英・日生協の風力発電 60
2. 電力の地産地消は可能か 64
3. 協同組合による小規模水力発電 68
4. 資金も人材も患者自身が用意する：医療生協の班活動と病院経営 72
5. コミュニティの自立に向けて 77

第3章 協同組織金融機関と社会 秋葉 武 79

1. 協同組合らしい金融事業 80
2. 協同組織金融機関の登場：「社会運動」として誕生 82
   (1) 戦前の協同組合による金融 82
   (2) 敗戦：金融×協同組合の本格的設立 83
3. 経済成長と協同金融機関の発展 86
   (1) 労働金庫による顧客の開拓と定着 86
   (2) 「金融護送船団方式」と協同金融機関 88
4. 社会の変化と金融：協同組織金融機関の模索と「NPOバンク」の芽生え 90

(1) 日本社会のパラダイム転換と協同組織金融機関　90
　　(2)「NPO バンク」の登場と定着　92
　　(3) NPO バンクの経営の特徴　94
　　(4) 協同組織金融機関の新たな動き　95
　　(5)「意志あるお金」と直接金融　97
　5. おわりに　99

第4章　共済生協……………………………………………相澤浩也　101
　　未来に向けて果たすべき役割

　1. 共済生協の諸活動　102
　　(1) 共済生協の取り組み　103
　　(2) 共済生協とは　109
　2. 共済生協の現状と課題　111
　　(1) 共済生協における共済事業の拡大　111
　　(2)「保険・共済に関する意識調査」の調査結果から見えてきた課題　112
　3. 共済生協が果たすべき役割　120
　　(1) 共済や保険に入っていない人々をどう考えるか　120
　　(2) 教育や情報の共有化　122
　4. まとめ　123
　　(1)「相互扶助」の実現のために　124
　　(2) 地域のネットワークとしての役割　124
　　(3) むすび　125

　　　　　　　第2編　協同組合の理念と組合員

第5章　現代協同組合教育論の基本視座………………大髙研道　131
　1. 課題　131

2．協同組合と教育：協同組合は「教育」に何を求めたのか　132
　　（1）オウエンと教育　132
　　（2）ロッチデール公正先駆者組合時代の協同組合と教育　133
　　（3）国際協同組合同盟と教育　136
　　（4）協同組合教育の基本課題：事業重視・利己主義との対抗構造　137
　3．協同組合に対する社会的認知の実際と協同組合についての教育　138
　　（1）協同組合の社会的認知度　139
　　（2）組合員と協同組合教育　146
　4．協同組合と参加型学習　150
　　（1）組合員ニーズの多様化・個別化と「公正な事業」　150
　　（2）社会に参画できない構造と組合員参加　153
　　（3）マルチ・ステークホルダー型協同組合の参加と学び　157
　5．「協同組合」教育を超えて　160
　　（1）協同組合教育の目的をめぐって　161
　　（2）状況的学習を可能とするもの　162

第6章　組合員の多様化と協同組合のアイデンティティ
　　　　　　………………………………………………… 川島美奈子　167

　1．「転換期」とは何か　168
　2．多様化について　171
　3．多様化と生協のアイデンティティ，商品に基づく参加　173
　　（1）民主性実現の困難化とその対応　175
　　（2）商品を中心にした参加のあり方　176
　　（3）参加の事例　176
　　（4）水平的な組織（対等な関係）「よこ組織」での民主性実現　180
　4．「買うだけ組合員」の解釈　182
　5．「知らせる」「説明する」ということ　183

(1) リスクコミュニケーションのあり方　183
　　　(2) 知らせる，説明すること　186

第7章　情報社会における協同組合運動 …………… 伊丹謙太郎　189

　1. 協同組合運動の歴史と現代社会　189
　2. 企業の社会性・公共性と消費者のエンパワーメント　192
　3. 社会の変化と運動の変化：生協の90年代　194
　4. 利用＝参加論の問題性　196
　5. 社会的価値のイノベーションと普及　198
　6. 運動における〈つながり〉の2つの形態　201
　7. ソーシャル・メディアにおける〈つながり〉の限界　203
　8. 「協同組合らしさ」とはなんだろうか　206
　9. プロシューマーの再興　208
　10. 情報のイノベーションからつながりのイノベーションへ　210
　11. 消費者の連帯と生協運動の歴史　213
　12. つながりのイノベーションの原点としての生協運動　215
　おわりに：残された課題と展望　218

終章　未来へのメッセージ ……………………………… 中川雄一郎　223
市場，民主主義，そしてシチズンシップ

　1. レイドロー報告の真髄　223
　　　(1) レイドローの「演説」と「4つの優先分野」　223
　　　(2) レイドロー報告の「未来への示唆」　229
　2. 協同のアプローチ　235
　　　(1) 3つのコーポレート・ガバナンス論　235
　　　(2) 協同組合のコーポレート・ガバナンス：マルチステークホルダー・モデルの視点　241
　　　(3) 協同組合とコミュニティ　252

(4) 協同組合と社会関係資本（社会的資本）　256
(5) シチズンシップと民主主義　258
(6) 協同組合とシチズンシップ　261

コラム

協同組合運動は労働運動の一環　84
日本企業と社内預金　86
岩手信用生協と日本共助組合の誕生　89
幻の協同組合「保険」（その1）　109
幻の協同組合「保険」（その2）　119

はじめに

(1) 協同組合は社会から広く支持されているか

　協同組合は社会からどのように見られているか，というところから始めたい．協同組合に関する人々の理解は，全労済協会の2013年のインターネット・アンケート調査結果[1]によれば，われわれの想像を大きく下回るものであった．

　「社会の問題の解決や暮らしの向上に熱心に取り組む団体」はどれだと思うかという質問（9つの選択肢の中から3つまで回答）に対して，「協同組合」との回答は4.6%に過ぎず，「大手企業」の11.4%や「中小企業」の8.5%を大きく下回った．また，「協同組合はどのような団体だと思うか」との質問（4つの選択肢の中から1つ回答）には，「民間の営利団体のひとつ」との回答が43.9%を占め，「民間の営利を目的としない団体」の34.3%を大きく上回った．

　全労済協会の2011年のインターネット調査結果[2]でも，同じ傾向が示されていた．

　これらのことは，協同組合に人々の絆と社会の理想を見出そうとする者にとって，大きな課題を提起している．

　ところで2009年は，日本の協同組合運動のリーダーであった賀川豊彦が，生活困窮者の救済にわが身を投じたときから100年にあたる．これを記念して，「賀川豊彦献身100年」の様々な活動が，全国の協同組合関係者をはじめ多くの個人・団体により取り組まれた．彼の活動は協同組合運動に限らず，労働運動や平和運動，農民運動やキリスト教の活動，その他の様々な社会運動の嚆矢となって広がるのだが，それゆえにノーベル平和賞やノーベル文学賞の候補者にもなり，日本国内よりも，世界でより広くその名が知られるこ

ととなる．この献身100年の取り組みは，再び日本国内で賀川豊彦の果たした役割を人々の脳裏によみがえらせる好機となるべきものであった．

時あたかも2008年のリーマン・ショックは，隆盛を極めた市場原理主義の限界を改めて露呈した．したがって，この献身100年の取り組みは，市場原理主義に対抗するものとして，賀川豊彦がめざした社会の姿を，そしてそれを引き継ぐ協同組合の理念を今一度思い起こし，現代によみがえらそうとするものでもあった．

さらに2009年には，国連総会が2012年を「国際協同組合年」と定めたが，総会決議では協同組合を「持続可能な開発，貧困の根絶，都市・農村におけるさまざまな経済部門の生計に貢献できる事業体・社会的企業」[3]と評価した．これを受けて，日本をはじめ世界中で，協同組合の社会的認知を高め，協同組合を発展させるための取り組みが展開された．

そもそも，2013年の全労済協会のアンケート調査はその対象が勤労者ということで，協同組合と親和性が高い主婦層や農林漁業者を対象としていない．しかしながら，この調査結果は，2009年の賀川豊彦献身100年や2012年国際協同組合年といった，協同組合の認知度が向上し，その社会的役割が人々に広く理解される上での重要なエポックであるべき時期を経てもなお，人々の認識は必ずしも十分に改善されてこなかったことをわれわれに示したのである．

(2) 協同組合は地域社会への関与を通じて社会に貢献できる

次に，本書の成り立ちについて触れたい．

全労済協会では，2011年に「協同組合研究会」（主査：中川雄一郎明治大学政治経済学部教授）を設置し，協同組合が新しい社会的秩序の形成の中で果たすべき役割について研究を行ってきた．あわせて，協同組合に関心を持つ人々や学生向けのわかりやすいテキスト作りを進め，前著『協同組合を学ぶ』（中川雄一郎・杉本貴志編，全労済協会監修，日本経済評論社，2012年）を国際協同組合年にあわせて出版した．

はじめに

　そしてこのたび，3年間の研究会のとりまとめとして，生活協同組合の各種事業の現状と展望，協同組合を取り巻く諸課題の考察，協同組合の理論と実践の分析を通じて，人々の絆を再びつなぎ，人々が主人公として暮らしていく上で協同組合が重要な役割を果たしうることを明らかにするとともに，「自己利益優先」の社会から「助け合い」の社会への転換に向けた展望を示すこととした．換言すれば，社会の未来を担う若い人々へのメッセージとして，協同組合と社会との相互関係の今後の展望についてまとめたのが本書である．

　全労済協会は勤労者の福祉の向上をめざして調査研究活動をすすめているが，その活動の一環として，協同組合運動が労働組合運動との親和性を持つことも認識しつつ，協同組合，特に生活協同組合のあり方に強い関心を持ち続けてきた．そして，協同組合はその事業と運動を通じてその組合員の暮らしを豊かにすることは当然のこととして，そればかりではなく，地域社会，地域コミュニティへの関与を通じて，社会に貢献できる社会的企業であり，人々の社会的参加の場を提供するものであり続けることができると考えてきた．

　国際協同組合同盟（ICA）は，その価値や定義，アイデンティティを明確にし，組織とその活動の指針となる協同組合原則を，国際的な議論を通じて確立し，また，時代の変化と運動の前進に応じて，およそ30年ごとに改定してきた．現在広く承認されている1995年改定の協同組合原則は，新たに第7原則として，「コミュニティへの関与」を掲げている．その中で，「協同組合は……コミュニティの持続的な発展のために活動する」ことを高らかに宣言したことからも，その組合員のためだけの活動ではなく，多くのステークホルダーとの関係性，なかんずく地域コミュニティへの積極的な関与の中でこそ，その真価が発揮されることもまた自明となりつつある．そして，この理念をさらに現実のものとして新たな一歩を刻むためには，協同組合を取り巻く地域社会がどのように変化してきているか，その社会を構成する市民（シチズン）の責任と権利のありよう，市民参加のありようがどのように変

化してきているかに一層注目する必要がある．したがって，本書では，前著に続いて，シチズンシップと協同組合の関連性の観点から再び説き起こし，協同組合がシチズンシップの精神を内部で醸成し，現実化させながら，地域社会で果たしていくべき役割がますます増大していることを強調している．

(3) 本書の構成

以上に述べてきた問題意識のもと，本書は大きく2部の構成で課題にアプローチすることとした．

前半の第1編では，協同組合を取り巻く最近の動きを概観した上で，生活協同組合の行う主な事業，すなわち，購買，エネルギー，医療，金融，共済などの現状と課題を考察した．

後半の第2編では，協同組合の理念と組合員について，協同組合教育の意義，組合員の多様化とアイデンティティの確立，情報社会における協同組合のあり方，などの切り口から考察した．そして，それらの考察を踏まえて，未来へのメッセージをシチズンシップと協同組合理念の共通項の中に見出しながら，それを読者へ問いかけた．

前著に引き続き，協同組合関係者の皆さま，日本社会の行く末に不安と懸念を持ちつつも，逞しく日々を生き抜こうとする皆さま，あるいは，生活の様々な困難に直面しながらも人間の営みの中に希望の光を見出そうとする皆さまに，明るい未来への何がしかのヒントが提供できれば幸いである．

全労済協会　西岡秀昌

注
1) 全労済協会「勤労者の生活意識と協同組合に関する調査」2013年10月実施，30歳代～50歳代の一般勤労者4680名対象（全労済協会シンクタンク事業サイト「生活設計情報」コーナーに掲載）．
2) 全労済協会「協同組合と生活意識に関するアンケート調査」2011年12月実施，20歳代～60歳代の男女3821名対象．
3) 2012国際協同組合年（IYC）全国実行委員会「2012国際協同組合年ってなに？～日本の協同組合のいま～」(2012年) 2頁．

序章
協同組合とはいかなる存在なのか
「国際協同組合年」と「協同組合の10年」の課題

1. 協同組合とは何か

　2012年は国連総会によって定められた「国際協同組合年」だった．国連総会の勧告に基づき，世界中の協同組合が自分たちの運動の意義を紹介するイベントを開催し，世界各国の政府が協同組合の一層の普及を促す立法，行政措置，行事の開催を講じたのである．本書の主題である「協同組合」とは，このように国際的にも認知された一大組織であり，運動であり，事業である．世界中の協同組合の組合員を合計すると，何と10億人を超えるという統計もある．本書の読者も，生協であったり，共済であったり，あるいは農協や漁協や信用組合を一度は利用したことがあるのではないだろうか．自分では気づかないうちに，その組合員になっているということもきっとあるはずである．こうした生協，農協，共済組織等々をまとめた概念が「協同組合」というものである．
　しかし，ここでちょっと疑問が出てこないだろうか．生協と漁協は全然違う．信用組合はもっと違う．魚を消費者に売っている店と，魚をとっている

生産者たちの集まりと，預金を預けたりローンを借りたりする金融機関とを，一緒にまとめて考えるなどということはできるのだろうか．それでもあえて共通点を探してみると……見つからない，というのが普通の人々の観察結果ではないだろうか．

いったい，協同組合とは何なのだろう．いろいろな業種に分かれていることはわかる．しかし共通点が見つからない．自分は農協には入っているという人でも，そのJAが協同組合であるということを知らなかったりする．そういえば，農業協同組合が正式名称だと思い当たるけれども，生協は自分たちの仲間というよりも，むしろ商売の相手である．敵とは言わないが，売り手と買い手なのだから利害が正反対であることは間違いない……．これが大多数の人々の感覚だろう．

そこでここでは，ちょっとなじみのない，変わった協同組合を紹介しよう．生協や共済を知っている人でも，こういう協同組合があるというのを聞けば，驚くかもしれない．まず紹介するのは，サッカーの協同組合である．

2. 富豪支配のサッカー界を拒否したサポーターたち

サッカーの熱心なファンでなくても，マンチェスター・ユナイテッドというイギリスのサッカー・チームを知る人は多いだろう．香川真司選手の加入によって，日本人にもすっかりおなじみとなったこのチーム，しばしば英国のイングランド・リーグを制覇するのみならず，ヨーロッパ・チャンピオンの座も獲得し，世界で最も強いチーム，そして世界で最も財政的に豊かなチームの1つとして知られている．

それだけにこのクラブ，主要メンバーの年俸を見てみれば，1億円などという桁ではない．ふつうのサラリーマンの生涯年収をはるかに超える額を1シーズンで稼ぎ出す選手たちがグラウンドの中を走り回っているというのが，ユナイテッドの試合なのである．

しかしながら，こうしたスター選手の高額な年俸は，チームの経営にとっ

ては大きな問題である．もちろん，これだけの金額を用意するからこそ，有能な選手を世界中から集めることができるのであって，それを怠ればあっというまに他のチームに抜かれてしまう．イングランドのトップリーグであるプレミアリーグは，ドイツやイタリアのリーグと同じく，あるいはそれ以上に，油断をすれば奈落の底（2部リーグ，3部リーグ，4部リーグ……）に落ちてしまうという戦国の世の中である．そこで各チームは，年俸をはるかに上回る水準の移籍金を用意して，有望選手の引き抜きに躍起となっている．世界的スター選手であれば，数十億円のカネが一晩で動くという世界なのである．

このような状況になってくると，自分たちの町を代表するチームを地元のサポーターが支え，応援するという英国サッカーの基本的な構造が崩れてくる．イギリスでは，どこの小さな町や村であっても，自分たちの地域コミュニティを代表するサッカー・チームがある．そしてそのサポーターたちは，どんなにチームが弱くても，自分たちのコミュニティの代表として，ときには数百キロを旅して，アウェイのグラウンドでチームを応援する．こうした地域を基本とした構造をもっているのが本来のサッカーの世界であり，だからこそ日本でも，大都市にチームが集中するプロ野球とは異なり，サッカー界は地域密着のスポーツであることを強調するのである．

ところが，その本場イングランドでも，トップリーグであるプレミアリーグではその地域密着性が徐々に崩れている．トップリーグに位置するような強豪チームを運営できるほどの大金を動かせるオーナーやスポンサーは，世界でもごく限られた人々であり，企業である．イングランドのサッカー・チームでありながら，オーナーは外国の富豪，たとえば中東の石油王であったり，ロシアの財閥支配者であったりというケースが続出する．大金さえ準備できて，それをうまく用いて有力選手や有能な監督を集めて成功すれば，莫大な見返りが期待できる．サッカー・チームの経営は，失敗のつけはとてつもなく大きいけれども，成功すれば巨額の収益が得られるという博打のようなビジネスである．それはつまり，英国人が愛するフットボールが，有り余

るカネを持て余す王族や大企業支配者たちのマネーゲームの駒として扱われるようになったということである．

　そうした大富豪たちにとって，輝かしい戦績を持つマンチェスター・ユナイテッドは，途方もない資金を要するけれども見返りも魅力的な，検討に値する投資先なのであろう．2005年，あるアメリカ人がマンチェスター・ユナイテッドの買収に手を挙げた．しかし多くのサポーターが，アメリカではアメリカン・フットボールのチームを経営するなどスポーツ・ビジネスを手掛ける大金持ちであり，サッカー（アソシエーション・フットボール）やマンチェスターの街には縁もゆかりもない人物が自分たちの愛するチームを乗っ取ろうとすることに，激しく憤慨する．試合会場では彼を非難する横断幕が掲げられ，新オーナーを糾弾する雄叫びが沸き起こった．多くのサポーターたちが，自分たちのチームが商売の道具とされることを拒絶したのである．

　とはいっても上述のように，実際に有力なチームとして運営を続けるには巨額の資金が必要である．それを提供できる人物は，世界の中でもごく限られている．結局，イングランドを代表するフットボールクラブ，マンチェスター・ユナイテッドはカネの力でアメリカ人の支配のもとにおさまった．名将ファーガソン監督は，潤沢な資金をもとにして，世界中から優れた選手たちを集めて世界一強力なチームをつくりあげ，世界中にファンを持つクラブは入場料，放映権料，スポンサー料，オリジナル製品の売り上げ等々，莫大な収入をあげている*……．

　海外のサッカー事情に興味がある人なら，ここまでの話はご存じだろうし，最近ではウェールズの首都カーディフのチームが同様の事件を起こしたことを思い起こす人も多いだろう**．それが協同組合とどう関係するのか，いぶ

---

*　サーの称号も受けたファーガソン監督は，輝かしい戦績を残して2012-13シーズンをもって勇退し，後任監督にその道を譲っている．

**　マレーシア人の実業家に買収されたカーディフFCは，50年ぶりにイングランドのトップリーグに復帰するなどめざましい活躍を見せているが，その反面，100年以上の伝統を持つチームカラーの青やエンブレムのブルーバードを，アジアで縁起が良いとされる赤とドラゴンに強引に変えるなど，オーナーの強引な方策がサポーターか

かしく思うかもしれない．重要なのは，この先の話である．

多くの英国人は，世の中を動かすのも，フットボール・チームの運命を左右するのも，結局はカネなんだ，とあきらめて受け入れた．しかし，あくまでそれに立ち向かおうという人たちもいたのである．彼らは，自分たち地元のサポーターが選手たちを支える，本当の意味で「自分たちのチーム」といえるクラブをつくろうと立ち上がった．「FC ユナイテッド・オブ・マンチェスター」の誕生である．

とくに金持ちであるというわけでもないのに，どうやってチームをつくり，運営するのか．サポーターたちが，全員少しずつカネを出し合って，それで基金をつくるのである．どうやってチームの方針が決められるのか．資金を出したサポーターたちがみんなで話し合って，決めるのである．「普通の人」たちが「協同」して「事業」を始め，「平等」な立場で「公平」に運営していく．言い換えれば，「協同組合」の誕生である．

実は英国などヨーロッパのサッカーの世界において，こうした協同組合方式によるクラブ運営はとくに珍しいことではない＊．とくに地方の弱小チームは常に経営の危機にさらされているというのが英国フットボール界の状況であり，毎シーズンのように，下位リーグではチームの倒産・解散が報じられている．フットボール・ビジネスは，100年の伝統を持つチームが，競技ゲームだけでなく経済の競争にも負けて，あっというまに姿を消すという厳しい世界なのである．そこで，「協同組合」という手法を使ってサッカー・クラブを運営し，地元のチームを守ることが，いま各地で注目されている．

後述するように，国際協同組合同盟（ICA）は，2012年の「国際協同組合

ら猛反発を受けている．
＊　レアル・マドリードと並び，世界でも有数の強豪チームであるスペイン・リーグの「FC バルセロナ」も，「ソシオ」と呼ばれる17万7000人の会員による協同組合的組織であり，「民主主義と自由の守り手」「クラブ以上の存在」と称される同チームは，最近に至るまで企業の宣伝ロゴをユニフォームにつけないことを特徴とし，誇りとしてきた（激論の末，財政難により2013年シーズンから初めて企業ロゴがつけられることになっている）．

年」を記念したイベントを同年11月にマンチェスターで開催した．マンチェスターは，サッカーのメッカであるとともに，100年以上の伝統を誇る協同組合の街，イギリスにおける協同組合運動の中心地でもある．この街で開かれた国際イベントでは，FCユナイテッド・オブ・マンチェスターのサポーターたちが堂々とブースを設け，協同組合方式でいかにクラブを守っていくのか，情報交換をする研究会を開いていた．このときばかりは，まるであのマンチェスター・ユナイテッドのように，この弱小チームが世界中の人々の熱い視線を集めていたのである．

3. 普通の人たちがつくる協同組合

とくに裕福でもない，いわば普通の人たちが，サッカー・クラブを立ち上げるための資金をすこしずつ提供し，それをみんなで協同して運営していく．これが協同組合だと言えば，そんなものは見たことがないと多くの日本人は驚くだろう．日本においても，サッカーをはじめプロのスポーツ・チームを経営していくのは並大抵のことではない．ごく一部の種目のごく一部の上位人気チームを除いて，資金不足に常に悩まされているというのが大部分のプロスポーツ・クラブの現状であろう．

そしていったんそれが深刻化すると，残された選択肢は2つしかないように思われている．どこかの優良企業を何としてでも探し出して，その援助を仰いで傘下に入るか，あるいは解散してチームを消滅させるか，である．企業（あるいは大富豪）に頼らなければチーム経営は成り立たないというのが，日本のプロスポーツでは一種の常識のようになっている．広島東洋カープのように，市民球団と称していても実際には親会社のような存在があるものだし*，横浜フリューゲルスのように，サポーターたちが立ち上がっても結局

---

* 広島東洋カープは日本のプロ野球界では珍しく，スポンサーからの資金提供を受けない独立採算制をとる球団であるが，チーム名が示すように，その経営者であり株主であるのは地元自動車メーカーのマツダ（旧東洋工業）あるいは松田一族であって，

は有力ライバルチームに吸収されてしまう*．それが日本では常識だった．

　FC ユナイテッド・オブ・マンチェスターのサポーターたちは，そんな常識に対して，新しい目を開かせてくれる．これが協同組合なのだと言えば，そういえば生協や漁協も似たところがあると気がつかないだろうか．

　イオンやセブン-イレブンなど大手小売業者には株主というオーナーがいて，彼らに配当という利益をもたらすために，社長以下の経営陣が利潤を求めて小売業を営んでいる．それに対して生協は，消費者がすこしずつカネを出し合って，それをもとに店を構え，あるいはカタログ販売をして，安心・安全な食品を家庭に供給している．マルハニチロ水産（旧・大洋漁業および日魯漁業）などの水産業者も，利益を上げて株主に満足してもらうために漁船を遠洋漁業に派遣し，漁獲によって利潤を得ている営利企業であるが，それに対して漁協は，漁民自身がカネを出し合って漁港や市場を整備し，漁獲物を販売することで漁民の生活を守っている．

　つまり生協も漁協も，「普通の人」たちが「協同」して「事業」を始め，「平等」な立場で「公平」に運営して，自分たちの生活や職業を守っている．言い換えれば，それらはともに「協同組合」なのである．

　魚を買う側の消費者の店舗も，それを売る側の生産者の組織も，そしてサッカーを応援するサポーターたちの集まりも，一見すると共通項がないように見えながら，実は協同組合なのであり，組合員から成り立っている組織だという共通項をもっている．

　そろそろ協同組合とは何か，おぼろげながら見えてきただろうか．もういくつか例を挙げよう．

　　市民が出資し，運営するという意味での市民球団ではない
　*　横浜フリューゲルスは，佐藤工業と全日空をメインスポンサーとして J リーグに所属するプロ・サッカーのチームだったが，1998 年，佐藤工業の経営難（結局 2002 年に会社更生法の適用を申請する）から全日空は強引に地元のライバルチーム，横浜マリノスとの合併手続きを進めた．これに反発したサポーターたちは，FC バルセロナと同様のソシオ方式でのクラブ存続を図ったが，名称や運営方法を巡って訴訟問題にも発展して紛糾，クラブを協同組合型で運営する試みは失敗し，新しく誕生したチーム「横浜 FC」は株式会社横浜フリエスポーツクラブによって運営されている．

4. 文化と協同組合

　京都の街中で，クラシック音楽のチラシが配られていた．京都ミューズという団体のものである．なかなか魅力的なコンサートのプログラムがあるようなのだが，チケットを買うには，まず友達などとグループをつくって会員になってほしいということである．そして会員はグループ単位でチケットを購入するという仕組みになっている．

　説明には，生協の共同購入みたいなものだと書いてある．生協では，隣近所の人たちといっしょに班をつくり，その班単位で生協に品物を注文し，班に品物が届けられるというシステムを採用しているが，その共同購入の音楽版だというのである．京都自体，大都市の１つと言ってもいいし，１時間もかからずに大阪に出かけることだってできるのだから，コンサートを楽しむにあたって日本の中では恵まれた地域になるのだろうが，もっと人口が少ない地方では，ほとんど音楽会の機会などないというところも多いだろう．そういう地域でも，この音楽の共同購入のシステムによって，自分たちの力で演奏家を呼び，コンサートを開くことができるかもしれない．

　岩手県宮古市．震災の被害があった地域だが，それ以前から，若者の都会への流失に悩んでいた，典型的な東北の小都市の１つである．東北に限らない．若い人々は東京にあこがれ，上京をめざすものである．なぜなら，地元には彼らを刺激する文化があまりにも少ないから．かつて全国どこの土地にも数軒あった映画館も，ほとんど全滅状態である．経済だけでなく，文化についても，東京への一極集中はすさまじい．

　ところが，この宮古市には１軒だけ，映画館があるのである．生協の店の２階にある映画館を運営するのは，みやこ映画生協．日本で唯一の生協方式による映画館である．映画館の閉館で映画を見ることができなくなってしまった人々が少しずつカネを出し合い，新しい映画館をつくり，プログラムを企画し，上映しているのである．

いま，みやこ映画生協では映画のデジタル化に伴い，資金を募っている．現在つくられている映画は，従来のようなフィルムではなく，デジタル化されて記録されている．つまり，これまでの映写機では，新作映画は上映できない．デジタル機器の納入には多額の費用がかかるが，それをまかなうのは観客であり，運営者でもある，組合員にほかならない．自分たちで協同して，その力で映画館を維持していく．それが協同組合というやり方なのである．

5. 「官」と「民」と「公」

いま，日本の各地で文化の危機が進行している．典型は大阪である．弁護士で，テレビの人気番組に出演することによって知名度を上げ，政治家に転身した前・大阪府知事（現・大阪市長）は，経歴からして文化に理解があるかと言えば，実際には全く逆で，それまで大阪が大切に守ってきたさまざまな文化に対して，財政難を理由に支援を減額し，あるいは打ち切ることで，それらの存続の危機を招いている．

たとえば，出版社から児童書の寄贈を受けるなどして日本一のコレクションを誇っていた「国際児童文学館」は，利用者が少なく改善の努力が見られないとして廃止，中央図書館に統合された．国立文楽劇場を舞台に上演され，大阪を代表する古典芸能として重要無形文化財やユネスコ世界文化遺産に指定されている人形浄瑠璃「文楽」についても，吉本興業による漫才や喜劇，あるいは松竹が興行する歌舞伎は補助金を受けずとも自立しているという理屈で補助金打ち切りを匂わせ，とりあえずは大幅に減額．人間国宝などの技芸員（太夫・三味線・人形遣い）たちで構成され，伝統文化への補助を訴えた文楽協会*は，「特権意識にまみれた恐ろしい集団だ」と知事から酷評・罵倒された．さらに大阪府の直営に準じる形で運営されてきた「大阪センチュリー交響楽団」は，同楽団用基金を与えることで完全に民営化し，補助金は

---

* 松竹が1963年に文楽から撤退した後，大阪府，大阪市，文部省，NHKの支援で財団法人文楽協会が発足している．

ゼロとされる．したがって「日本センチュリー交響楽団」として再発足したオーケストラは，数年後には基金が底をつく見込み……といった具合である．

　大多数の府民は，子供向けの絵本にも，伝統芸能の文楽にも，クラシック音楽にも興味がなく，足を運んでいないではないかとして，「無駄」な補助金を打ち切り，財政の「健全化」が進められたのである．そのほかにも大阪府が管轄する各種文化施設は徹底した狙い撃ちのターゲットとされ，『大阪社会労働運動史』の編纂資料など全国有数の貴重な所蔵資料をもつことで研究者の間ではよく知られた「大阪府労働情報総合プラザ」と「大阪社会運動資料センター」に対して，前者は廃止，後者は補助金全額打ち切りの措置がとられ，古典の所蔵で全国的に有名な「大阪府立中之島図書館」も，「あんなところに図書館は必要ない」と廃止・転用が目論まれた*．そして大阪市長に転身した知事は，戦前の軍楽隊時代から日本で最も長い伝統を誇る吹奏楽団であり，全国唯一の公立吹奏楽団でもある「大阪市音楽団」についても，そのリストラに着手．楽団の解体や公務員である楽団員の分限免職（予算不足を理由に，他の部署への配置転換さえ認めず解雇すること）をも示唆して，ここでも大きな議論を巻き起こしている**．

　その是非はここでは問わない．ここで考えたいのは，ここまで露骨で過激でなくても，「失われた20年」を経験した日本の社会は，全国で多かれ少なかれ同様の経験をしているが，それを甘受する以外，道はないのかということである．

---

　*　大阪のシンボルの1つでもある中之島図書館の廃止方針は府民からの猛反発を受けたが，2013年11月，美術館等への転用はコストがかかりすぎるとして，中之島図書館存続の方針が後任の知事から表明されている．

　**　文化行政をどう進めるかという課題に応える方策として，イギリスで始まった「アーツ・カウンシル」という制度が注目されている．これは，行政から距離を置き，自立した文化評議会に文化振興策を全面的に任せるという仕組みであり，これに倣って大阪でも，市長や知事の肝いりで大阪府市文化振興会議大阪アーツ・カウンシル部会が設置され，文化団体に対する補助金の今後の配分はこの大阪アーツ・カウンシル部会に委ねられることとなった．しかし，この大阪版のアーツ・カウンシルは府や市の下部組織という位置づけであり，これでは首長の意向する補助金削減のための単なる「仕分け」機関となってしまうのではないかと文化関係者から危惧されている．

いくら利用者があっても図書館のような施設は必然的に「赤字」になるものだということは誰にも容易に理解されるだろうが，クラシック音楽や吹奏楽や文楽も，市民の支持が得られず，客入りが悪いから赤字で補助金が必要なのではない．どんなに満員御礼となっても，普通の人間が支払えるような金額に入場料を設定する限り，カリスマ的な個人スターに頼るのではなく，集団で芸術を追求する団体は，収支構造上赤字になるのがあたりまえなのである．オーケストラで言えば，入場券が売り切れ，会場が満席になっても，1回の公演で通常は数百万円の赤字が発生する．2000人を収容することが限度のクラシック専用コンサートホールで100人近い楽団員が演奏する以上，それは避けようのない宿命である．

　そこでその経費の不足分を補って援助するのが，かつては王侯貴族の社会的役割（いわゆるノーブレス・オブリージュ）だったし，いまその役割を引き受けているのは企業の社会貢献活動であり，国や自治体の文化行政である．その行政が財政難で支援できないとなり，企業が不況でフィランソロピーから手を引くとなると，商業的にペイしない文化事業は滅びるしかないのだろうか．

　いくら客を集めてもカネが足りない．政府や自治体は助けてくれない．民間の営利企業にも頼れない．そうなると，もうどうしようもないとわれわれは考えてしまいがちである．しかし，世の中にはそういう「官」の世界と，民間の「営利企業」の世界しかないのか，もう一度考えてみる必要がある．「官＝営利を目的としない世界」に対して，「民＝営利を追求する世界」と対置することで，世の中はこのように二分されるという思考にわれわれはいつのまにか陥っているが，実は「民」であっても，営利を目的としない世界がある．「民間であるけれども非営利」，すなわち協同組合などの世界である．

　言い換えれば，「公」というと，われわれはすぐにそれを「官」とみなしてしまうけれども，公的な世界というのは，何も政府や自治体が直接関与する世界だけではないということである．コミュニティの人々が集い，協同して何かに力を注ぐことは，税金によって何かをするという形とは別のあり方

での「公」の営みであるといえる．世の中にはそういう「公」の領域があることを理解していないと，赤字を出す事業はつぶれるしかないのだと考えたり，法律に反していなければ何をやってもいいのだと考えたりすることになってしまう．

　そうではなく，自分たちが集い，つくっている社会なのであるから，自分たちの常識として，たとえ国家が定めた法律とはなっていなくても，してはいけないことがあるし，しなければいけないことがある．税金を使って維持する機能もあるが，それを用いずとも皆の努力で維持されているコミュニティのさまざまな諸側面がある．そうやって「公」の世界を自分たちで維持し，その問題を自分たちで考え，自分たちで解決してきたという営みを，人々は世界各地で，何百年も積み重ねてきた．

　しかし19世紀以降，「近代化」によって，その大部分を営利企業と市場メカニズムに任せて解決しようという動きが支配的となる．20世紀の末には，そうした方向をもう一度さらに強化しようという「新自由主義」といわれる動きもあった．その結果，この世にはあたかも「官」の世界と「営利」の世界しか存在しないかのような誤解が広まり，定着したのが20世紀であるが，21世紀を生きるわれわれには，この近代と現代に忘れられた「公」の世界を再び取り戻すことが求められているのである．

6.　コミュニティとアソシエーション

　そうしたなかで，人々にとってまず頼りになるのは，さまざまな自発的な結社＝アソシエーションである．地域の中で「公」の世界をつくりあげ，維持する第一歩となるのがアソシエーションであり，協同組合のほかにも，NPO，各種組合，住民組織，運動組織，サークル，クラブ，協会，同好団体等々，さまざまな組織がつくられている．それらは，人々が自分たちの必要や要求に応じて結成したものであるが，その組織の性質上，しばしばコミュニティ全体の利益を守り，発展させる役割を果たしている．

たとえば労働組合が労組員の労働条件向上を図り，その生活を防衛することに尽力するのは当然であるが，現代における労働組合には，それ以上の期待が寄せられているし，現に多くの労組がそうした道をすでに歩み始めている．労働組合を母体にした共済や金融の協同組合が地域にも目を向け，コミュニティの協同組合としての新たな機能を追求している*ことはその一例であるが，上述したような文化の問題で言えば，日本フィルハーモニー交響楽団に対する支援活動が有名である．

　日本フィルハーモニー交響楽団はもともと放送局専属のオーケストラであったが，労働条件をめぐって楽団員との話し合いが紛糾し，放送局がオーケストラ経営を放棄，日本フィルと新日本フィルという2つのオーケスラが局から独立して誕生したという歴史をもっている．それゆえ，労働組合とのつながりが歴史的に強いオーケストラであって，首都圏を中心に各地の労働組合組織がコンサートを企画するなど，深刻な財政難に苦しむ日本フィルの支援活動に継続して取り組んでいるのである．

　指揮者小澤征爾氏を擁した新日本フィルや，故・朝比奈隆総監督の大阪フィルのように，その知名度を生かして定期演奏会の会員を獲得するだけでなく企業や財界人からの支援をも取り付けようというのがオーケストラにおける一般的な経営努力のように思われているが，それだけでなく，こうした労組などのアソシエーション組織による文化事業の支援が今後ますます重要な役割を期待されることになると思われる．上述の日本センチュリー交響楽団（旧・大阪センチュリー交響楽団）に対しても，大阪府生活協同組合連合会その他の地域の生活協同組合組織が継続的にその活動を支援している．イギリスにおいては，既に支援の域を超えて，協同組合方式で運営されるプロ・オーケストラまで誕生しているのである．

　その他，イギリスではコミュニティにおいて学校を協同組合方式で運営し

---

　*　たとえば全労済は「こくみん共済」という一般市民に向けた共済商品を開発し，埼玉や兵庫などいくつかの県では「ぐりんぽう」という地域拠点を展開しているし，労働金庫も「コミュニティバンク」としての新たな事業展開を図っている．

ようという動きも盛んであるし，これまで国営で営まれてきたが財政難で危機的な状態にある診療費無料の病院（NHS）を地域の人々が運営に参画する協同組合方式に切り替えようという試みも各地で始まっている．コミュニティにおける生活や文化を守るのは政府や自治体や企業だけではない，むしろ協同組合など人々の自発的な結社＝アソシエーションこそ，その中心となるべきだという潮流が，世紀の転換を機に，政治的立場の相違を超えて広がり，大きな流れとなりつつある．

　ここでの協同組合が，組合員個々の利益を追求すると同時に，それにとどまらない，コミュニティ全体の利益を守り，増進させる組織・運動になっていることにわれわれは注目すべきだろう．現代の協同組合は，少数の組合員の利益集団ではありえない．出資者の金銭的利益を追求し，増大させるというだけなら，株式会社も行っていることである．協同組合など非営利のアソシエーションにおいては，そうしたメンバーの「共益」を追求すると同時に，コミュニティ全体の利益＝「公益」が常に斟酌される．協同組合における「共益」は常に「公益」と矛盾しないものでなくてはならない．言い換えれば，協同組合においては本来，共益と公益とは一致するはずである．だからこそ，19世紀においては虐げられてきた消費者や生産者がそれなりに力を持つようになり，市場経済の中での一定の地位を占めるようになった現代においても，協同組合の存在意義がある．

　国際協同組合同盟が1995年に改訂した協同組合原則の中で「協同組合は，その組合員によって承認された方策をとって，コミュニティの持続的な発展のために活動する」と「コミュニティへの関与」を宣言したのは，21世紀における協同組合をそうした方向に導くという意図からであり，国連総会が2012年を国際協同組合年と定めたのは，そうした路線に対する国連としての最大限の賛辞である．

7. 社会を変える協同組合

　2009年12月，国連総会によって2012年を協同組合の年とすることが決議された．協同組合をより多くの人に知ってもらい，世界各国で協同組合を促進していくことをめざした，この「国際協同組合年（International Year of Co-operatives）」におけるクロージング・イベントが2012年11月にマンチェスターで開催された「Co-operatives United（協同組合の団結）」と名付けられた国際集会であり，1万1000名の参加者が世界中から集まった．そこで目を引いたのは，ひとりの若い女性がこのイベントにおける主役の1人としてシンポジウムに招かれ，登場していたことである．

　このK. クリスティアンという女性は，壇上に並んだ他の国際機関や各国協同組合の代表のなかでは，年齢からしても異色の存在であったが，まだ20代のアメリカ人女性がなぜこのような国際協同組合運動の一大イベントで登壇していたのであろうか．

　それは，彼女がアメリカで「Bank Transfer Day（銀行を移す日）」という運動を組織し，金融資本が跋扈し，支配するアメリカ社会を「普通の人々」の力で変えたからである．

　アメリカがクレジットカード社会であることはよく知られている．とくに高額な商品でなくても，日常の買い物や各種サービス，公共料金等の支払いでもカードがあたりまえのように使われるのがアメリカ社会であり，言い換えれば，庶民であってもこの社会ではカードなしで生きていくことは甚だ困難である．つまりそれは，カード発行銀行の意のままに庶民が操られるということでもあって，これに気づいた大手銀行は，カード所有者から一律に手数料を徴収することを目論んだ．カード保有者に今後は月額5ドルを課すことが銀行から発表されると大きな怒りが渦巻いたが，クリスティアンはこれに憤激した利用者の1人である．

　とはいっても，普通であれば一介の庶民に対抗策はない．カードが使いた

ければ，発行銀行が勝手に定めたルールに従う以外にないというのが大方の理解であろう．リーマンショック，サブプライムローン問題に代表されるように，アメリカの大手金融機関の勝手な振る舞いによって，アメリカだけでなく世界中の何の罪もない人々が多大な損害を被っているが，金融機関の所有者・経営者たちはあいかわらず巨額の報酬を得て，好き勝手に庶民を食い物にしている．そう思っても，普通の人間にはどうしようもない，これが資本主義だというのが，常識かもしれない．しかしクリスティアンは，世の中にはあくなき営利を追求する銀行以外にも金融機関があるということに気づいたのである．アメリカにもヨーロッパにも日本にも，非営利の金融機関，すなわち信用組合など金融部門の協同組合が存在する．

　彼女は，横暴な営利銀行の口座を解約し，協同組合の口座に移し替えようとソーシャルメディアを使って呼びかけた．情報技術の発展は，口コミの力を数十倍にする．その提案に共感した人々によって，彼女の呼びかけはあっというまに全米に拡散する．そして実際に100万に近い人々が口座を解約し，預金の移し替えを始めたのである．思わぬ預金者の反乱に銀行は動揺し，結果的に手数料徴収計画は撤回される．20代半ばの一女性の行動が，金融資本が支配するアメリカ社会において，少しではあるけれどもたしかに社会を変えたのである．

　国際協同組合同盟は，協同組合が持つ潜在的な力を見せてくれたクリスティアンを国際シンポジウムにゲストとして招くことで，協同組合の持つ力と可能性を示そうとしたのであろう．クリスティアンは国際協同組合運動を象徴するヒロインとして迎えられ，世界中の協同組合人が彼女に拍手喝さいを送ったのである．

8.「国際協同組合年」から「協同組合の10年」へ

　少数の人間であっても，たとえ1人から始めても，世の中を変えることは可能だ．そんなメッセージをクリスティアンとICAは国際協同組合年のメ

イン・イベントで発信した．振り返ってみれば，もともと協同組合運動とはそういうものだった．初めて協同組合運動を成功に導き，協同組合を世界に広めることとなったロッチデール公正先駆者組合は，1844 年夏に集まった数十名の人々の話し合いと，年末に開店したわずか 4 品目だけを取り扱う小さな店から始まっている．当初は商売と社会の秩序を乱す少数の異端者たちとして警戒され，あるいは逆に取るに足らない無力な存在として無視されてきた小さな店の試みが，今日では国際協同組合運動として世界中で 10 億人を超えるという世界最大の運動・組織に成長した．さまざまな協同組合が世界各地で，競争経済がもたらす弊害を矯正する事業活動を展開している．

　10 億人とは途方もない数である．その規模だけを見れば，2012 国際協同組合年は協同組合が達した成果を誇り，その到達点を確認する年だとみなされるかもしれない．しかし，国際協同組合同盟が上述のマンチェスターにおける会議で 2012 年以降も国際年と同様の取り組みを継続し，2020 年までを「協同組合の 10 年（Co-operative Decade）」とすることを決定したことからも明らかなように，協同組合とそれを取り巻く社会環境には未だ解決すべき課題が山積している．「協同組合の 10 年」の青写真（Blue Print for A Co-operative Decade）によれば，協同組合の課題は次のように列挙される．

1. 組合員組織とガバナンスのなかでの参加を，新たなレベルに引き上げる．
2. 協同組合を，持続可能性をつくりあげるものとして位置づける．
3. 協同組合のメッセージをつくりあげ，協同組合のアイデンティティを確立する．
4. 協同組合の発展を支援する法的枠組みを確保する．
5. 組合員による管理を保障しながら，協同組合が頼れる資本を確保する．

　アイデンティティの確立であるとか，法的枠組みの確保であるとか，一見するとこれは協同組合制度が確立されていない途上国の課題ではないかと感

じられるかもしれない．しかし，先進経済と膨大な数の組合員を擁する協同組合とを抱えた日本においても，発展途上国と同様に，この5つのアジェンダは2010年までの協同組合と社会の大きな課題であろう．

たしかに日本には，3万6000を超える協同組合，延べ8000万人以上の組合員，64万4000人の協同組合で働く労働者が存在する．農林水産業をはじめ，協同組合なくして日本の経済社会は成り立たないといってもよい．既存協同組合の発達は先進国の中でも注目すべきレベルにあるといえるが，しかしそれでも，もはや先進ヨーロッパ諸国ではあたりまえの存在となっている労働者協同組合や社会的協同組合についての法的枠組みが日本には未だ一切存在しない．生協や農協は一応確立し，その存在が知られているとしても，協同組合とはどんなものなのか，一般国民の認識は未だ著しく低水準にあると言わざるを得ない（本書第5章）．

これは国民の知識というだけの話ではない．行政における非営利組織，協同組合への理解も同様である．

2013年11月，韓国の首都ソウルで，同市の主催で社会的経済国際フォーラム（Global Social Economy Forum 2013）が開催された．営利を目的とせず，社会的な目的のために事業活動を展開する組織を「社会的企業」といい，そうした組織によって構成される経済分野を「社会的経済」という．つまり各種協同組合のほか，アソシエーション，NPOなどと呼ばれる組織が社会的企業であり，それらによって営まれる非営利経済のセクターが社会的経済セクターであるということである．韓国や，その首都ソウルは，最近になって急速に協同組合や社会的企業を保護・育成する法律や条例を制定し，その促進を図っており，この国際フォーラムは国際的な情報交換や交流を目的として企画されたものである．

フォーラムにはホスト都市であるソウルのほか，日本（京都市），イタリア（ボローニャ市），カナダ（ケベック州）などの自治体関係者も参加し，地域社会を維持し，発展させる要の役割を果たす存在として，協同組合等からなる社会的経済の重要性が強調された．ところが，フォーラム冒頭のオー

プニングのプレゼンテーション（Opening Ceremony & Plenary Lecture）において，ソウルやボローニャやケベックからは自地域の協同組合の活躍が首長・幹部によって紹介されたのに対して，京都のプレゼンテーションは，社会的経済に関する国際フォーラムであるにもかかわらず，社会的経済に全く触れることのないプレゼンテーションとなっていた．そこで語られたのは，京都がいかに伝統ある観光都市であるか，大学の街でもあって文化や環境も大切にしているといった紹介であり，それ自体は予備知識がない外国人に京都への関心を抱かせるような興味深い内容であったが，そのなかには会議の主題であるはずの協同組合も NPO も全く登場しなかったのである．

協同組合の躍進について自ら熱弁したソウル市長や，各種協同組合の活躍と意義を説くボローニャ市長のプレゼンテーションとは対照的な光景であったが*，いうまでもなく，ソウルやボローニャ，あるいはケベックと同じく，京都においても，われわれは協同組合その他の非営利企業の活躍，社会的経済の進展をあちこちで目にすることができる．京都にはもちろん他の都道府県と同様に生協も農協もあるが，それらがただ通常の事業を行っているというだけでなく，たとえば役職員と研究者が一体となって日本における農協研

---

* このオープニング・セッションでの他の 5 本のスピーチやプレゼンテーションは，The Role of the Social Economy in Urban Regeneration and Its Impact on Societal Well-Being（都市の再生における社会的経済の役割とそれが社会の幸福にもたらす影響），Sustainability in Social Economy : Seoul Case Study（社会的経済における持続可能性：ソウル市の場合），Sustainability in Social Economy : Bologna and Emilia Romagna Case Studies（社会的経済における持続可能性：ボローニャ市とエミリア・ロマーニャ州の場合），How Well Social Economy Is Integrated in the City and How It Deals with Social Issues such as Job Creation, Social Economical Inequality（都市における社会的経済をいかに統合するか，そして雇用創出や社会的・経済的不平等といった社会問題にいかに対応するか），Sustainability in Social Economy : Quebec Case Study（社会的経済における持続可能性：ケベック州の場合）というように，当然ながらすべて「社会的経済」をタイトルにおいても謳っていたが，京都からの報告だけは 'Power of Kyoto' to Boast in the World : Future-oriented City Based on the Tradition（「京都の力」を世界の誇りに：伝統に基づく未来志向の都市）という，社会的経済とは直接関係ない表題・内容となっていた．

究の拠点の1つをつくりあげている（農業開発研修センター・近畿農協研究会）し，京都生協は長く西日本の生協運動をリードする存在であり，そのために市内には日本では数少ない生協研究の研究所（くらしと協同の研究所）も存在する．また京都の大学生協は，国際協同組合年を機に府内の大学生を対象にした啓蒙的な寄付講座を開設したり，その内容をまとめた協同組合論の書物*を刊行したりするなど，社会に向けての活動を全国でも特筆すべきレベルで展開しているのである．

　それにもかかわらず，なぜこれら協同組合の社会的展開が紹介されることが全くなかったのだろうか．おそらくは，それをあえて無視したというのではなく，その存在さえ視野に入っていないというのが，京都だけでなく日本のほとんどの地方行政の実情ではないだろうか．生協や農協が非営利の事業体であり，地域に貢献する社会的企業と呼ばれる存在の一翼を担っているという理解を，日本のほとんどの自治体，そしてその首長，幹部たちは持ち合わせていないであろう．

　いくら協同組合が数字の上で規模を拡大しているといっても，協同組合という存在がどのようなものであり，それが地域コミュニティにとってどのような意義を持つものであるのか，その理解が市民や自治体の中で全く進んでいないのであれば，京都に限らず，日本の協同組合運動に課せられた「協同組合の10年」の課題は，大きく，重いということになる．前著『協同組合を学ぶ』に続いて我々が本書を世に問うのは，そうした認識に基づくものである．

---

*　庄司興吉・名和又介編『協同組合論―ひと・絆・社会連帯を求めて』全国大学生活協同組合連合会，2013年．

第1編　協同組合の事業

第1章
買い物が社会を変える
協同組合における購買事業の可能性

　協同組合運動の中心の1つが，消費者による協同組合運動，すなわち生協である．戦前，生協は「購買組合」あるいは「消費組合」と呼ばれていた．現在日本において生協が行う事業活動は，共済事業，医療事業，福祉事業等々多岐にわたっているが，歴史的に見ても，その中心は消費者が協同して生活物資を購入する「購買事業」であったと言える．消費者が出資金を持ち寄り，自分たちの店づくりを行ったことから現代の協同組合運動は始まっている．

　そこで本章では，この購買事業を取り上げ，生協など協同組合の未来にとって，それがどのような可能性を持つものなのか考えよう．

　かつて消費者の力が弱く，劣悪な品質の商品を高く売りつけられるなど，あくどい小売商に食い物にされていた時代，生協の存在意義は誰の目にも明らかだった．生協は人々の消費生活の防衛と向上のために存在する，生活に不可欠な事業・運動であるということが，異論なく受け入れられ，支持されていたのである．

　しかし，そうであるならば，スーパーマーケット等の営利企業による小売事業が発達し，消費者の要求に十分に応えられる水準にまで到達したといっ

ていい今日，生協はその存在意義を失ったということなのだろうか．いまやスーパーでも安くて品質がいい商品を購入できるのだから，協同組合が購買事業を展開する必要などない，といえるのだろうか．

　以下では，「消費生活を防衛する」というだけでなく，「消費から社会を変える」という意味で，いま生協の購買事業には何が期待されているのか，論じることとしよう．

1.　ピープルズ・スーパーマーケットの衝撃：
　　レジも陳列もお客さん自身で

　ロンドンの地下鉄ピカデリー線「ラッセル・スクエア」駅．大英博物館の最寄駅であり，周囲には大学や病院やホテルが並んでいる．この地域はロンドンにおいて「ダウンタウン（都心繁華街）」と呼ばれる地域に含まれるが，大勢の観光客を含むさまざまな人々が集い，にぎやかでありながらも，一歩路地を入ればどことなく落ち着いた雰囲気を醸し出している．「ピープルズ・スーパーマーケット」は，この駅から歩いて10分ほどのところに位置する，日本のコンビニエンス・ストアくらいの規模の，小さなスーパーマーケットである．

　率直に言って，この店は一見したところそれほど魅力ある店舗には見えない．品揃えは同規模の他店に比べればむしろ劣ると言っていいし，価格もとくに安いようには感じられない．ディスプレイも，決してほめられたものではないだろう．売り場の様子からは，何か素人っぽい感じさえ受けるのである．

　ところが開店から1年後の2011年，はるか遠く日本において，この店が人々のあいだで結構話題になった．いまでもインターネット上には，このスーパーに言及したブログの書き込みが多数残されている．そのきっかけは，NHKの衛星放送だった．NHKは「イギリス・ブランドパワー」と題した3回のシリーズ・ドキュメンタリーを2011年5月に放送，第1回で紳士服

ブランド「ギブス&ホークス」，第2回で自動車の「ロールスロイス」，そして第3回でこの「ピープルズ・スーパーマーケット」をレポートしたのである．このシリーズは視聴者からの好評に応えて翌年にも再放送されている．この番組を見て，多くの日本人がこの小さなスーパーマーケットの目新しい経営方法に驚き，共感を寄せたのである．

ピープルズ・スーパーマーケットは，ひとことでいえば，19世紀半ばから後半の黎明期における生協，たとえば生まれて間もない頃のロッチデール公正先駆者組合のような店舗である．地域の人々が年会費25ポンドを払い，会合を開いて店の方針を話し合って自分たち自身で運営している店であるということで，仕組みの上では生協そのものであるが，今日の一般的な生協と異なるのは，レジや商品の陳列，仕入れといった作業を，その利用者たちが分担して彼ら・彼女ら自身で担っているという点である．つまり利用者と専従職員とが分化されていない，まさに手づくりの協同組合の店であり，月4時間という労働時間のノルマを達成したメンバーには商品の売価が10%引きとなる．

これによって，スタッフの人件費分をみんなで削減することが可能だということであるが，メンバーたちが運営を話し合うだけでなく店舗労働をも担うことを厭わないのは，単にコストの削減だけを考えているのではないからだろう．ピープルズ・スーパーマーケットは，このようなメンバー参画型の運営を採用することによって，そこに利用者たちの「コミュニティ」をつくりあげることに成功している．多くの日本の視聴者たちがこの番組を見て高く評価している理由も，おそらくはそこにある．「買い物におけるコミュニティづくり」という点が，都市住民からの共感を集めているのである．

世界の金融資本主義の中心地の1つ，大都会ロンドンの一角において，このような素朴ともいえる運営形態の協同組合店舗が誕生し，それを多くの人が評価しているという事実は，生協のチェーンストア化と大規模化を進め，流通業における生き残り戦争を必死に戦う日本の生協陣営にとっても，大きな示唆を与えるものではないだろうか．実はこうした形での協同組合店舗は，

ピープルズ・スーパーマーケット（杉本貴志撮影）

グローバル資本主義のもう1つの本山，ニューヨークにも存在する．

アメリカは自由競争経済のメッカであり，資本主義の総本家である．この国では協同組合運動など盛んではないだろうと多くの人は思うだろうが，実はそのアメリカにおいて，それもその中枢の都心部において，フード・コープという生協店舗が結構な注目を集めている．

フード・コープは，有機野菜や自然食品などをもとめる都市生活者に人気がある店舗である．こうした意識が高い消費者は，店舗に単に体にいい食品を求めるだけでなく，その運営においても能動的・積極的に関与しようとする．つまり英国・ロンドンのピープルズ・スーパーマーケットと同じく，アメリカのフード・コープにおいても，組合員には出資金の拠出だけでなく店舗運営を維持するための労力の提供がもとめられる．たとえばニューヨークのブルックリンで1973年に設立され，現在では1万5000人以上の組合員を

抱えるまでに成長した「パーク・スロープ・フード・コープ」では，4週間ごとに2時間45分の労力を提供することが組合員の義務となっている．このルールは厳格で，組合員が自宅で雇っている乳母に自分の代わりをつとめさせ，店での作業をさせるという不正行為が発覚した際には，かの『ニューヨーク・タイムズ』にもニュースとして取り上げられたほどのものであるが*，世界の資本主義を動かす都市市民が一面ではこうした原始的ともいえる協同組合店舗の運営方法にこだわり，それを固守しているのである．

　ニューヨークにおいても，ロンドンにおいても，そこに住む都市生活者の多くは競争経済の最先端において他人と競いながら労働し，生活する毎日を送っている．そんな人々が買い物の場に「コミュニティ」を求めたのがピープルズ・スーパーマーケットであり，フード・コープである．買い物という行為は，そして小売りという事業は，単に消費者の購買意欲を満たす物資を供給するというだけにはとどまらないものであるということを，それらの協同組合店舗は示している．

2. 買い物もできない山間地域と都心地域：
　　コンビニ帝国とフード・デザート

　次に，そうした都会とは対照的な過疎地域に話を移そう．現在こうした地域における買い物の光景はどうなっているのか．

　「買い物難民」「買い物弱者」という言葉が一般化している．国外にも「フード・デザート（食料砂漠）」という言葉があり，同様の事態を指し示しているが，日本国内で買い物が満足にできず，日常の食料の確保にも不自由している人は現在600万人に達すると推計されているという．この数字は，「流通機能や交通の弱体化とともに，食料品等の日常の買い物が困難な状況に置かれている人々」という「買い物弱者」の定義に基づくものであって，

---

　　* "At a Food Co-op, a Discordant Thought: Nannies Covering Shifts", *New York Times*, 17 Feb. 2011.

いささか誇張した数字であるという意見もあり得るだろうが，相当多数の人々にとって，生活物資を店で購入するという本来ありふれた行為だったことが，今やかなりの労力を費やす，いわば一大行事となっていることは間違いない*．

　いうまでもなく，これは過疎地域における人口の減少に伴う商店の廃業や，郊外型大型ショッピングセンターの建設に伴う個人商店・商店街の衰退，自動車を持って自由に相当な距離を移動できる人々とそうでない人々との社会の二分化等々を原因とする事態であり，競争経済がもたらした格差社会の一側面である．近年は過疎地域だけでなく，地方都市や大都市の中心部においても，コンビニエンス・ストア以外にはほとんど店舗がないという状態が広がっており，高齢化の進展も相まって，過疎地域と同様に日常の食材（とくに生鮮食品）の調達が著しく困難な人々が出現している．

　そこで買い物支援という機能を果たす業態としてあらためて注目されているのが生協による「無店舗販売（宅配）」事業であり，さらにそれを補完すべく新たに全国の生協で始まった「移動販売車」や「店舗送迎バス」の取り組みである．これらは経済産業省からも高く評価され，『買い物弱者応援マニュアル買い物弱者を支えていくために～20の事例と7つの工夫 ver 1.0～』（2010年）には福井県民生協「ハーツ便」，さいたまコープ「地域ステーション」，コープさっぽろ「お買い物バス」の3つの先進事例が紹介されている．後述するように，生協は生協法による「員外利用規制」を克服し，逆に組合員組織であることの強みを生かした業態として無店舗業態を発達させてきたのだが，その資産や経験を生かした社会貢献事業として，買い物困難地域への配送を他業者・団体に率先して展開できたのである．

　こうした取り組みが協同組合ならではのものであるといえるのは，それが営利を追求する企業にはなかなかできないものであるからである．たとえば

---

* 農林水産省の農林水産政策研究所によれば，自宅から生鮮食品店までの直線距離が500メートル以上あって自動車を持たない人々が「買い物に不便を感じやすい」人々であって，その数は全国で910万人にのぼるという（『東京新聞』2012年6月4日）．

移動販売車による販売は，好評を博しているとはいっても，ほとんどの場合，採算が取れるようなものではない．もともとそういう売り上げが見込めない地域であることが原因で商店が閉店したのであるから，それは当然であろう．移動販売車の場合，一般的に1日の販売額の合計が10万円弱というのが損益分岐点となっているが，生協のなかには，1回の派遣につき売り上げがこれに達しないケースもしばしば見受けられる．個配による無店舗販売にしても，遠隔地で利用者が少数に限られる買い物困難地域への配送は，コストに見合った利用を期待することはなかなかできないものである．

「コープながの」の移動販売車について報じる『生協流通新聞』2012年8月5日付

　これでは営利事業として到底成り立たないから，本社が宣伝効果を狙ったり，社のイメージアップを図ろうとしたり，営業継続のために行政から十分な支援が受けられたりする場合など例外的なケースを除き，営利企業は買い物困難地域に手が出しにくい．一見すると，コンビニ帝国と言っていいほど，いま日本ではあらゆる地域にコンビニエンス・ストアが広がっているように見える．しかし，全国に展開する大手コンビニエンス・ストアの大部分の店舗はフランチャイズ制であるから，自己資金を投じて店舗のオーナーとなろうという人々が，利用客が少なく採算の見込みが立たない地域において赤字覚悟で出店することを期待するのは無理であろう．「コンビニはどこにでもある」というのは，買い物困難地域の実情を知らない人々の幻想である*．

　しかし，組合員の相互扶助事業組織である協同組合ならば，組合員の合意さえ得られれば，そうした地域への取り組みも可能である．つまり，他の組合員の「協同の力」によって，当該地域の組合員の買い物を支援することが

できる．1人ひとりの力が弱くても，協同の輪が広がれば，買い物困難地域の住民への供給であるとか，特定物資へのアレルギーを持った人々でも摂取可能な食品の開発・販売であるとか，切実ではあるけれども人数としては少数でしかないニーズを，多数の力でカバーすることができるのが協同組合である**．この場合，買い物困難地域以外の消費者（あるいはアレルギーを持たない消費者）は，生協で買い物をすることで，自ずと買い物困難（あるいはアレルギー）という社会が抱える問題への対策を支援することになる．そうした仕組みを開発し，普通の消費者であっても社会問題に容易に取り組める「舞台」を提供することで「消費から社会を変える」ことをめざすのが，消費の協同組合＝生協なのである．

そしてまた組合員組織である生協は，その組合員組織という財産を生かして，他の事業体には全く不可能な活動を展開することもできる．たとえば自力で買い物が可能な組合員が，それが不可能な組合員の代わりを務める「買い物代行」活動は，まさに協同組合らしい，協同組合以外の事業体には到底不可能な取り組みであるが，日本の生協はこうした「組合員による福祉活動」（くらしの助け合いの会）について20年以上の経験を積んでおり，今後ますますこうした組合員組織としての事業と活動の多様な組み合わせが期待されるだろう．

買い物難民問題が拡大・深刻化しているのは日本だけではない．若い世代の都市部への流出＝村の過疎化だけでなく，郊外における巨大スーパースト

---

* 2013年10月末現在1055店舗を道内に擁する北海道最大のコンビニ・チェーン「セイコーマート」は，この問題に対して意識的に取り組み，礼文島，利尻島，奥尻島など離島を含む過疎地にも積極的に出店している．道内179市町村のうち，169市町村に同社の店舗があり，これは人口カバー率99.4％であるというが，それでも10の自治体には店舗が全くないということは，企業にとって買い物困難地域への出店がいかに困難な課題であるかを示すものでもある．

** その他にも，京都大学生協などの大学生協がイスラム圏からの留学生の要望に応えてハラール食メニューを提供していることなどが「協同の力」の例としてあげられよう．宗教上の理由で通常のメニューではほとんど食べられるものがないという少数の留学生のニーズを，多数の日本人学生が集まった生協の力でかなえようという，他の業者食堂には期待できない，まさに大学生協らしい試みである．

アの建設とそれに伴う都市中心部における伝統的な個人商店の消滅によって，諸外国でも同様に，基本的な毎日の食料さえ入手困難な高齢層が各地で創出されている．このフード・デザート問題に対して，いくつかの国では，日本と同様に，生協に大きな期待が寄せられ，生協がその期待に応えているのを見ることができる．たとえば英国のスコットランドには過疎化した地域が多数生まれているが，そうした地域に対して，協同組合の地域に対する社会的貢献の一環として店舗を出店する試みが全国規模の生協「コーペラティブ・グループ」*によって続けられているのである．

3. 消費から社会を変える：ロッチデールの夢と転針

つまり生協とは，消費者に対する日常品の小売という事業を相互扶助によって営むことで，自分個人の欲求の充足を越えた「社会的な目標」の達成，さらにいえば「社会改革」をめざす運動である．日本においては，食の「安心・安全」というキャッチフレーズが強力に展開され，そういう運動として生協のイメージが形づくられたために，生協といえばもっぱら食品の安全性を追求する運動だという理解が人々のあいだに強く浸透しているけれども，それは「社会改革」をめざす生協の一面でしかない．

現代の生協の直接の源流である「ロッチデール公正先駆者組合」(1844年創設) が創立時に定めた綱領は，この組合が食料品と衣料品を提供する店舗

---

* 19世紀末から20世紀初頭にかけて，英国全土には1000を超える消費者協同組合が存在し，それぞれの町や村で独立して小規模な生協店舗が民主的に運営されていたが，第2次大戦後，巨大なチェーンストアとの競争を余儀なくされた協同組合陣営は，こうした非効率な体制をあらため，統合によって規模の利益を追求すべきだとして (『協同組合独立委員会報告書』1958年)，近隣組合の合併をすすめた．その結果，かつての卸売組合 CWS (Co-operative Wholesale Society) を母体とする「コーペラティブ・グループ」が，現在では英国のほとんどの主要生協を統合し，全国規模で事業活動を展開している．コーペラティブ・グループの事業高は，英国の全協同組合の事業高の9割を占め，その存在は圧倒的であり，事実上，イギリスの協同組合＝コーペラティブ・グループとして扱われることが多い．

の建設から始めて，その後一歩一歩，段階的に社会を変えていく戦略を抱いていたことを明示している．

　「この組合の目的と計画は，金銭的な利益と，組合員の社会の中での地位および家庭の状態の改善のための，仕組みをつくりあげることである．そのために，組合はひとりあたり１ポンドの出資を集めて活用し，以下の諸計画・施策を実行する．
　食料品や衣料品などを販売するための店舗を設立する．
　多数の住宅を購入または建設し，相互に協力して自分たちの家庭や社会の状態を向上させたいと望む組合員がそこに住めるようにする．
　組合が決定した商品の製造に着手し，職を失った組合員や，度重なる賃下げに苦しんでいる組合員をそこで雇用する．
　この組合の組合員のさらなる利益と安全のために，不動産を購入または賃借し，職を失った組合員や賃金が低い組合員が，その土地を耕作できるようにする．
　実行可能になり次第，この組合は生産，分配，教育，統治の力をまとめることを進める．言い換えれば，自立した国内入植地あるいは利害協同体を設立する．また，こうした入植地の設立により，他の組合を支援する．
　節酒の習慣を広めるため，時宜を見て組合の建物のうちの１つに禁酒施設を開く．」（*Laws and Objects of the Rochdale Society of Equitable Pioneers*, Rochdale, 1844）

　これは要するに，店舗経営が成功し，消費者である組合員が買い物上の満足をしたとしても，それだけでは協同組合を設立した目的が達せられたとは言えないということである．ロッチデール公正先駆者組合が創設時に企てた計画は，組合に集まった人々がそれぞれ１ポンドを出資することによって「食」「衣」等を提供する店舗をつくることから始め，次に「住」を確保し，

ロッチデール公正先駆者組合1号店（現・博物館）（杉本貴志撮影）

さらに「消費物資の生産」によって「職の確保」へと相互扶助の事業を拡大して，最終的には「協同のコミュニティ」の建設へと進もうという，壮大なものだった*．

実際にロッチデール公正先駆者組合は，小売事業だけでなく，住宅の建設や商品の製造事業にも乗り出しているし，組合員と市民に向けた各種教育事業に相当な資源を費やしているから，彼らが生活の全面的な協同化を（すくなくとも草創期には）追求していたことは間違いない．しかし，そうした先駆者組合の姿勢は，競合業者のみならず組合の「分裂」によるライバル組合（ロッチデール倹約協同組合）の出現**，彼らとの熾烈な小売競争の中で変

---

* 多くの人は，ここで先駆者組合の目的の最後に「禁酒施設」の開設があげられていることに奇異の念を抱くかもしれない．ここにはあきらかに，飲酒の習慣こそが労働者階級の悲惨な生活状態を招き，それを固定化している元凶だというロバート・オウエンの考えが反映している．禁酒運動は，オウエンの影響下にあった初期協同組合運動における重要なテーマの1つであった．

** 1870年，ロッチデール公正先駆者組合の運営（とくに仕入れと売価の問題）に不満を抱いた組合員が大量に脱退し，組合員にもっと安価で物資を提供することをめざした「ロッチデール倹約協同組合」を結成した．これ以後，先駆者組合と再統合を果たす1934年まで，倹約組合はロッチデールの街の中で先駆者組合の最大のライバルとして激しい競合を繰り広げることとなる．

ロッチデール公正先駆者組合による協同住宅「パイオニア・ストリート（先駆者通り）」（杉本貴志撮影）

化を遂げ，先駆者組合の目標は「協同コミュニティの建設」から「良き店舗の運営」へと実質的に転換していく．それは，店舗を取りかかりの第一歩にした社会体制の根本的改革から，店舗の維持による体制内改良への変化であり，労働者の平和的革命運動から消費者の生活向上運動への転換とみなすこともできるだろう．

　こうしてロッチデールその他の消費者による協同組合は，結果的に「店舗の運動」として，流通業界の中で生き残りをかけて営利企業との競争に立ち向かうこととなった．したがって20世紀の，とくにその後半の英国その他のヨーロッパ諸国における消費者協同組合は，単なる小売業者と化して社会運動体としての性格を失い，しかも消費者からの支持も失って，深刻な経営危機に見舞われることになったということが，しばしば指摘されるのである．イギリスの流通業界に最大勢力として君臨していた協同組合陣営は，市場シ

ェアを最盛期の数分の1にまで低下させたし，ドイツ，フランス，オランダ，あるいはベルギーやオーストリアなどヨーロッパの主要国では，生協運動が倒産や買収によって壊滅的な打撃を受けている．

しかし，そうした20世紀の苦難を経て，世紀の末になると，こうした店舗経営路線を歩みながら，もう一度，消費者の協同組合運動として社会性を獲得しよう，言い換えれば，消費から世の中を変える道を再び追求しようではないかという動きが，イギリスの協同組合運動の中で生まれてくる．それはひとことで言えば，「倫理的消費」の運動であった．

4. 「倫理的消費」の運動

消費者が望むものは，品質が良く，価格が安いものである．だから消費者の協同組合の使命は，「より良いものをより安く」提供することであるというのが，一般的な理解であろう．戦後日本の生協が追求してきた「安心・安全」な「食」の提供も，世間からは専らこういう視点で評価されている．

たしかにこうした路線の追求によって，企業本位の社会を「消費者主権」の社会へと転換させることはできるだろうし，事実，日本その他の先進諸国において，生活協同組合をはじめとする消費者運動は，ある程度それを成し遂げたということができよう．もはや横暴なメーカーや小売業者の言うなりに消費者がインチキ食品を高価で買わされるということは，（すくなくとも建て前の上では）許されないという世の中になったのである．

しかし「倫理的消費」の運動は，それだけでは満足しない消費者によって始められた，さらに一歩進んで「消費から社会を変えよう」という運動である．「倫理的消費者」は，品質が良く，価格が安いことだけを求めているのではない．それにとどまらずに，彼らはさまざまな側面から商品と，それをつくりあげる製造業者あるいはそれを提供する流通業者を評価し，その評価に基づいた購買行動によって企業や社会のあり方を変えようとする．

たとえば英国の倫理的消費運動に顕著な側面として，「動物福祉（アニマ

アニマルウェルフェア商品（左：水産物　右：畜産物）

ル・ウェルフェア）」へのこだわりがある．

　日本では未だなじみのない概念であるが，イギリスなどヨーロッパ諸国においては，人間と同様に家畜や野生動物についても，その福利厚生（福祉）を重要視するということが市民生活の中であたりまえとなっている．したがって，倫理的消費運動の価値基準の重要な1つとして，その製品が動物福祉に反した収穫・生産・製造法でつくられたものでないかどうかが問題とされるのである．

　たとえば，「クジラやイルカ類を傷つける可能性のある漁獲方法をとっていないことをきちんと認証した"ドルフィン・セーフ"のマークがついている缶詰しか買わない」「安全性のチェックを動物実験によって行った化粧品は選択しない」「金網の中で飼ったニワトリの産んだ卵ではなく放し飼いのニワトリの卵（フリーレンジ・エッグ）を選んで購入する」といった行動を取ることを倫理的消費運動は呼び掛ける．そして，いまや一部の特殊な層ではなく，ごく普通の多くの消費者がそうした主張に共感し，そうした選択行動をとっているのである．

　このように動物をこよなく愛するイギリスにおいて，流通業界で倫理的消

費運動の先頭に立っているのが,「コーペラティブ・グループ」に代表される協同組合陣営である.現在,コープの店では動物実験を経て開発された商品は一切扱っていない.売られている卵は1個残らずすべて放し飼いでのびのびと育ったニワトリのフリーレンジ・エッグであり,魚の缶詰やベーコンその他の畜産製品の多くには,不要な苦痛を動物に与えず,適切な生産方法が用いられたことを動物愛護団体が認証するマークが付されている.

イギリス協同組合陣営が力を入れる倫理的消費の運動の力点は,上述のような動物福祉の重視のほか,資源の乱獲や環境破壊につながるような企業・商品の排除,武器商人(軍需品メーカー)の排除,フェアトレード製品の重視等々に置かれているが,これはもともとコーペラティブ・グループの子会社として存在する「コーペラティブ・バンク(協同組合銀行)」の倫理政策に影響されたものである.

イギリス協同組合銀行は,銀行間の競争の中で自らのアイデンティティを明示し,その特性を顧客に訴えて支持を獲得しようと,1992年以来,倫理政策を策定し,それに基づいた融資行動を実行していた.たとえ融資対象として経営的・資金的に安全と判断される企業であっても,たとえば軍需産業と関わりがあったり,動物実験を行う企業であったり,第三世界の社会や人々に悪影響を与える行動をとる企業であれば,その企業との取引を拒否する.これが協同組合銀行の倫理的経営方針であり,それがイギリスの社会において高く評価され,協同組合銀行は独自の地位を確立していたのである.

こうしたグループ子会社である協同組合銀行の倫理政策に影響を受けて,イギリスの生活協同組合はその商品政策において倫理性の重視を徹底しているのであるが,それだけでなく,その店舗政策においても,生協陣営は他の

動物福祉を訴えるイギリス協同組合銀行のパンフレット

大手流通業者とは異なる道を選択した．それは，大型店舗展開からの撤退，小型店舗への集中である．

イギリスの流通業において8割という圧倒的なシェアを占めているのが，テスコ，セインズベリー，アズダ，モリソンズという4大スーパーマーケット・チェーンである．こうした極端な寡占状態にあるのが英国流通業の特徴であり，かつては生協陣営も，その一角を占めていた．これら大手流通企業の主力業態はスーパーストアと呼ばれる大型店舗であり，巨大な駐車場を付設し，さまざまな専門店を周囲に配置したこうした大型店舗に，週に一度，一家揃って自家用車で日常品の買い出しに出かけるというのが，典型的なイギリス人の買い物行動である．そしてこの大型店での競争において，テスコに代表される営利企業に敗北し，シェアを極端に落としていったというのが，20世紀末までの英国生協の状況だった（表1-1，図1-1）．

組合員民主主義を組織原理とする協同組合の特性上，営利企業に比べて意思決定が遅れがちであることはある程度はやむを得ないことかもしれない．しかし，それでは流通戦争の中で決定的に不利となる．生協は結局，スーパーストアを舞台にした競争において勝利を収めることができず，退場を余儀なくされた．そして生き残りのための新しい戦場として，コンビニエンス・ストア＝小型店という大規模チェーンの未開拓領域を発見し，そこに資源を集中するのである＊．それは実情としては経営上強いられ，余儀なくせざるを得なかった選択であったが，社会的責任を重視すべき立場にあった生協にとっては僥倖でもあったといえるだろう．ここでコープ陣営は，われわれは地域の店（コミュニティ・レイテイラー）であると，堂々と自分たちの業態の社会的存在意義を主張することができるようになったのである．

＊　日本とは多少異なって，イギリスでは生鮮食品や加工食品，雑誌・新聞，酒類等々を販売する小型スーパーマーケットのことを「コンビニエンス・ストア」と呼ぶが，高齢者など地域の人々が徒歩圏内で日常の買い物をまかなえるようなコンビニエンス・ストアを展開する大規模全国チェーンは，かつては生協のほかにはオランダ生まれの世界的小売チェーン「SPAR」くらいしか存在せず，この業態は一種のニッチ市場となっていた．

表 1-1　第 2 次大戦後のイギリス生協の推移

	1948	1962	1970	1980	1990	2000	2007
生協数	1030	801	357	206	79	47	22
組合員数(千人)	10,612	13,140	12,056	10,009	8,193	9,724	8,100
事業高（百万ポンド）		503	1,054	1,143	3,871	6,808	9,745	12,653
純剰余（百万ポンド）	47	61	34	34	104	187	471

（出典）　生協総合研究所編著『危機に立ち向かうヨーロッパの生協に学ぶ』日本生活協同組合連合会出版部，2010 年，より抜粋．

（出典）　前掲『危機に立ち向かうヨーロッパの生協に学ぶ』．

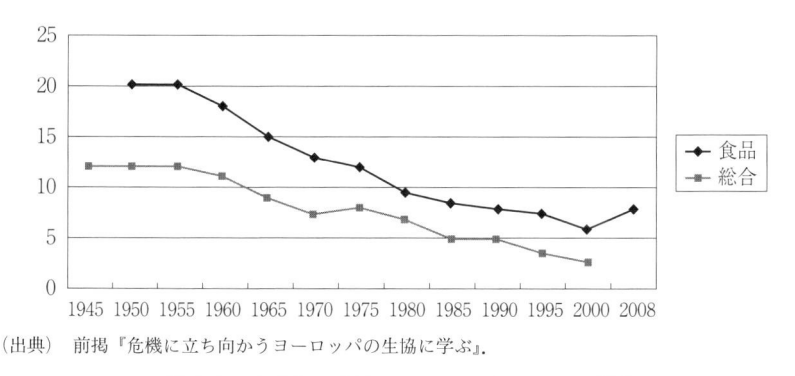

図 1-1　イギリス生協のマーケットシェアの推移

　世界一苛酷といわれる英国のスーパーストア戦争のなかで，かつて地域コミュニティに存在し，地域とともに歩んできた個人商店は次々に閉鎖され，コミュニティは活気を失っていった．それでも郊外の大型店に自家用車で買い物に行ける消費者はまだよいが，それが困難な高齢者など買い物弱者は，コミュニティの中で基本的な暮らしを送ることさえ困難となっている．そこで生協が，そうしたコミュニティの中にコンビニエンス・ストアを大々的に展開し，地元に残った唯一の店舗として胸を張ってコミュニティへの貢献を語るようになったのである．

　こうして英国の生協陣営は，提供する商品においても，それを供給する業

英国生協の小型店舗（杉本貴志撮影）

態においても，自らの倫理性を訴え，他の企業の先を進んで社会的責任を果たしていることを誇ることができるようになった．そしてそれが消費者の高い評価に結びつき，21世紀に入ると，英国最大のコンビニエンス・ストア・チェーンとして，生協は国内流通市場における長期低落傾向に歯止めをかけることに成功したのである．

5. 日本の生協と生協法

イギリスの生活協同組合は，「売るもの」と「売り方」の2つの側面から，営利企業にはない社会的責任経営のあり方を追求し，それに成功したが，日本の生協運動についても，この両側面からその意義や成果を確認し，「消費から社会を変える」協同組合のあり方を考えることができる．まずはその背景であり，舞台であり，前提でもある，戦後日本の生活協同組合を取り巻いてきた状況から説明しよう．

戦後日本の生協は，当初から大きな足枷を課せられた上で事業展開を図らざるを得なかった．その足枷とは，1948年に制定された「消費生活協同組合法（生協法）」である．

生協法は，政府提案という形で国会において審議されたが，中小商業者による反・生協運動の意を受けた議員の抵抗により，それは成立時には生協にとってとてつもなく厳しい内容の法律となっていた．当時の日本協同組合同盟（日本生協連の前身組織）が求めていた内容とは程遠く，農協等の他協同組合には認められている信用事業を営むことが容認されなかったし（第10条），組合員以外が生協を利用することは全面的に禁止され（第12条），それぞれの生協の事業活動エリアは単一の都道府県内に限定されたのである（第5条）．

　たとえば第12条のいわゆる「員外利用規制」については，国会に上程された政府案では「組合は，組合員の利用に差支ない限り，定款の定めるところにより，組合員以外の者にその事業を利用させることができる．但し，一事業年度における組合員以外の者の事業の利用分量の総額は，特に行政庁の許可を得た場合の外，その事業年度における組合員の利用分量の総額の十分の一を超えてはならない」となっていたが，業者からの陳情を受けた民主自由党に所属する議員の要求により，衆議院厚生委員会において，「組合は，組合員以外の者にその事業を利用させることができない．但し，当該行政庁の許可を得た場合はこの限りでない」と書き改められている．

　また，事業区域を単一県内に限定するという，生協には明らかに不公平と言わざるを得ない条項は，「国家行政との関係」および「中小商工業者との関係」から生協が大規模化することは望ましくないとして当初から政府案に盛り込まれていたが，国会審議の中では，これでも納得せずに，活動区域は単一の市町村内に限定すべきだという議論さえなされていた＊．2012年の国

　＊　審議の中で政府委員はこう説明している．「都道府縣の区域を限界にいたしておりまする点は，都道府縣以上に大きなる組織的経済事業を営ましめ，強力なる力を將来もたしめることは，國家行政との関係も生じてくるのではなかろうか．また中小商工業者との関係から見まして，この程度が最も適当なる限界点である，かように考えておる次第であります．」「組合の区域は原則として市町村あるいは区の区域等の範囲内できめることが適当であるという御意見は，ごもつともでありますが，あるいは市の区域を跨りましてやらなければならぬ場合もございますし，土地によりまして適当な区域というものが，市町村の区域というものとうまく一致しない場合もありますので，

際協同組合年に際して，国連総会は協同組合に他の企業と同等の待遇を与えることを各国政府にもとめたが，そういう意味では日本の生協法制は未だに国連総会の要求を充たす内容とはなっていないともいえる*．

協同組合は相互扶助の非営利組織であるとして独占禁止法の適用除外を受けるなど，営利企業にはない措置を受けている面もあるし，そもそも組合員の「人的結合」であることが生協の要なのであるから，（他国にはほとんど，あるいは全くない規制であるとはいえ）ある程度の事業区域規制や員外利用規制はやむを得ないという意見もあり得るだろう．しかし，実際にこの規制が，協同組合原則に謳われている「協同組合間協同」を進め，より便利なサービスを組合員に提供しようという，生協の本来的あり方に沿った事業の継続さえ不可能としている例もある**．やはり生協法による生協規制は，法の下での公平・公正という点からしても，いささか問題ではないかと言わざるを得ないのである．

しかしながら特筆すべきは，日本の生協運動がこの足枷を外そうと抵抗するにとどまらず，これを独自の発展を遂げるためのハードルとして受け止め，見事にそれを乗り越えたということである．生協は，組合員に依拠し，限られた地域に密着し，信用事業に頼らずに資金を得て，購買事業を中心に発展するという，日本独自の生協モデルを追求した．そしてその最大の成果が，組合員が「班」を組織し，この班を基盤にして展開する「共同購入」という「無店舗事業」だった．これは日本の生協による，生協法の諸規制を克服した新しい「売り方」のビジネスモデルであり，生協らしい「事業と運動との統一」であったということができる．

この点につきましては都道府縣の区域を越える場合だけを制限いたすことになつております．」

* ようやく60年後の2007年の法改正によって，生協は「隣接する都府県」まで事業活動を展開することが可能となった．

** 高知県の県庁や諸機関の職域生協である高知県庁生協は，自力で展開することは不可能であるということで，同地域にある別の生協（コープ自然派しこく）に業務委託をすることで組合員への個人宅配事業を進めていたが，これは生協法の員外利用規制に違反する行為であると指摘され，2013年度末，個配事業は廃止を余儀なくされた．

6. 班の成果と課題

　生協法が生活協同組合に課した規制は，事業の中でもとくに店舗事業の発達を阻害したとみることができる．店舗の開設には多額の資本が必要であるが，信用事業が認められなかった生協には，そうした資金調達は困難である．また店舗は固定客だけでなく客を広く集めることによって成功するものであるが，日本の生協は出資金を払い込んで加入手続きを終えた組合員にしか品物を売ることができない．さらに店舗運営をローコストにするためには，仕入れをまとめ，レイアウトを統一するなど，チェーンストア化を進めることがまず考えられるが，他のスーパーマーケット業者のように県境をまたいでチェーンストアを展開し，規模の利益を図ることが生協には禁止された．要するに国会に対して「反・生協運動」を展開して生協の発展を阻止しようとした商業者の目論み通りに，生協法は成立し，そして実際に機能したのである．

　それでは生協には発展の道はないのか．その問いへの答えとして編み出された業態が「無店舗事業」である．組合員組織であるからこそ，設備投資を最小限にした無店舗販売であっても，顧客に対して，その望む商品を供給できる．インターネットもない時代，不特定多数を相手にする企業であるなら

表1-2　1980年代以降の組合員，事業高，班組織率の推移

	会員生協組合員数（万人）	会員生協総事業高（億円）	地域生協組合員数（万人）	地域生協総事業高（億円）	地域生協班組織率（％）
1980	672	11,081	292	6,758	45.4
1985	1,018	18,731	575	13,486	55.6
1990	1,410	27,772	916	21,593	58.5
1995	1,863	32,937	1,283	25,493	55.8
2000	2,104	32,832	1,450	25,915	47.0
2005	2,341	33,171	1,653	26,262	40.5
2010	2,621	33,223	1,895	26,444	34.3

（出典）日本生活協同組合連合会『生協の経営統計』各年版より作成．

ば，膨大な宣伝・広告費を投じない限り，このような業態は成功しないだろうが，組合員という特定集団だけを対象にするのであれば，話は別である．しかも日本の生協は，その特有の組合員組織である「班」を，この無店舗販売業態に結びつけることに成功した．地域単位で組合員の結束を固めていた班組織を事業の最先端に組み込み，発注や荷受けの作業を組合員に委ねて班単位で管理することで，無償の組合員労働を事業の中に巧妙に取り入れたのである．

　週に一度，生協の配送車がやってくる場に，班の組合員たちが集まって待っている．やがて到着した配送車と生協職員を迎え，班では生協の商品や暮らしの話題に花を咲かせ，組合員同士の，そして組合員と職員とのコミュニケーションを深めながら，注文した商品を受け取り，それぞれの注文品を仕分けする．1980年代以降，このような光景が全国の生協に広がったが，これはまさに，店舗が無店舗に代わっただけで，ロンドンのピープルズ・スーパーマーケットやニューヨークのフード・コープと同じく「組合員参画型生協」の姿である．しかも日本の生協は，この時期，百万人単位の倍々ゲームで組合員を爆発的に増やしていく．世界から注目される強力な組合員参画型の生活協同組合が，1980年代，日本に誕生したのである．

　組合員が，しかも地域の複数の組合員が協同して，商品供給という生協の基幹事業の末端部分を担うという班別共同購入は，組合員の協同によって事業を営む協同組合として理想の姿であるともいえるだろう．したがって，「Han」といえば外国の協同組合関係者にもすぐに理解されるほど，日本の生協の共同購入システムは国際的にも有名になり，賞賛された．

　しかし，それほど有名な存在でありながら，国外の生協においてこうしたシステムを採用したという例は全く聞くことがない．それは，この班別共同購入は当時の日本に特有の環境があって初めて可能となったものだったからであり，そうした環境がない諸外国では，このような業態を導入する余地など全くなかったからである．端的に言えば，それは強固な「男女役割分業」社会であり，「専業主婦」という立場にある女性たちの存在である．

多くの家庭に主婦が在宅しているという前提があって初めて，生協の班組織とそれに支えられた共同購入は成り立つ．したがって，そのような状態とは程遠い，女性の社会進出が進んだヨーロッパ諸国では，共同購入など，別世界の話としては興味深いけれども，自分たちの社会ではあり得ないシステムだということになる．日本においても，1990 年代，そして 2000 年代と，時代が下り，曲がりなりにも女性の社会進出が進むにつれて，班と共同購入は衰退していった．いま，この共同購入に代わって，組合員宅への個別配送，いわゆる「個配」が生協の主力業態となっている．かつて，この個配の勧誘においては，「面倒な班に入らなくても，おひとりでも生協を利用できます」という趣旨の宣伝文句が多用されたが，たしかに個配は，組合員の多様化した生活を考慮に入れた業態であるし，振り返ってみれば，班別共同購入とは専業主婦の労働に依存し，生協がちゃっかりそれを無償で利用していた業態であったという厳しい見方も成り立つだろう．

そういう意味で，個配の導入にはそれなりの進歩があることは認めなくてはならないが，もはや個配が生協の購買事業において揺るがない中心となった現在でも，この業態のどこに「協同」があるのかという問いかけが，生協の内外において常になされている．また従来型の共同購入が続けられていても，とくに都市部では「留守班」「無人班」が相当な数に達しているという現状もある*．さらに共同購入と言っても，現在多くの生協では配送センターにおいて配送車に注文品を積み込む段階で，各組合員別に商品が分けられてパッキングされており，班で商品をまとめて受け取って班員がそれを自分たちで仕分けすること（いわゆる「班仕分け」）は珍しくなっている．もち

---

 * 留守班・無人班とは，配送車が注文された品物を届けようとしても，班員が誰も受け取るために出てこないという班を指す言葉である．この場合，配送職員は品物をあらかじめ定められた場所に置いていくことになる．こうした留守班の増加は，日本社会にあっても専業主婦という存在が珍しくなっていることをあらわすものであるが，留守班の中には職員や班員と顔を合わせるのがわずらわしく，在宅しているにもかかわらず留守のふりをしている「居留守班」も相当数存在するのではないかという指摘もある．

ろんこれは組合員のプライバシーや配送時に在宅していない組合員が増加していることへの配慮であるが，こうなると，かつての「班仕分け」時代の班と現在の班とでは根本的に性格が異なった存在であるということになろう．数人分の荷物が1カ所に届くというだけで，組合員による仕分け作業があるわけでも，何かコミュニケーションがあるわけでもなく，そこではただ自分の注文品を受け取るだけという共同購入であるならば，すくなくとも組合員の事業への参画という点では，個配とほとんど変わるところがないという評価もあり得ると思われる*．

つまり，世界でも稀な組合員参画型生協であると誇ってきた日本の生協運動においても，いまや「消費における協同」がかつてのように一目瞭然ではない状況が一般的となっているのである．

7. 生協産直

班の活用という，組合員参画という点で画期的であるけれども，男女役割分業を前提としていたとも評価される「売り方」を開発した日本の生協は，組合員に何を供給するかという「売るもの」についても，興味深い論点を提供する取り組みを重ねてきた．

日本の生協における商品提供において最大の特徴は，何といっても「食の安心・安全」への徹底したこだわりであろう．これこそが2700万世帯の組合員を結集させるに至った最大の要因であり，その象徴が生協独自のプライベート・ブランド商品「コープ商品」である．厚生省が認めていても生協で

---

* 組合員のプライバシーや生活時間等に配慮して班での仕分け作業を行わなくなり，配送センター段階での個人仕分けとなったことは，それなりの理由があることであるが，組合員や職員の中には，やはりかつてのような班での活発なコミュニケーションが生協の醍醐味であったのではないかという声も強い．そこで「生協しまね」では，希望班に対して，あえて班での仕分けを復活するという実験を行い，好評を博した．人と人との「つながり」を応援するチーム『「班」のある風景に－組合員のくらしとむすびつきを探る』（生活協同組合しまね，2011年）にその模様が報告されている．

は使用しない食品添加物を記載した「Ｚリスト」の制定*等によって，生協は誰の目にも見える形でコープ商品の「安心」を印象づけることができたし，そのコープ商品を購入したいがために生協に加入する人々が続出したのだが，このコープ商品には，もう1つ忘れてはならない「生協らしさ」が備わっていた．多くの生協が，コープ商品を新規開発する際に，組合員に対して，積極的な関与・参画を求めたのである．場合によっては，原材料や製法のみならず，ネーミングやパッケージ・デザインに至るまで，職員ではなく組合員が中心となって，開発がすすめられたケースもある．消費者モニターの意見を参考にするといった一般企業のレベルをはるかに超えた，消費者自身による商品の企画開発は生協ならではの取り組みだったといえる（第6章）．

そして，コープ商品と並んで提供商品のもう1つの柱となったのが産直品である．生協は，生鮮品を中心に生産者やその協同組合と「産直」活動を展開したが，これは消費者組合員の事業への参画だけでなく，取引先・食料生産者の事業への関与，他の協同組合との（異種協同組合間の）協同組合間協同という，これまた協同組合ならではの取り組みの1つとして位置づけられる．なぜならば，生協による産直は，産直品の販売と称してスーパーマーケットが行っている農産物等の販売とは，似て非なる要素を持っているからである．

一般的には，産直とは卸売市場を通さずに生産者から直接購入することを意味する．そういう意味での産直は，スーパーやデパート，あるいは通信販売業者や郵便局の事業などにまで広がっている．そしてそれらはたしかに，生産者や生産方法がきちんと把握されているという点で，どこのだれが作ったものかさえわからないような一般市場流通品に比べれば消費者に「安心」

---

* 日本生協連は1985年以降，国が指定している食品添加物の中から安全性・有用性に疑いがあるものを選び出し，独自の「Ｚリスト」に掲載して，生協の取扱商品から排除するとともに，国に指定解除を求める運動を展開した．これを受けて現在，日本生協連は「不使用添加物」「留意使用添加物」「保留添加物」を定めているが，それによれば，法的には使用を認められた添加物であっても「赤色40号」など23品目の食品添加物は生協では使用できない．

を与えるものであろう．しかし，生協産直はそれにとどまるものではないのである．

多くの生協で採用されている「生協産直の3原則」には，「生産者がわかる」「生産方法がわかる」に加えて，「消費者と生産者との交流がある」ことが明記されている．この条件が欠ければ，生協においてそれを産直品と称することはできない．つまり生協産直は，消費者に「安心」を与えるだけでなく，それを生産者にももたらすことをそもそもの目的としていた．気象条件の不確実性や市場の不安定性に悩まされ，後継者を確保できずに衰退していく日本農業に対して，消費者の立場から支援し，食料自給率の向上を図ろうという意図が，生協における産直活動には込められていたのである．

産直は市場を通さない取引であるから，マーケット・メカニズムではなく，生産者（農協）と消費者（生協）との協議・契約で産品の価格や購入量が決定される．そこで生産費を補償する最低価格が設定されたり，全量引き取りを含む量的に安定した数量を仕入れる確約がなされたり，生産者に有利な形で合意がなされてきたのは，単に消費者側の力が相対的に弱く，生産者側が強かったという力関係だけでは説明できない．産直は，より良いものをより安く手に入れるための一手段ではなく，それを越えて「消費の力で社会を変えよう」という生協運動の一環だったのである．

言い換えれば，その考え方はイギリスの生協が力を入れる第三世界に対しての「フェアトレード」と完全に一致している．日本の生協産直は，国内版フェアトレードだと言ってもいいだろう．先進経済の中では，日本はフェアトレードの発達が著しく遅れており，それはなぜなのかを検討することが必要であるが，国外ではなく国内に向けられているとはいえ，日本の消費者・生活協同組合にも生産者に対する視線は確実に存在する．生協産直もまた「倫理的消費」の一種と評価すべきものである*．

---

*　ただし，現在多くの生協において行われている産直は，こうした倫理的消費の要素を備えていた産直とは性格が異なるものに変質しつつある．たとえば，生産費を補償するのではなく，産直品の価格を市場価格に連動させたり，あらかじめ引き取り量を

8. 原発事故と格差社会

　産直はマーケット・メカニズムを通さずに売り手と買い手の双方が協同して利益を確保しようという取り組みであり，これによって生協と消費者は「自分が食べるものの安心・安全」と「食べ物を生産する人々への支援」という2つの目的を追求することができた．

　究極的には，このどちらもが「食の安心・安全」へとつながるものであるというべきであるが，2011年に発生した東日本大震災（福島第一原子力発電所の事故）は，この「安心・安全」と「生産者支援」とがあたかも矛盾し，対立するものであるかのような状況を消費者と生産者にもたらした．福島など東北産の農林水産物に対して，どのような態度をとるべきなのか，生協の姿勢が問われたのである．

　放射能漏れ事故に対して，当然ながら全国各地の生協は食品に残留する放射能に敏感になり，生産者と独自の検査を実施するなど対応に追われた．もちろんこれは消費者が集まる生協だけで解決できるような問題ではなく，風評被害を恐れる農業協同組合や漁業協同組合など生産者の協同組合も独自の基準を定め，出荷前検査を徹底したし，政府もあらたな残留放射能基準を定めることとなったのであるが，問題は，それでも「福島産」「東北産」に対する強い警戒心と拒否反応が消費者の中に根強く残ったということである．

　水産品のほとんどの出荷を自粛し，コメに至っては残留放射能の全量検査を実施して測定機器の検出限界以下の残留しか事実上認めないという徹底し

決めておくのではなく，組合員からの注文を受けてから産直品をその都度生産者に発注したりする生協が増えているが，こうしたやり方では，産直といっても市場に出荷することとほとんど変わらず何らメリットはない，と生産者には受け止められてしまうであろう．1個あたり1円を生産者への支援として上乗せすることをあえて明示し，それが食料自給率や耕作放棄地の問題解決に貢献するものであることを訴える京都生協の「さくらこめたまご」（養鶏に飼料米を用いた産直卵）の取り組みは，そうした産直の変質，形骸化に対するアンチテーゼとして注目されている．

た態度をとったにもかかわらず，それでも福島産は「安心」ではないから敬遠したいとする消費者の態度は，上述したＺリストやコープ商品の如く，たとえ政府が「安全」だとしたとしても，それ以上の「安心」を求めてきたこれまでの生協の態度に通じる考え方であって，その意味では至極当然な反応であるともいえるかもしれない．しかし，ほとんどの科学者が健康上は問題ないとする産品までも，それが東北産であり，福島の作物であるというだけで一律に拒否するのであれば，それは結果的に，その地域の食料生産者に対する死刑宣告に等しいということもまた事実である．上述したような産直に代表される生協の生産者支援の精神，消費者の立場からの生産者への応援という点からすれば，むしろ今こそ東北・福島の生産者の窮状を理解し，「買い支える」支援を行うことこそ生協らしい態度であり，生協の使命だということになろう．

　このように，原子力発電所の事故は単純には答えが見つからない二律背反の難題を生協に課すこととなったが，たとえあの事故がなかったとしても，本来的にこうした問題に悩まされるのが生協という協同組合の本質であるとみることもできる．たとえば，今世紀に入って一気に「格差社会」化した日本の社会における生協の使命とは何かを考えてみよう．

　この格差社会を生み出した最大の元凶が，広範な分野での非正規労働の容認政策にあったことは衆目の一致するところである．かつては限られた職種でしか認められなかった正規雇用以外の労働形態が，規制緩和による日本経済強化の掛け声のもと，大々的に導入された．そのなかでも流通業は，従来からパートタイム労働等の形で非正規化が進行していた業種であり，生協においても，組合員層をパート職員として取り込むことで，生協らしい事業経営をコストが成り立つ形で追求してきた．それがいまや，専門運送会社への配送業務の全面委託や，事務部門での派遣職員の大量採用によって，生協が直接雇用しない大量の労働者が生協の基幹業務を担うまでに事態は進行している．これに対して，そのような非正規労働への依存体制を全面的に改め，格差社会に一石を投じることこそ，正義の経済を目指すべき非営利の事業体

である生協の使命だという立論は当然あり得るだろう．

しかし，一事業体にそのような姿を期待する現実性を問う以前に，そもそもそれは消費者の組合員組織である生協が追求すべき道なのかという原理的な問題を提起することも可能だろう．格差社会の進行の中で，消費者はどのような状態におかれているのか．「全国生協組合員意識調査」の結果を見れば，国民の中では比較的暮らし向きに余裕がある層が多いといわれてきた生協組合員においても，恐るべき勢いで低所得層が増大していることが一目瞭然である．とくに若年層における年収の落ち込みは高齢層に比べて顕著であり，それが生協組合員の平均年齢の上昇につながっている（図1-2）．

また，いまや生協組合員であっても，生協は主要な買い物先ではない．ほとんどすべての品目において，もっともよく利用する購入先は生協であるという回答は減り続け，ついに2012年の時点で，米以外のすべての食品において，生協よりもスーパーで買うことの方が多いと組合員は答えているのである（図1-3）．こんな状態において生協がまず追求すべきは，かねてから「価格が高い」という不満が強い生協の価格政策をあらため，徹底した低価格路線で消費者組合員の生活を防衛することではないのか．自分では日常の買い物すらせず，庶民が実際にどのような消費生活を送っているか全く把握していないような研究者が浮世離れした理念を語ることに耳を傾けても無意味であって，今こそ格差社会に苦しむ消費者の立場に徹し，ローコスト経営で流通業の先頭を行くような生協を目指すべきだと説く立場も，これまた理解できるところである．

いま生協の視線が向けられるべきは，そこで働く人々の境遇なのか．それとも消費者組合員の生活なのか．もちろん，両方ともに追求することが必要だということは，理屈の上では正しい答えであるが，現実はそのようなやさしい，曖昧な答えを許さない．正規職員で組合員宅に配送すれば間違いなくコストが数倍かかるし，非正規職員を他企業と同じように正規職とは差をつけた待遇で採用すれば，またひとり格差社会で苦しむ労働者を新たに生み出すのである．生協で売る食品をフェアトレード食品に切り替えれば，その生

夫婦合わせた年収

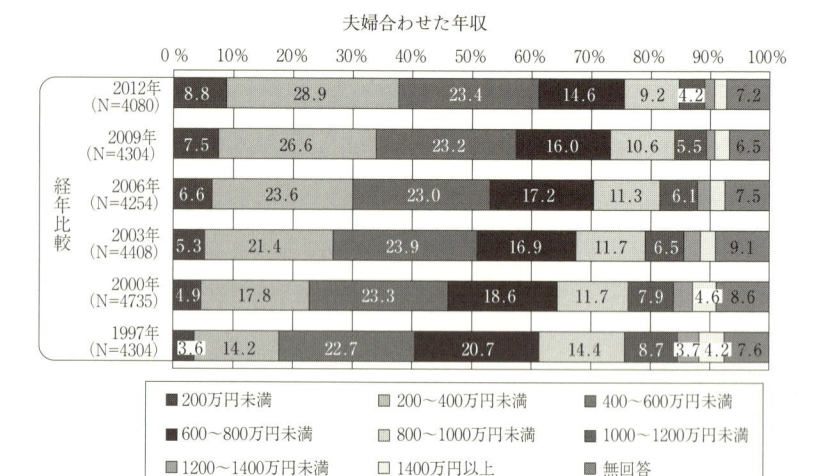

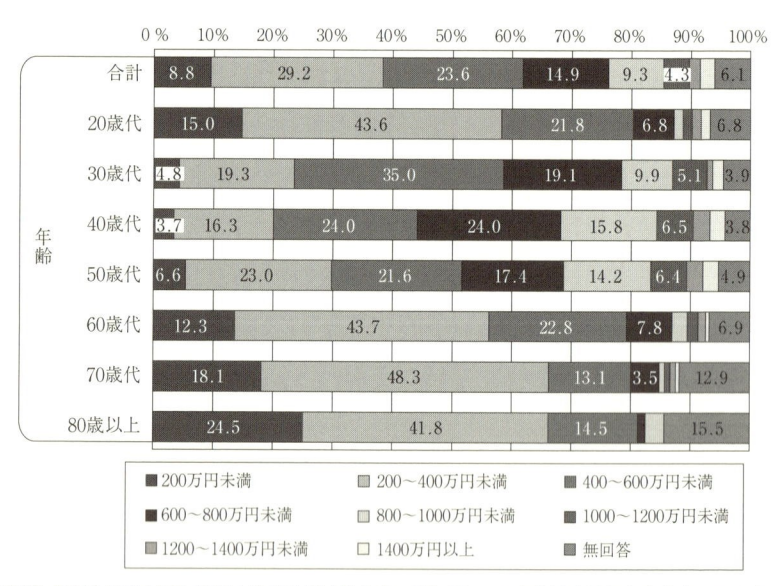

経年比較

	200万円未満	200〜400万円未満	400〜600万円未満	600〜800万円未満	800〜1000万円未満	1000〜1200万円未満	1200〜1400万円未満	1400万円以上	無回答
2012年 (N=4080)	8.8	28.9	23.4	14.6	9.2	4.2			7.2
2009年 (N=4304)	7.5	26.6	23.2	16.0	10.6	5.5			6.5
2006年 (N=4254)	6.6	23.6	23.0	17.2	11.3	6.1			7.5
2003年 (N=4408)	5.3	21.4	23.9	16.9	11.7	6.5			9.1
2000年 (N=4735)	4.9	17.8	23.3	18.6	11.7	7.9	4.6		8.6
1997年 (N=4304)	3.6	14.2	22.7	20.7	14.4	8.7	3.7	4.2	7.6

年齢

	200万円未満	200〜400万円未満	400〜600万円未満	600〜800万円未満	800〜1000万円未満	1000〜1200万円未満	1200〜1400万円未満	1400万円以上	無回答
合計	8.8	29.2	23.6	14.9	9.3	4.3			6.1
20歳代	15.0	43.6	21.8	6.8					6.8
30歳代	4.8	19.3	35.0	19.1	9.9	5.1			3.9
40歳代	3.7	16.3	24.0	24.0	15.8	6.5			3.8
50歳代	6.6	23.0	21.6	17.4	14.2	6.4			4.9
60歳代	12.3	43.7	22.8	7.8					6.9
70歳代	18.1	48.3	13.1	3.5					12.9
80歳以上	24.5	41.8	14.5						15.5

（出典）『2012 年度全国生協組合員意識調査報告書〈詳細版〉』日本生活協同組合連合会，2012 年．

図 1-2　低所得化が進行する若年生協組合員

第1章 買い物が社会を変える

最もよく利用する購入先 (N=4080)

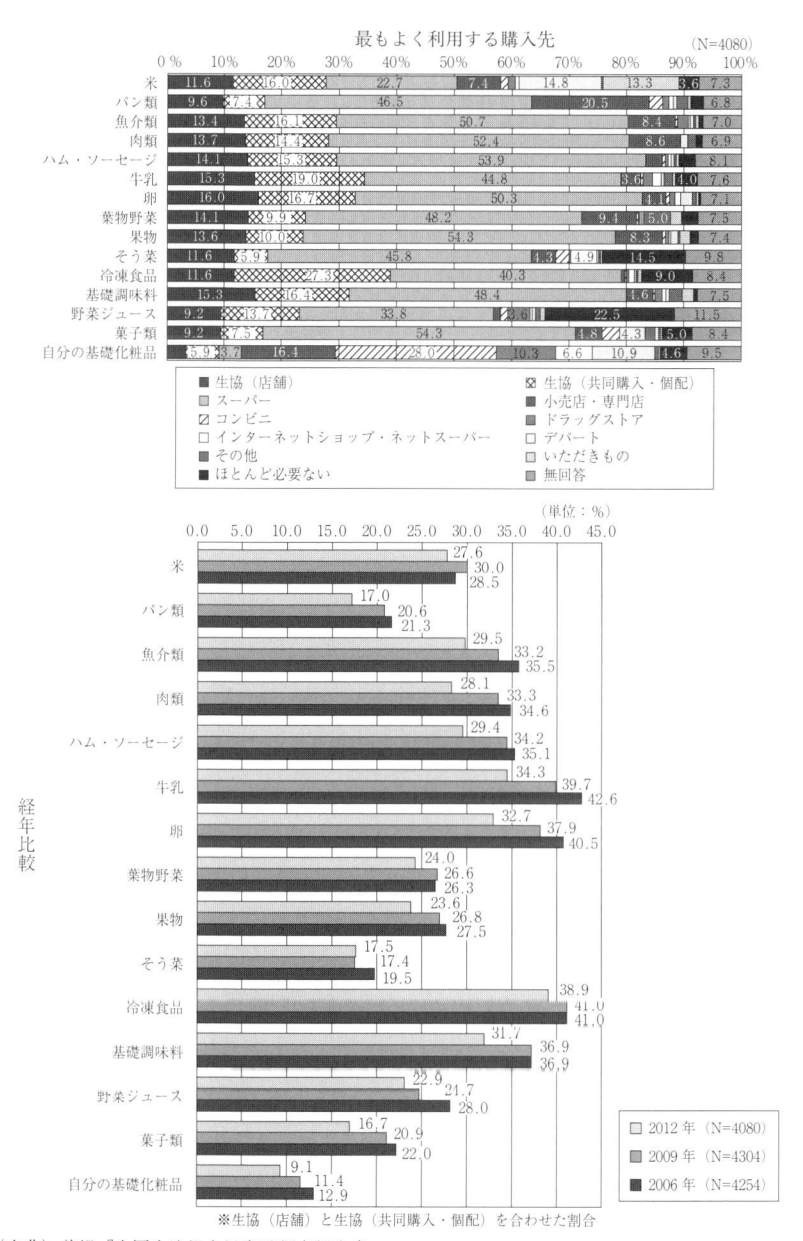

品目	生協(店舗)	生協(共同購入・個配)	スーパー	小売店・専門店	コンビニ	ドラッグストア	インターネットショップ・ネットスーパー	デパート	その他	いただきもの	ほとんど必要ない	無回答
米	11.6	16.0	22.7	7.4			14.8		13.3	3.6		7.3
パン類	9.6	7.4	46.5			20.5						6.8
魚介類	13.4	16.1	50.7				8.4					6.8
肉類	13.7	14.4	52.4				8.6					6.9
ハム・ソーセージ	14.1	15.3	53.9									8.1
牛乳	15.3	19.0	44.8				3.6		14.0			7.6
卵	16.0	16.7	50.3				4.1					7.1
葉物野菜	14.1	9.9	48.2				9.4		15.0			7.5
果物	13.6	10.0	54.3				8.3					7.4
そう菜	11.6	5.9	45.8		4.3	4.9		14.5				9.8
冷凍食品	11.6	27.3	40.3				9.0					8.4
基礎調味料	15.3	16.4	48.4				4.6					7.5
野菜ジュース	9.2	13.7	33.8		2.6			22.5			11.5	
菓子類	9.2	7.5	54.3		4.8	4.3		15.0				8.4
自分の基礎化粧品	5.9	3.7	16.4		28.0		10.3	6.6	10.9		4.6	9.5

経年比較 (単位:%)

品目	2012年(N=4080)	2009年(N=4304)	2006年(N=4254)
米	27.6	30.0	28.5
パン類	17.0	20.6	21.3
魚介類	29.5	33.2	35.5
肉類	28.1	33.3	34.6
ハム・ソーセージ	29.4	34.2	35.1
牛乳	34.3	39.7	42.6
卵	32.7	37.9	40.5
葉物野菜	24.0	26.6	26.3
果物	23.6	26.8	27.5
そう菜	17.5	17.4	19.5
冷凍食品	38.9	41.0	41.0
基礎調味料	31.7	36.9	36.9
野菜ジュース	22.9	21.7	28.0
菓子類	16.7	20.9	22.0
自分の基礎化粧品	9.1	11.4	12.9

※生協(店舗)と生協(共同購入・個配)を合わせた割合

(出典)前掲『全国生協組合員意識調査報告書』。

図1-3 生協組合員が最もよく利用する購入先

産者（および，ある程度余裕ある消費者）には喜ばれるかもしれないが，それを買えなくなる消費者は悲しむかもしれない．横棒を持って綱を渡るサーカスのように，微妙なバランスを取りながら，生協は進むべき道を模索せざるを得ないだろう．

　想えば，ロッチデール公正先駆者組合の分裂時に突き付けられた問題も同様の問題であった．CWSの工場で生産された割高な「協同」の産物を売るのか，それとも他企業から安く品物を仕入れて消費者に安価で提供するのか．現代協同組合の源流といわれる，あのロッチデールの先駆者組合でさえ，この問題を巡って組織が大分裂したのである．

　「消費生活を防衛」しつつ，「消費から社会を変える」ことは，かくも困難な使命であり，しかしそれだけに熱く期待されている，21世紀における生活協同組合の使命なのだといえよう．

第2章
コミュニティの自立をめざして
協同組合によるエネルギー事業と医療・福祉事業

　第1章では，ロッチデール公正先駆者組合以来，協同組合事業の中心的存在であった消費生活協同組合の購買事業を取り上げ，そこに現代における新しい可能性を探ろうと試みた．古くて新しい「買い物における協同」は，過去においても未来においても社会を変える第一歩となり得ることを論じてきたが，序章でも見たように，現代の協同組合運動は，食料品を中心とした購買・消費から他のさまざまな領域へと広がり，成長している．

　われわれがコミュニティの中で生活を送るにあたって，たしかに食べ物を手に入れることは生存の基本中の基本であるが，われわれ人間は野生動物とは異なり，食料を獲得するだけでは生きていけない．文明人として生活するには「住居」を確保しなければならないし，そこでは電力その他の「エネルギー」も必要である．「教育」がなければコミュニティはあっというまに崩壊してしまうだろうし，成員全員が「職」を持ち，共同してコミュニティを維持することが求められるだろう．

　つまり，「コミュニティへの関与」をその原則の1つとして宣言した協同組合は，そうした多様な領域において，一翼を担うことを求められている．

　20世紀後半の国際協同組合運動は，ヨーロッパの消費者中心の運動から，

第三世界における生産者の協同組合運動へと比重を移していったといわれるが，21世紀の協同組合運動は，消費者だけでもなく生産者だけでもない，コミュニティ全体に支えられ，コミュニティ全体を支える運動へと展開することを要請されているのである．協同組合は単なる運動体ではなく，事業体でもある．事業を通してその目的を追求するところが協同組合の真骨頂である．つまり，これから協同組合が追求すべきは，コミュニティの維持と発展に寄与する事業ということである．

1. 協同組合が取り組むエネルギー問題：英・日生協の風力発電

序章でも紹介したように，2012国際協同組合年のクロージング・イベントとしてマンチェスターで開催された「協同組合の団結」は，国際協同組合同盟とともにイギリスの協同組合運動が中心となって企画・運営された催しだった．コーペラティブ・グループに代表される英国の協同組合は，各種企画の中で自分たちの事業と運動を世界中からの参加者にアピールしていたが，そのなかでは規模的には中心であるはずの購買事業よりも，むしろその他の領域での生協の活躍が強調されていたように思われる．

たとえばそれは，協同組合運動の伝統に則り学校教育のなかに協同組合を取り入れようというコープ・スクール計画であり，英国が誇る無料医療制度NHSが危機的状態にあることを受けて協同組合方式で地域の医療を立て直そうという取り組みであり，発電における規制緩和・自由化を受けて再生可能エネルギーによる発電事業に大々的に取り組むイギリスの生協の姿だった．彼の地の協同組合運動は，地域に密着した小型コンビニエンス店舗を展開して消費面からコミュニティに貢献するだけでなく，コミュニティでの生活に不可欠な他のさまざまな分野に「協同」「協同組合」を広げていこうとしていたのである．

そのなかでも英国の協同組合陣営が現在もっとも力を入れているのは，おそらく発電事業であろう．コーペラティブ・グループが風力発電のアピール

第2章 コミュニティの自立をめざして

英国コーペラティブ・グループによるプレゼンテーション（杉本貴志撮影）

を盛大に展開しているほか，小規模な再生可能エネルギー協同組合が続々と誕生している．ヨーロッパ諸国は温室効果ガスの排出による地球温暖化問題にきわめて敏感であり，化石燃料に代わる代替エネルギーの開発が一般市民のあいだで日本以上に強く望まれていることが，こうした協同組合によるエネルギー分野への進出を促したのだろう．

　これに対して日本の生活協同組合運動においては，温暖化対策は事業所における節電や使用する自動車の燃費向上，買い物袋や包装資材の節減といった省エネルギーの問題として受け止められ，事業所への太陽発電設備の設置を除けば，生協自体が代替エネルギーの開発に乗り出すという発想は2011年以前にはほとんど見られなかったといえるだろう．その状況を一変させたのは，いうまでもなく，2011年3月11日の東日本大震災に伴う福島第一原子力発電所の大事故である．

　この原発事故は，それまでも反対派によって繰り返し語られてきたけれども多数の人々にはなかなか実感として受け止められず，それゆえ理解されることがなかった原子力発電が抱えざるを得ない宿命的な困難と危険とを，多くの日本国民に国あるいは世界が直面する切実な問題として認識させた．発

電モーターが海水をかぶって動かなくなるだけで，多くの人が先祖代々慣れ親しんだ土地を実質的に捨てざるを得なくなり，地域の農業や漁業が壊滅し，数千万人が住む数百キロ離れた首都圏においても停電が続き，賑やかで煌びやかだった経済大国の街から灯りが一斉に消えたのである．

　結果的に国内の全ての発電用原子炉が長期間停止を余儀なくされ，原子力発電という発電方式を日本から全廃するという選択肢にさえ相当な世論の支持が集まる状況を招いた福島の事故であるが，たとえ今後は原発の稼働を一切認めないという方針が採用されたとしても，事故現場の後始末はもとより，これまでに生まれた相当量の使用済核燃料の処理に10万年単位の時間がかかるという難問が，核をエネルギー源として選択したわれわれには課せられている．遅ればせながら，市民の手で，原子力に代わる選択肢を協同してつくりあげようという動きが出てくるのは当然である．日本生活協同組合連合会は，2012年1月，『エネルギー政策の転換をめざして』を発表し，今後のエネルギー政策は次の5点を重点課題すべきだと提言した．

1. 原子力発電に頼らないエネルギー政策への転換
2. 省エネルギー（節電）による使用電力量の大幅削減
3. 再生可能エネルギーの急速拡大
4. 天然ガス火力発電へのシフト
5. 電力・原子力に関わる制度改革と次世代送電網（スマートグリッド）の構築

　さらに農業協同組合陣営も，2012年10月の第26回JA全国大会において，安心・安全な農産物を供給する農業と原発とは全く相容れないとして，「将来的な脱原発をめざす」ことを決議しているが，具体的に再生可能エネルギー事業に取り組む協同組合として先陣を切ったのは，「生活クラブ風車」を建設した首都圏の生活クラブ生協である．

　有機農産物の重視など，もともと自然志向が強く環境問題への取り組みに

熱心な生活クラブ生協は，従来から各種原子力発電関連施設建設への反対運動を進めていたが，反対するだけでなく具体的な脱原発の道を示す必要があるとして，東京・神奈川・埼玉・千葉の生活クラブが連携し，(1)省エネルギーの推進，(2)再生可能エネルギーの導入促進と拡大，(3)グリーン電力を選択できる社会に向けた運動の推進，を3本柱とする脱原発構想を立てるに至った．そして(2)に取り掛かり，将来の(3)につなげようと，2011年11月，5億2500万円をかけて秋田県にかほ市で定格出力1990kWの生活クラブ風車「夢風」の建設に着工する．この風車は2012年3月に完成し，4月より送電を開始，2012年度中の発電総量は461万5532kWhに達した．

生活クラブ風車は，4生協が出資した一般社団法人グリーンファンド秋田を事業主体として風の力を電力に変えているが，そこで発電された電気がそのまま首都圏の生活クラブに送電されるわけではない．生み出された電気のうち「環境価値」分が「グリーン電力証書」として証書化され，この証書と電気のセットを首都圏の4つの生活クラブ生協が購入することによって，それらの生協の事業所で使用している電気は生活クラブ風車が発電した電気であるとみなされるという仕組みとなっている．実際に秋田から首都圏まで電気を送電することによる損失等を考えると，こうした証書化による電力の売買を行わざるを得ないのであるが，この仕組みによって，2012年度，生協の41施設の年間使用電力のうち66%を生活クラブ風車が賄ったことになり，1674トンの二酸化炭素排出削減ができたという（『生活クラブ風車夢風News』vol. 11, 2013年5月）．

生活クラブ風車「夢風」（生活クラブ生協連合会提供）

2. 電力の地産地消は可能か

　こうして，事業所内での太陽光発電以外ではおそらく初めて，生協による本格的な新エネルギー供給が開始されたのであるが，その意味・意義はどこにあるのだろうか．

　1つは，いうまでもなく，よりクリーンで，安全な，資源枯渇の恐れがないエネルギー源への転換が協同組合の手ではかられたということである．

　実は風力発電が盛んなイギリスでは，地域で環境を重視する人々から風車建設がしばしば問題視され，反対運動が起こっている．その1つの理由は，風力発電施設を設けることで美しいイギリスの田園風景が台無しにされるというものであり，もう1つの理由は，風車の稼働によって生じる騒音・低周波公害への懸念である．実際に巨大な風車から発生する騒音は，遠方から見た際の風車ののどかな視覚的イメージとは異なって，思いのほか大きなものであり，地域の条件によっては，風力発電は近隣の人々にとって決してクリーンで安心・安全な施設ではなく，大変な迷惑施設だということもあり得る．生活クラブ生協も，建設地の選定にあたって，その点に十分な配慮をした結果，首都圏から遥か離れた秋田に第1号機を建設したのであり，風車による風力発電が無条件に環境にやさしいというわけではないということには留意する必要ある．

　その点を忘れてはならないけれども，立地にあたってのそうした十分な配慮さえなされていれば，風力発電が原子力や化石燃料を用いた他の発電方法よりも環境負荷が小さく，再生可能なエネルギーであることは間違いない．ヨーロッパには全発電量の1割を占めるほど普及している国もあるほど普及している風力発電を日本でも一般市民の力で始めてみようという試みは，さまざまなクリーン・エネルギーの市民による推進の一環として，高く評価されるだろう．

　生活クラブ風車がもつ，もう1つの意義は，それが食料と同じくエネルギ

ーも自分たちの手で確保するという試みの先駆となったことである．

　安心・安全な食物を業者から得ることは困難だということで，食の消費生協が誕生した．同様に，安心・安全なエネルギーの供給を既存の大手電力会社に期待できないならば，協同組合の仕組みを利用して自分たちで成し遂げればいい．生活クラブ風車は，その日本国内における第一歩を踏み出したのである．

　生活クラブ生協における風力発電事業は，東日本大震災後の日本社会において，そのような先駆的意義を有していると考えられるが，震災後急激に高まった既存大手電力会社への不信と批判，そして再生可能エネルギーへの関心は，今後の日本のエネルギー政策に対して，もう1つの論点を提供しているように思われる．それはひとことで言えば，「エネルギーの地産地消」である．

　「地産地消」と言えば，これまではもっぱら「食」の問題として意識されてきた．地域でつくった食べ物を地域で消費することによって，コミュニティの食文化を守り，食料生産を維持し，あるいは6次産業化によって産業振興につなげようというのが，その基本的な考え方である．

　しかし東日本大震災以降，日本の「地産地消」の運動に，もう1つ大きな柱が立てられ，その追求が現在も各地で試みられている．すなわち，電力を中心とする「エネルギーの地産地消」である．農水産物などの食料と同じように，電力を地域で賄えれば，それは地域の自立に大きく貢献するだろう．発電事業によって地域に雇用が生みだされたり，地域の遊休資源が有効活用されたりすることもあるだろう．またそれは必然的に小規模なものとなるから，環境負荷の小さな再生可能資源の利用が可能となる．食の地産地消が食文化の維持に役立つのであれば，エネルギーの地産地消は地域と地球の社会環境ならびに自然環境の維持・資源保護に役立つはずである．こうして，震災後の出版界では地域コミュニティにおけるエネルギーの自立策に関する書物が続々刊行され，関連学会やメディアにおいて，地産地消エネルギーのあり方が盛んに議論されるようになった*．

そうはいっても，これは従来の日本のエネルギー政策を180度転換させる戦略であって，まだまだこうした考え方が一般市民のあいだで説得的であるとはいえないだろう．豊かな水資源を生かした水力発電によって，一時は本土への送電さえ検討されたという屋久島では，発・送電が分離され，屋久島電工(株)が島内3つの発電所で発電した電力を種子屋久農業協同組合などが住民に配電するという自給自足の電力体制ができているが，これは例外中の例外であって，この屋久島以外のすべての地域では，北海道電力から沖縄電力までの10の広域電力会社によって電気が供給されるという独占体制が維持されてきたのである．

　福島第一原子力発電所の事故は，結果的に，この独占体制に対する風穴を開けることになる．2011年に成立した「電気事業者による再生可能エネルギー電気の調達に関する特別措置法」により，2012年夏から電力会社に再生可能エネルギーで発電された電気を国が定める価格で全量買い取ることが義務化され，コミュニティにおける独自の発電を成り立たせるための経済的・制度的な基礎が固められた．あまりにも大きく，あまりにも深刻な被害を地元と全世界にもたらした原発事故であるが，その唯一の活用可能な副産

＊　エネルギーの地産地消という観点から，秋田で発電する生活クラブ風車の取り組みをどう評価すべきか．当事者は次のように語っている．
　「地産地消とは，簡単にいえばその地域で作られた農産物をその地域で消費することである．これをエネルギーにもあてはめて『エネルギーの地産地消』と言うわけだが，生活クラブ風車にはあてはまらないのではないか，という指摘がある．首都圏で使う電力をにかほ市でつくることは，物理的距離からみればなかなか地産地消とはいいにくい．でも地産地消という言葉にこめた意味は，作る側と消費する側が分断された関係性を改めていきたいということだ．この視点がなければ，原発による電気を無自覚的に使っている今と構造的には変わりない，風車という自然エネルギーを使っているという免罪符が与えられているだけである．
　遠く離れたにかほ市で電気をつくり，東京で消費していることは事実である．だからこそ，これまでのように作る側と使う側が分断されてはいけない．風車を通してエネルギーを作る側と，エネルギーを使う側の有機的な関係を作っていくことが大切である．人の交流，物の交流を通して有機的な関係性をつくり，関係性の内実を高めていくことがエネルギーの地産地消の意味するところであり，チャレンジであり，課題だと思う」(赤坂禎博「グリーンファンド秋田・理事から」『生活クラブ風車夢風News』vol. 15, 2013年9月)．

物が，この電力全量買取制度である．

　これによって，いま全国各地で，それぞれの地域の実情に合わせたコミュニティ発電所が計画され，徐々に稼働を始めている．そしてそこでは，いくら小規模といっても発電所建設にはまとまった資金調達が必要であるから，そのための有効な方策として，協同組合方式が注目されている．消費者が少しずつ出資し合って自分たちの店舗をつくるのが消費生協であり，それと同様に，利用者が少しずつ出資して発電のための原資を獲得し，自分たちで運営する発電所を建設しようというのがエネルギー協同組合の運動である．食の地産地消と同じく，エネルギーの地産地消においても，生協など協同組合に寄せられる期待は大きい*．

　こうしたコミュニティ発電所では，従来型の原子力や化石燃料の利用に代わる，さまざまな再生可能エネルギー源が模索されている．たとえば，生活クラブが取り組んだように，風の強い秋田や岩手などでは「風力発電」が，農業や林業に伴う廃棄木材に恵まれた長野や山形などでは「木質バイオマス発電」が，そして大規模な建物を擁する大阪など都市部では「太陽光発電」が，生協やNPOや企業によって企画・検討され，実用化が進んでいるのである．コミュニティ発電には，これがベストだという唯一・絶対の方法は存在しない．その地域が（潜在的に）持っている資源とその地域が抱える自然的・社会的な条件を勘案して，コミュニティを傷つけることなく，その力を最大限に発揮できる発電法を見つけなければならない．"うどん県"の香川において，製造過程で生まれるうどんの切れ端などを利用した「うどん発電」が目論まれているが，地産地消の発電所にはこうした地域発の新しい発想がもとめられる．

　発電やその周辺の費用だけを取り上げて経済的効率性を比較するならば，

---

　*　発電ではないが，エネルギーの地産地消に取り組む生協として，新潟県に栄ガス消費生活協同組合がある．新潟産のガスと輸入ガスとの混合ガスを供給する日本で唯一の都市ガス生協であるこの生協については，『生活協同組合研究』453号（2013年10月）を参照．

原子力はともかくとして，その他の化石燃料等による大規模で集中的な発送電体制を維持したほうが，小規模の分散型発電よりもコスト上有利となることもあり得るだろう*．食においてもエネルギーにおいても，地産地消は効率だけを追求する考え方からは時としてナンセンスなものに映るかもしれない．しかし，そこに地域コミュニティの維持や活性化といった要素を加えて考えることが，地産地消論の要である．

したがって電力の地産地消についても，地域がもつ特性を無視して一般論で語ることは難しいが，それでもあえて地域を越えて今後相当な普遍性を期待できる発電法の1つとして，いま注目されているのが「小規模水力発電」である．

3. 協同組合による小規模水力発電

水力発電というと，われわれがまず思い浮かべるのは，巨大なダムを建設し，その落差と水流を利用して発電を行う大規模な発電所である．そしてダムの建設は，地元の自然環境とコミュニティに大きな負荷を与えるものであり，水力発電は必ずしも環境や社会にやさしい発電ではないというのが，おそらく多くの人々に共通する了解事項ではないだろうか．しかしここでいう小規模水力発電は，同じく水の力を用いているとはいえ，それとは大いに異なる発電である．

小規模水力発電には，大きなダムは必要ない．要するに高低差によって水の流れをつくり，それで水車を回転させることで電気を起こすのが水力発電であるから，ほんの数キロワットから，せいぜいのところ地域の100世帯ほどを対象とする発電では，巨大ダムではなく，その他の方法で水流や段差を

---

* たとえば伊東光晴『原子力発電の政治経済学』（岩波書店，2013年）は原子力発電の問題点，とくにその廃棄物問題を重視し，脱原発の道を説くが，イギリスやアメリカにおける電力事業の規制緩和の失敗事例をもとに，震災後に巷で語られる発・送電分離論は公益事業論や発電事業の現実を理解していないと批判し，「発電・送電・配電が垂直的に統合している日本の現体制が望ましい」（90頁）としている．

つくりあげれば十分なのである．極端な話，高層住宅であれば，家庭の排水でも低層階に設置した水車を回すことは可能であろう．実際にすでに日本で稼働中の小規模水力発電施設のなかには，河川ではなく，農業用水，公園池水，浄水場の上下水道水，学校の実験用水などを使ったものがある．あまり知られることがないが，こうした多様な水資源の利用の歴史は古く，日本における再生可能エネルギーの供給のうち 41.6% は小水力発電によるものであり，風力や太陽光の数倍と他を圧倒している．そしてこの小規模水力発電所の代表的存在として，50 年以上の歴史を持つ，農村・山間地域における農業協同組合による取り組みがあげられるのである．

1952 年，「発電水力が未開発のまま存する農山漁村につき電気を導入し，農山漁村における農林漁業の生産力の増大と農山漁家の生活文化の向上を図る」ことを目的として「農山漁村電気導入促進法」が制定された．これに基づき，広島や岡山など中国地方では「電化農協」が続々と組織され，「中国小水力発電協会」に 90 の発電所が加入するまでに小規模発電事業が発展した．その発電所のうちの相当数が，農協の組織改革を経て現在では各 JA の管理のもと，発電を続けている．その例として，以下では広島県の JA 三次がもつ 2 つの発電所，天神発電所と河戸発電所を紹介しよう*．

この 2 つの発電所は，「JA 三次（三次農業協同組合）」として周辺の農協と統合・合併する前の「布野村農業協同組合」が建設し，運営していた発電所であり，現在は JA 三次の布野支店がその管理を行っている．JA 三次自体は組合員が正組合員 1 万 3034 人，准組合員 7441 人（2013 年 3 月 31 日現在）という 2 万人規模の農業協同組合であるが，布野支店管内では正・准組合員合わせて 1155 人であり，このようなごく小規模な協同組合が発電所を 2 つも擁していることに驚かされる．

広島県北部に位置する三次市布野町（旧布野村）は，島根県に隣接し，

---

* 以下の記述は，JA 三次のご協力により執筆した杉本貴志「小さなエネルギー革命－協同組合による小水力発電所を訪ねて」（『くらしと協同』第 7 号，2013 年 12 月）に加筆・修正したものである．

JA三次・天神発電所（杉本貴志撮影）

山々に囲まれた細長い町であり，その中央部を布野川が流れている．布野村農協は高度成長期を控えた1960年代，この水資源と地形を生かし，農山村電気導入促進法に基づき，農山村電力開発事業融資を受けて発電所を建設，「現下の電力不足を補い，電源の確保により農事電化の徹底を図り，新生農村の建設を図らん」としたのだった．

天神発電所は1961年に完成．2か所の取水口から合計約2キロの導水路を経て山肌を47メートル落ちた水流がフランシス水車を回し，最大130kWの出力を得ている．建坪はおよそ5.5メートル×8.6メートルと，コンビニエンスストアにも及ばない大きさの小さな発電所であるが，現在は農協引退後に嘱託となった職員1名が毎日の点検を行うことにより50年以上にわたって運転を続けている．

一方，1964年に完成した河戸発電所は落差が少ない平野部に建設され，1.6キロの水路を経て水路橋から高さ13メートルのタワー型水槽に水を落とす発電所で，故障による入れ替えにより10年前からは自動制御の水中タービン型発電機2基で150kWの最大出力を得ている．

こうした2発電所の計3基の発電機によって得た電力を中国電力に売電するのがJA三次の発電事業であり，その収支を見ると，2012年度の天神発電所の月平均発電量が9万3511kW，河戸発電所が4万4731kWであり，水路の土地貸借料や労務費，減価償却等を差引いた収支は約460万円の黒字となっている．2003年からの収支状況を見てみると毎年黒字会計となって

第 2 章　コミュニティの自立をめざして　　　　　　　　　71

50 年以上動き続ける発電機（杉本貴志撮影，以下も同じ）

JA 三次・河戸発電所

いるし，中国地方の他 JA の小水力発電でも同様であるから，小規模発電は非効率で赤字に違いないといった誤った先入観は改める必要があろう．

　もちろん，こうした数字の陰では，老朽化による水路の補修やその日常の管理が相当な負担となっているという状況もある．河戸発電所は自動制御の発電所であるが，それでも水路に混入した落ち葉などゴミの排除は常に行わなければならない．現状では支店長自らが業務の傍ら河戸発電所のチェックをされているという状況である．発電機のメンテナンスだけでなく，長いコ

ンクリート水路の補修問題も，今後は深刻化することが予想される．要するに，このように長い歴史と実績を持つ再生可能エネルギー事業に対しても，太陽光発電などの新規エネルギー事業に対するのと同じような公的な補助制度がもとめられているといえるだろうし，人的な面でも，たとえばボランティア的な支援体制などを考える必要が今後各地の小水力発電所において生じてくるかもしれない．

コミュニティ発電所の今後のさらなる発展には，コミュニティによる維持管理体制の構築が不可欠となろう．

4. 資金も人材も患者自身が用意する： 医療生協の班活動と病院経営

「FEC自給圏」という言葉がある．Fはフード（食料），Eはエネルギー，Cはケア（介護・医療・教育）をあらわしており，食料・エネルギー・福利厚生を自給自足できる地域コミュニティをつくることが必要だという内橋克人氏が提唱した概念である．こうした自給体制が構築できたならば，そこには必然的に「職」が生まれ，地域の中で人々が生活を貫徹できる．被災地の復興は，それをめざすべきだというのである．

「食」や「エネルギー」の地産地消に取り組む協同組合は，こうした構想に最もふさわしい組織であり，事業であり，運動である．それでは協同組合による「ケア」の取り組みはいまどうなっているのか．

映画「だんらんにっぽん 愛知・南医療生協の奇跡」として映画化もされた南医療生活協同組合は，組合員が自ら自分たちが望む医療や福祉をつくりあげ，街づくりを行うという点で，最先進事例として全国から注目を集める生協である*．

---

* 西村一郎『協同っていいかも？―南医療生協いのち輝くまちづくり50年』（合同出版，2011年）は3年間，100名以上のインタビューをもとに，南医療生協のさまざまな事業・活動・地域づくり・生協運営をレポートしている．

第2章 コミュニティの自立をめざして

　共同購入を中心として発展してきた購買生協と同じく，南医療生協でも生協組織の基礎となっていたのは「班」であり，多くの購買生協において班の位置づけが変わり，班中心の組織・運動・事業の組み立てからの変革がなされた現在においても，南医療生協では依然としてこの班をすべての活動の中心，組合員の要求を実現するための「基礎単位」として位置づけている．

　購買生協の班は，無店舗事業で注文した商品を受け取る場として機能しているが，医療生協における班とは，いったい何をする場なのか．

　一般的に医療生協の班では，健康診断や学習会など，病気の予防や体づくりに関する活動が組合員によって行われることが多いが，南医療生協ではそれに限らず，趣味や同好会活動など幅広くなんでも組合員が要求することを実現する場が班会となっている．なかには一般職員だけでなく医師が率先して顔を出す班会もあり，利用者がつくる医療生協ならではの患者と医師との関係がここでも生み出されるのである．

　南医療生協に特徴的なのは，こうした班を基礎単位として地域に支部がつくられ，さらに100人会議，1000人会議，6万人会議といった組合員会議を組織することで徹底して組合員の声を聞く仕組みを整えていること，そしてその組合員の声を単に要望として受け止めるのではなく，当の組合員に対して，自らの力でそれを実現する土台を用意するように求めていること，さらに組合員がそれを実際に成し遂げていることである．

　たとえば，高齢化が進む星崎地域の班会で要望が出たグループホームの建設のため，組合員と職員は自ら自転車で地域を回り，改修してグループホームに改造するのにふさわしい空家を探し回ったし，そのための費用1000万円を自分たちの手で集めている．また新しい星崎診療所を建てる際には，どのような診療所とするのか徹底して話し合い，アイデアを出し合うだけでなく，建設費の一部を地域の組合員が賄っている．本部は，5億円にもなる診療所の建設費の1割，5000万円を組合員が自ら負担するという条件で診療所計画を認めたのであり，地域の組合員たちはそれに応えて5000万円という巨額の出資を皆で見事に集め，自分たちの診療所を完成させている．

南医療生協「南生協病院」

　そのほかの地区の施設の新設や改修でも，南医療生協は組合員に1000万単位での出資をもとめ，あるいは医師や看護師など必要な人材も組合員が積極的に関与して自分たちで確保するようにもとめている．協同することによって自分たち自身の手で自分たちのニーズをかなえるという協同組合の原点が，ここでは大切にされ，実現している．そしてそうした参画型民主主義の実践が，実際に地域医療施設としての水準の高さにつながっていることが，南医療生協の強みである．

　JR南大高駅の前，通過する新幹線の車窓からも全体がよく見える南生協病院（2010年開設）は，1000人会議と称される組合員との徹底した話し合いの末，一般的な患者のための診療・入院機能だけでなく，ホスピス（緩和ケア），健康づくりのためのフィットネスクラブ，大学生協や地域生協との協同組合間協同で開設したコンビニエンスストアやオーガニックレストラン等々多彩な機能を兼ね備えた，患者だけではなく組合員や地域の誰もが利用できる非常に現代的な病院である．生協病院というと，街中のいささか古びた小さな設備をどうしても想像してしまうが，このデラックスな施設は，そんな思い込みを瞬時に一掃する．個室率を5割にまで高め，個室でなくても

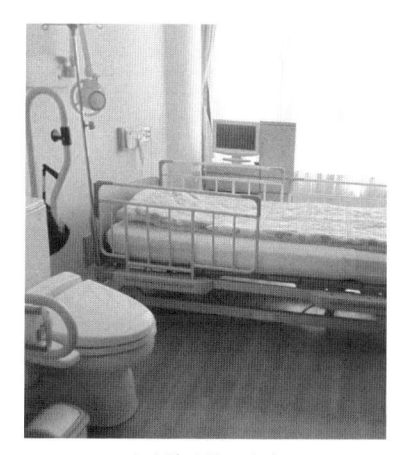

第2章　コミュニティの自立をめざして

南生協病院の病室

病児保育にも取り組んでいる

　他の旧い病院とは比べ物にならないほど快適でプライバシーに配慮した病室を見れば，誰もが入院するならここにしたいという思いを抱くだろう．そうした医療施設が，組合員の要望をかなえるための無数の話し合いによって計画された末に建設され，多くのボランティアに支えられて運営されている．たとえば図書室の運営などは遠隔地から通う組合員ボランティアに全面的に任されているが，上からの動員ではなく，自分たちの下からの願いがきちんと高いレベルで実際に実現していることを目の

ボランティアで運営される図書室

生協病院内のフィットネスクラブ

協同組合間協同によるレストランと売店

当たりに見ているからこそ,そうした組合員の協力が得られるのだろう.

南医療生協には,いわゆる差額ベッド代(差額室料)をめぐって同じ医療生協,民医連(全日本民主医療機関連合会)陣営から批判が寄せられている*.また西村一郎『協同っていいかも?』は,同生協の課題として,「格差社会の拡大に対応するさらなる生活支援」をあげ,「厳しい年金暮らしの高齢者などがさらに増え

---

* 健康保険制度によって診療報酬が定められる日本の医療制度のもとでは診療機関には収入を増やす工夫の余地がほとんどなく,医療費削減政策によって多くの病院は赤字を強いられている.そこで唯一,裁量の余地ある収入源となり得るものとして,各病院は入院時の室料に目を付け,個室であればたとえば1日数千〜数万円といった高額な価格を設定することで,赤字の削減を図っている.しかしこれは低所得層にとっては大変な負担であり,医療における差別をつくりだすものだとして,民医連は差額室料を一切取らない病院であることを宣言,しばしばマスコミからも注目されてきた.これに対して南医療生協は,新病院の建設にあたって個室率の増加を図り,その費用

る中で，南医療生協が工夫した今の料金でも，利用できなくなる組合員が増えるだろう」として，共済事業や福祉事業における工夫が必要だと説いている．

5. コミュニティの自立に向けて

FEC自給圏の確立は，食やエネルギーや病院・福祉施設だけでなく，「職」と「人」とを地域にもたらすものである．そして協同組合は，事業を通して目的を追求するユニークな非営利団体であることを特徴としている．それはつまり，他の非営利組織以上に，協同組合は地域に雇用を創出し，地域のニーズに応えるサービスを提供する可能性をもっているということであ

負担をもとめるために，差額を徴収しないというこれまでの方針を転換，個室病室に差額室料を設定し，民医連からの大きな反発を受けたのである．民医連の主張は次のようなものである．「もし深刻化する経営困難を理由に，その打開策を安易に差額徴収に求めるようになると，無意識のうちに日常診療の中に差別をもちこみ，民医連の医療活動の特徴をゆがめる危険をはらみます．それが現実化すれば，結果として民医連院所が依拠する働く人びとからの支持を失い，やがて『働く人びとの医療機関』の立場さえ，放棄する可能性があることをあらためて確認しておく必要があります」（1973年12月理事会）．「今日，医療営利化の攻撃は激しく，医療機関自体が室料差額などの患者負担に頼ったり，種々の営利事業にとりくむ方向にしむけられています．こうした時，民医連の『いつでも，どこでも，誰でも』良い医療と福祉をという主張と実践は，民医連院所の存在意義をもっとも分かりやすく地域の人びとに示すものであり，このとりくみの『象徴』として『室料差額なし』の実践を30年以上積み重ねてきたのです．この旗を安易に降ろすべきではありません．（中略）入院する部屋に対する患者の要求は『より広いプライバシーの守れる居住空間がほしい』ということであり，『部屋代』を払っても，というのは現在の制度のゆがみの反映です．私たちは医療差別に反対しています．『室料差額』をもらうということは30年の医療差別反対の旗印を投げ捨てることになりかねず，しかも運動の広がりとは無縁のものです」（1995年2月評議員会）．

これに対して南医療生協は，差額代の徴収は現行制度のもとで質の高い医療を提供するためにはやむを得ないもので，それを組合員にきちんと説明し，その賛成を得て実行したものであるとして，両者の主張は平行線をたどっている．

この難問をどう解決すべきなのか，基本的な考え方については，杉本貴志「格差社会における『非営利・協同』―差額室料問題に寄せて」『いのちとくらし研究所報』（非営利・協同総合研究所いのちとくらし）24号，2008年8月，を参照．

る．

　上に見た事例は，素人ではとても無理だと思い込まされてきた発電や医療のような分野でも，協同組合方式が有効だということをわれわれに教えてくれる．新しい発想で，新しい領域を切り拓く協同組合をつくりあげることが今もとめられているのである．

第3章
協同組織金融機関と社会

　2008年のリーマン・ショック，つまり世界最大手の米系投資銀行リーマン・ブラザーズ（Lehman Brothers Holdings Inc.）の破綻をきっかけに，世界的金融危機，そして景気後退が起き，多重債務者や自己破産者が急増した．その余波はこうした金融バブルとは無関係だった低所得の労働者や自営業者を直撃し，多くの人々が失業した．欧米各国政府は経営危機に陥った自国のメガバンク（大手銀行）の救済に乗り出し，積極的な財政支援を行った．しかし，政府が税金を使って銀行救済することは「経済的不公正」だとする批判が国民から巻き起こった（Ikezaki 2011：2）．これら銀行が「金融排除（Financial Exclusion）」，つまり貪欲な高収益を志向して，普通の消費者や中小企業の金融ニーズに応えてこなかったからだ．米国では国民の4人に1人が銀行口座を持てない，あるいはサービスを享受できない「アンバンクト（Unbanked）」「アンダーバンクト（Underbanked）」といわれる．また，2010年カナダ・トロントで開催されたG20サミットでは，発展途上国の人々や零細企業の「金融包摂（Financial Inclusion）」が大きなテーマとなった．先進国，途上国を問わず，富裕層ではない普通の人々の基本的な金融アクセス，銀行の利用をどう保証していくかにますます関心が集まっている．

これに関して，国連機関であるILO（国際労働機関）は，日本の労働者が敗戦後の混乱のなかで設立した協同組織金融機関（協同組合銀行）である「労働金庫（通称：ろうきん）」を世界でも稀なモデルとして称賛した（Ikezaki 2011）．日本以外の労働者銀行の多くは大規模化してメガバンクとの差異がほとんどなくなり，ハイリスク・ハイリターンの金融取引にのめり込み，リーマン・ショックやギリシャ危機（2010年）で大きなダメージを負った．それに対して，日本のろうきんは協同組合としての本質を見失わず，60年以上に渡って低中所得の労働者に低利の生活融資を行うことにこだわり，堅実な事業を行ってきた．その結果，1003万人の預金者，17兆4379億円の預金額，自己資本比率11.24％（2013年3月末現在）の優良金融機関となった．労働者をはじめとする国民の「金融包摂」に大きな役割を果たしてきた．

　日本は国際社会のなかで相対的にみれば，金融アクセスが平等な国といわれてきたが，労働金庫，信用金庫，信用組合といった協同組合が運営する金融機関や，新しく登場してきた市民出資型のNPOバンクが果たす役割は大きい．本章では，このことを考えてみよう．

1. 協同組合らしい金融事業

　最近，日本社会で協同組織金融機関が「協同組合らしい」事業を行うことが注目されるようになった．リーマン・ショック後，多くの非正規労働者が解雇や雇止めで社宅や社員寮からの退去を余儀なくされ，メディアでは東京・日比谷公園の「年越し派遣村」が連日報道されるなど大きな社会問題となった．その渦中，「社会的金融」を標榜する労働金庫は，政府の要請を受けて仕事と家を失った彼らを対象とする「就職安定資金融資制度」を導入し，低利の融資を行った．失職して次の職を探す彼らに融資することは，民間銀行の常識では考えにくいが労働金庫はそれを導入したのである．制度が役割を終えて廃止される2010年9月*までに，1万1822件の融資を行い，彼ら

第 3 章　協同組織金融機関と社会

城南信用金庫の支店

の生活・就労支援に貢献した（Ikezaki 2011：15）.

　東日本大震災，東京電力福島第一原発事故（2011 年 3 月）によって社会が騒然とするなか，翌 4 月に城南信用金庫は「原発に頼らない安心できる社会へ」という脱原発キャンペーンを始めた．東京都，神奈川県を事業基盤とし，預金高約 3 兆 4432 億円（全国の信用金庫で第 2 位：2013 年 3 月末現在）の同金庫は，保有する東電の株式，社債を全て売却し，個人・事業者を対象とする節電や自然エネルギーにつながる設備投資への低利融資を始めた[**]．その後，電気の契約先を東京電力から原発を使わない新電力[***]の事業者に切り替え，脱原発に向けた様々な行動をしている．同金庫の吉原毅理事長は，市場原理主義や「お金の暴走」に警鐘を鳴らし，協同組合である信用金庫が

---
[*]　その後，解雇や雇止めの減少，2009 年 10 月の住宅手当及び総合支援資金貸付の創設に伴い，融資利用者が減少したことから，廃止された．廃止時の融資残高は 94 億 7600 万円である．
[**]　太陽光パネル，蓄電池，自家用発電機の設置費用，LED 照明への切替費用等が融資対象となる．
[***]　東京電力，関西電力といった地域を独占する電力会社以外で，電気の供給事業に新規参入した事業者（特定規模電気事業者）．

本来持つ「公共的な使命」「人と人とのつながり」を強調する[1]．次節では，こうした協同組織金融機関の日本での生成と展開をみておこう．

2. 協同組織金融機関の登場：「社会運動」として誕生

(1) 戦前の協同組合による金融

　明治時代になって日本が急速に産業化を進め，資本主義社会に変容し，金融市場が発展するなかで「都市と農村」「経営者と労働者」「地主と小作農」などの間で様々な「格差」が生まれた．元来，金融には「規模の経済性」が働く．つまり，小口の貸出をするより，大口貸出をする方がコストもかからず効率的だ．そこで民間銀行は地方で預金を集め，それを都市の大手企業等に大口融資を行った（前田 2008：174-5）．他方，小口の顧客，つまり農漁民，中小企業経営者，大多数の労働者は必要な時に融資を受けられず，銀行に口座を作ることすらできなかった．また，（現在の言葉にたとえれば）「ブラック企業」が横行し，例えば炭鉱や工場での労働条件は過酷だった．企業は労働者の退職，逃亡を防ぐために「社内預金」（コラム②参照）を導入して自社に拘束した．

　金融にアクセスできず貧困にあえぐ彼らの生活と権利向上を目指して，賀川豊彦に代表される社会運動家によって，労働運動，農民運動，協同組合運動など様々な運動が展開された[2]．

　農村では江戸時代に農村振興に生涯を捧げた二宮尊徳（二宮金治郎）の弟子である岡田良次郎によって，1898年日本最初の信用金庫となる「勧業資金積立組合」（現在の「掛川信用金庫」〔静岡県〕）が設立された．都市部では，労働者による協同組織金融機関として，「国民貯蓄銀行」(1898年)*，「有限

---

*　「日本のロバート・オーエン」といわれた佐久間貞一（1848-98）は1898（明治31）年，協同組織金融機関である国民貯蓄銀行を設立した．労働者に貯金器（貯金箱）を無償貸与して貯金を奨励し，まとまったお金の必要な際に，信用の程度によって貯金高の数倍を低金利で貸し出した（五十年史編纂委員会編 2002：2）．

責任信用組合労働金庫」(1921年) などが設立された．労働者のための消費者生協と連携しながら，低利で融資を行って支持を広げたが，政治的弾圧，そして関東大震災 (1923年) もあって，これら運動は長続きしなかった (五十年史編纂委員会編 2002：4).

　こうしたなか，賀川らは産業組合法[3]の一部改正で誕生した「市街地信用組合」(1917年) を活用して28 (昭和3) 年，東京都本所区 (現在の墨田区) のスラム街に「中ノ郷質庫信用組合」を設立した．質庫は家族に病人を抱えるような労働者世帯に，低金利かつ長い流質期限で融資をして支持を得た．戦時体制下でも協同組合として存続し，現在も「中ノ郷信用組合」として地域で事業を展開している (五十年史編纂委員会編, 2002：2-3).

(2) 敗戦：金融×協同組合の本格的設立

　敗戦後の食糧・生活物資の不足とハイパーインフレの中で，生活に困窮した多くの人々は高利貸しや質屋を利用し，その結果高い金利負担と厳しい取り立てにあえいでいた．金融制度は戦前より概ね緩和され，玉石混交の様々な金融機関や銀行が乱立した．こうしたなか，社会運動家は運動を再開した．旧市街地信用組合の運動関係者は，営利至上主義のこれら金融機関と一線を画すため，中小商工業者を主対象とする協同組合型の金融機関の新法制定を目指した．「銀行」の名称が含まれる政府の「信用銀行法案」を拒否し，「信用金庫法」(1951年) の成立にこぎつけ，「信用金庫」として戦後発展していく．

　また，労働者世帯も金融アクセスから排除されていた．こうしたなか，賀川ら運動家によって全国各地で総同盟，産別会議をはじめとする「労働組合」が続々と結成された (秋葉武・全労済協会 2012：130 参照)．「日本協同組合同盟」(現在の「日本生協連」) も結成 (1945年11月) され，「労働者，

　＊　しかし，後に農協，漁協は金融 (信用事業) と保険 (共済事業) が認められたものの，労働組合と連携している消費者生協は信用事業が認められなかった．このことは労働金庫が設立される源流ともなった (五十年史編纂委員会編 2002：4).

> **コラム①**
>
> ## 協同組合運動は労働運動の一環
>
> 労働者の運動とは「労働組合運動」，つまり労働者が労働組合を組織し，労働者（従業員）の雇用の維持や労働環境の改善を求めて，雇用者（経営者）と団体交渉をするだけではない．労働者の権利を守るため，法律や制度の制定を政府や議会に働きかける「政治運動」，そして労働者の暮らしを守るため，共助の組織を作り事業を行う「協同組合運動」もある．

農漁民による自主的な金融と高度なる協同的社会保険の確立」を謳った*．各団体はそれぞれ最低生活を保障する配給米の増加や作業衣服の確保等を政府に要求する運動を展開したが，運動を効果的に行うには，組織の枠を越えて全国的視野で共同行動する必要があるとして，1949年「労務者用物資対策中央連絡協議会」（中央物対協；現在の「労働者福祉中央協議会」）*を結成した．

当時，各労働組合で運動方針や（支持政党の違いといった）政治的路線は異なっていたが，この協議会はそうした違いを越えて全労働者の生活と福祉向上を目指すため，助け合いの事業化，つまり協同組合を設立するインキュベーターの役割を果たすことになる．

その先鞭となったのが労働金庫の設立だった．労働組合と生協が連携して，労働者自身による協同組織金融機関を作ることを目指したのである．50年に結成された労働組合のナショナルセンター「総評」（現在の「連合」）もこの方針を受け継ぎ，各県における労働銀行（労働金庫）の設立や法制定を目指し，政府サイドと折衝を始めた．しかし，戦前結社が禁止されていた労働組合に対する政府の理解は浅く，「労働者の金融機関が事業として成り立つか」という危惧を抱いていた．粘り強い交渉の末，同年，岡山県，兵庫県で

---

* 中央物対協は1950年に「労働組合福祉対策中央協議会」（中央福対協）に組織再編，57年に「労働福祉中央協議会」，1964年に「労働者福祉中央協議会」（中央労福協）と改称し，労働組合と協同事業団体が統一した組織体として今日に至る．

表 3-1 労働者福祉協議会が設立に関わった協同組合の年表

1951 年	全国労働金庫協会設立
1953 年	労働金庫法成立
1957 年	全国労働者共済生活協同組合連合会（労済連）設立（76 年全労済に）
1966 年	日本勤労者住宅協会法成立（67 年，勤住協発足）
1969 年	全国住宅生活協同組合連合会（全住連）設立
1970 年	全国労働者福祉会館連絡協議会（全国会館協）設立
1972 年	全国勤労者旅行協会（全勤旅）設立
1973 年	全国労働者信用基金協会協議会（全労信協）設立

（出典）中央労福協提供資料．

　労働金庫が誕生し，51 年に全国労働金庫協会設立，53 年に「労働金庫法」の制定にこぎつける（表 3-1 参照）．同法の特徴は労働者の福利共済を掲げる「福祉金融」と，個人加入ではなく労働組合や消費者生協が団体として加入する「団体主義」である．「団体主義」の考え方は，労働者は個人ではなく連帯，組織化することで力を発揮できるという労働組合ならではの思想だ（コラム①参照）．

　労働金庫は，労働者に従来の「銀行の常識」にない貸付を行って労働者から高い支持を受けた．それは「個人の生活金融」である．当時の日本は経済が極めて脆弱で，企業倒産や社員の大量解雇，賃金遅配も珍しくなく，ストライキなど労使紛争が頻発した．また公共インフラも整っておらず，台風などの自然災害への備えも不十分だった．労働金庫は労働者に対して，労使紛争中の生活資金の貸付，不況時の会社の賃金遅欠配対策貸付，高利肩代わり貸付けを行った．また伊勢湾台風（1953 年）といった災害時に被災者に緊急貸付を行った（五十年史編纂委員会編 2002：18）．

　発足当初，存続が危ぶまれていた労働金庫は，各地に次々と誕生し，55 年までにアメリカ占領下の沖縄を除く 46 の各県に金庫が設立された[*]．

　他方，保守政権，そして労働組合と対立する日本経営者団体連盟（日経連）は，予想に反した労働金庫の躍進を警戒した．政府は「中央労働金庫」

---

[*] 沖縄には本土復帰（1972 年）する前の 1966 年に労働金庫が設立された．

を設立して，政府が出資して役員人事を掌握し，全国的に統制しようとした．また，日経連は「労働金庫は労働争議の資金源となって争議を長期化する」として法改正を主張した．しかし，こうした横やりは頓挫する．上述の「個人の生活金融」といった労働金庫の果たしている社会的役割をマスメディアや世論が再評価した．労働金庫の自主性は保たれた（五十年史編纂委員会編 2002：15-18）．

3. 経済成長と協同金融機関の発展

(1) 労働金庫による顧客の開拓と定着

「もはや戦後ではない」という言葉が流行語となった1950年代後半，労働金庫は「社内預金問題」を世に問うた．政府に法規制を働きかけると共に，労働者に対しても労働金庫への預け替えを呼びかけ，成果を挙げた．

また，自主独立と支え合いが多くの労働者から支持を得ていると確信した労働金庫と労働組合は，毎月一定額を労働金庫に積み立てる「一斉積立運動」を展開した．1人ひとりは少額でも地道な積み立てで労働金庫の預金額は増加し，それは労働金庫の経営基盤強化に繋がった．

1966年ICA（国際協同組合同盟）原則の制定もあって，労働金庫は翌67年「基本理念」を定めた．労働運動として協同組合の原則に沿って，自主・公正の立場を堅持し，労働者の資金を安全・確実に保護管理するために，

コラム②

日本企業と社内預金

従業員が給与を自社に預ける「社内預金」は明治30年代，日本の企業に定着したといわれる．預金者に高めの利息を払う代わりに，企業は自己資金調達が容易になり，徹底した従業員の労務管理を可能とした．戦後，経済復興して資金需要が出てくると企業は再び社内預金を導入した．一部企業は倒産して預金者に元金すら支払われない事件がしばしば起き，社会問題となった．

表 3-2　労働金庫の基本理念

労働金庫は労働運動を構成する福祉活動体である．
　すなわち，労働者のための金融をおこなうことによって，その経済的社会的地位の向上をはかり，労働運動の比重を高め，資本に支配されない自由・平等・平和の保障される社会の建設に寄与することを基本理念とする．

組織
　労働金庫は，人間の尊重を基本とし，友愛と信義，信頼と協同の精神にもとづく労働者の協同組織である．
　その組織は，主として労働組合，生活協同組合，その他の労働者福祉団体によって構成され，その基盤は団体主義にあるが，さらに広く勤労大衆および，それぞれの組織の拡大・強化にも寄与するものである．

運営
　労働金庫は，協同組合の原則にそい，自主・公正の立場を堅持することを運営の基本とする．同時に，労働者の資金を安全・確実に保護管理するために健全経営に徹し，広範な労働者福祉活動の金融的中核としての役割を遂行するものである．

実践
　労働金庫は労働運動の発展を積極的に推進し，その社会的力量を高める金融事業体となる使命をもつ．
　この労働金庫運動の担い手である会員・役員・職員は，同じ目的と同じ階級的立場にたつ運動のよき実践者となる責任を自覚し，たえざる自己研さんと相互啓発をおこなうべきである．

（出典）五十年史編纂委員会（2002）247 頁．

「健全経営に徹する」という金融事業体としての経営的視点を深め，明確化したものだ（表 3-2）．

　1960 年代の高度経済成長を経て，1970 年代の日本経済は激動期を迎えることとなった．73 年，第 1 次オイルショックが起きた．企業は「モノ不足」を見込んで原材料のストックに狂奔したため，灯油，日常品などあらゆる物価が暴騰する「狂乱物価」となり，国民生活は大きな打撃を受けた．日本を代表する大手商社はそれに便乗して（値上がりが確実といえる）物資を大量に買い占め，売り惜しみを行うことで莫大な利益をあげた．また，大手銀行はこれら商社に多額の資金を融資することで利益をあげようとした（五十年史編纂委員会編 2002：54-56）．

　そのため消費者団体の全国ネットワークである全国消費者団体連絡会（消

団連）は，国民が困窮するインフレに銀行が積極的に加担しているとして，銀行から労働金庫への預金預け替えを推奨することを呼びかけた*．この呼びかけは国民の関心を呼び，「労働金庫」が社会的に大きくクローズアップされ，預金高も増加した．併せて，全国銀行協会連合会も「社会的責任に関する委員会」を設置した**．また政府も金融機関の社会的役割に関心を持つようになど，社会運動として労働金庫が果たした役割は大きい（同）．

　他方，労働金庫は経営基盤の強化のために1960年代から全国統合を目指し，60年代には「日本労働金庫（仮称）」，80年代には「日本勤労者福祉銀行」の設立などの案があった．しかし，55年体制***の下で，労働組合と親和的とはいえない保守政権が長期に渡って続き，さらに官庁との強いパイプも持たない労働金庫の悲願が達成されることはなかった．結局，労働金庫は地域で地道な事業活動を行うことで，顧客の信頼を得るしかなかったともいえるし，そのことが90年代のバブル崩壊以降，労働金庫の強みとして浮かび上がってくることになる．

(2)「金融護送船団方式」と協同金融機関

　日本の経済成長に伴い，大手・地方銀行，そして信金・信組といった協同組織金融機関も事業を拡大していった．こうしたなか，大蔵省（現・財務省）・日本銀行による金融機関を潰さないという「金融護送船団方式」が確立され，経済成長の担い手である企業に優先的に低利融資を行い続けた．

　信金・信組も，「産業銀行」として地元の中小企業に融資した．だが，貸し出しきれなかった「余資」は自らリスクをとって地域の新規ビジネスに融

---

　　* 「消団連発行のパンフレット『インフレと金融のからくり』は，当時の隠れたベストセラーとなった．同書は抗議行動としての銀行の預金の払い戻しを提唱，預け替え先として「純粋に消費者のための金融機関，福祉のための金融機関としては，労働金庫しかない」と提唱した」（五十年史編纂委員会編 2002：60）．
　　** この委員会は現在，日本の各企業に定着したCSR（企業の社会的責任）の先駆けになったともいわれる．
　　*** 1955年から保守系の自由民主党が与党第1党として，革新系の日本社会党が野党第1党を占めた政治体制を指す．

資するのではなかった．コール市場などで運用して大手銀行の資金不足を補てんする構造に安住し，次第に「規模の経済」に組み込まれていく．地域社会と積極的な関係を築くことはなかった（藤井 2007：6-7）．

他方，収益性の高い「事業者」に融資できない労働金庫は，当時相対的に儲からない「個人の生活金融」の開拓を続けていく．労働金庫と関わりの深い各種の労働者の協同組合（表 3-1）と連携しながら，経済成長で所得の向上した労働者を対象とする「住宅ローン」「自動車ローン」「教育ローン」等を中心とする融資を拡大していく．78 年には金融界初の変動金利型の住宅ローンの取り扱いを始めた．また金額は限られるが，（非営利の）生活協同組合の事業資金，労働組合の福利共済活動への融資を行ってきた．

1981 年に労働金庫は全国合計で預金高 3 兆円を超える金融機関となった．80 年代後半バブル景気のなかで，企業，そして「産業銀行」である銀行，信金・信組も大きな収益を挙げた．他方，「産業銀行」でない労働金庫は直

コラム③

岩手信用生協と日本共助組合の誕生

「個人の生活融資」という金融ニーズに労働金庫を除く金融機関が応えないなか，全国各地で自主的な金融の互助組織が誕生した．宮崎信用生協（1956 年設立）をはじめ，いくつかの県で「信用生協」が誕生した．しかし，不良債権を積み上げて解散し，唯一成功して現存する信用生協が「岩手県消費者生活信用協同組合（岩手信用生協）」（1969 年設立）だ．「サラ金地獄」が社会問題となり，岩手県では多重債務にまつわる大きな事件も頻発した．こうしたなか，岩手県内では多重債務問題は個人的な問題ではなく，社会，構造的な問題であるという認識が自治体間に広まり，1989 年自治体と岩手信用生協が連携した多重債務者の生活相談と生活資金の貸付事業が始まった．債務者（組合員）へのキメの細かいフォローによって多くの債務者が自身の生活を再建し，現在，組合員数 1 万 4000 人，出資金 10 億円の生協となった．青森県にも活動の場を広げている．

また，1960 年に誕生した日本共助組合は，各地のカトリック教会に集まる信者が少額ずつ出資し合って組合員となり，それを本当に必要な人に低利で貸し付ける仕事を役員が無償で行っている．

接的にバブル景気の恩恵は限られていた．

　他方，バブル到来前の1980年代前半，消費者金融が普及し，「サラ金地獄」は全国的な社会問題となっていた．静岡県労働金庫には会員である労働組合から一部組合員が多重債務に陥っていることの相談が寄せられていた．そこで，同金庫は83年から多重債務者救済のための小口融資を開始した．さらに労働組合に加入していない未組織労働者への救済融資も実施した（小関2011：174）．静岡に限らず各地の労働金庫は，早くから個人の生活に関わる社会的課題に取り組んできた．

4. 社会の変化と金融：協同組織金融機関の模索と「NPOバンク」の芽生え

(1) 日本社会のパラダイム転換と協同組織金融機関

　1990年代，日本を取り巻く環境は激変した．社会・政治状況でみれば，国際的には冷戦が終わり，国内的には政界の55年体制が崩壊した．また1995年の阪神・淡路大震災，オウム真理教事件など社会を揺るがす出来事が起きた．経済状況でみれば，バブル崩壊に伴う空前の金融危機に見舞われ，デフレ経済，失業者の増加など「失われた20年」に突入していくことになる．大手銀行，大手証券会社が経営破たんし，一部の信金，信組，農協も経営危機を迎え，再編されていくこととなる．協同組織金融機関はかつての「規模の経済」に安住することが難しくなり，改めて存在意義を問われることとなっていった．

　こうした社会の変化は労働金庫にも影響を与え，67年に定めた基本理念（表3-2）の見直しに着手すると共に，21世紀に向けたビジョンの策定を行った．95年，イギリス・マンチェスターでICA設立100周年の記念大会が開催され，「協同組合のアイデンティティに関する声明」，そして「協同組合のアジェンダ21」の採択に刺激を受け，"ろうきん"の本質・目的・組織・運営を4つのパラグラフで新理念として表現した（表3-3参照）．

第3章　協同組織金融機関と社会

表 3-3　ろうきんの理念

> ろうきんは，働く人の夢と共感を創造する
> 協同組織の福祉金融機関です．
>
> ろうきんは，会員が行う経済・福祉・環境および
> 文化にかかわる活動を促進し，人々が喜びをもって共生できる
> 社会の実現に寄与することを目的とします．
>
> ろうきんは，働く人の団体，広く市民の参加による団体を会員とし，
> そのネットワークによって成り立っています．
>
> 会員は，平等の立場でろうきんの運営に参画し，
> 運動と事業の発展に努めます．
> ろうきんは，誠実・公正および公開を旨とし，
> 健全経営に徹して会員の信頼に応えます．

（出典）五十年史編纂委員会（2002），247頁．

　ろうきんは労働者の協同組織金融機関であることを改めて謳った．さらにこれまでのように会員が行う経済・福祉活動のみならず，環境・文化領域のNPO活動への取り組みや，自然・環境と「共生」する社会を実現していくということも想定し始めた（五十年史編纂委員会 2002：248 参照）．阪神・淡路大震災におけるNPOの活躍に刺激を受けて，各地の労働金庫ではNPOと連携した講座開設（群馬，東京）やNPOへの職員派遣（近畿）等が行われ，全国の労働金庫職員を対象とする研修でもNPOが取り上げられるようになった．1998年にはNPO法（特定非営利活動促進法）が成立し，これ以降，日本各地に福祉，環境，まちづくり，災害支援，国際協力など多様な分野でNPO法人が誕生するなどNPOが日本社会に定着しつつあった．
　96年には「ろうきん・21世紀への改革とビジョン（21世紀ビジョン）」を策定した．同ビジョンでは労働金庫の掲げてきた「団体主義」を超えて，労働組合組織率の低下，ライフスタイルの変化等に対応した経営基盤の強化を謳っている．21世紀ビジョンでは，「グッド・マネー」という言葉を用いて，協同組織金融機関としての社会的責任といった「倫理的価値観」をビジョンに反映させた（同：249）．ろうきんは徐々にビジョンを事業に具現化さ

近畿ろうきんの支店

せていく．

(2)「NPOバンク」の登場と定着

同じ頃，市民社会では興味深い様々な動きが始まっていた．NPO関係者が制度的な金融機関を媒介せずに「NPOバンク」を設立し，社会性の高い事業に融資する動きが起こっていた*．NPOバンクとは以下の5つの要件を持ったものとされる．①市民が自発的に設立する，②社会的に求められているニーズに対して融資を行う，③非営利である（法的に認められている程度の出資配当はOK），④市民からの出資を融資の原資とする，⑤市民事業（NPOでなくてもよいが，社会的課題の解決を第一義にすること）への融資を主目的とする（小関2011：178）．

1990年代前半，環境NGO活動家の田中優らは「金融システムと環境問題」との関わりに注目し，市民が郵便局に預けたお金が特殊法人等の「財政投融資」に預託されて，非効率な公共事業，原子力発電所，ODA（政府開発援助）の原資となり，回りまわって国内外の環境破壊を引き起こしていると警告した本を出版した（グループKIKI 1993）．同書は大きな反響を呼び，NPO・NGO関係者のみならず金融マンが参集して「金融と環境研究会」が発足した．

彼らは市民が金融機関を「信用」して預貯金を「白紙委任」するのではなく，お金を自らの手に取り戻す，つまり自分達が貸したい相手に低利で融資するため，組合員出資型の草の根金融機関の設立を構想した．海外では多様

---

* 1989年に東京の永代信用組合（2002年に経営破たん）が，フェアトレード事業を手がける㈱プレス・オールターナティブの支援を受けて市民事業へ融資する「市民バンク」を開始したが，当時市民バンクの動きは大きく広がらなかった．

な「社会的な金融機関」が事業を行っていることは彼らを勇気づけた．環境事業に特化して融資するエコバンク（ドイツ）*，農村の貧困女性達に少額無担保融資（Microcredit あるいは Micro finance）を行うグラミン銀行（バングラデシュ）** などだ．彼らは1994年，「未来バンク事業組合」を設立し，住宅の太陽光発電設備やNPO・NGO の取り組む「市民事業」に対する融資を始めた．

未来バンクの設立は全国の NPO・NGO 関係者を刺激した．その後，未来バンクをビジネス・モデルとして，神奈川県で生活クラブ生協***の組合員らが母体となり，地域社会でコミュニティ・ビジネスを営むワーカーズ・コレクティブ****等への融資を想定した信用組合設立の構想が持ち上がり，女性・市民信用組合（WCC）設立準備会（神奈川）が設立された．地域社会で環境・福祉事業を行う女性達への融資を開始した．2000 年代以降，全国各地にこうした NPO バンクが設立されていった（表 3-4 参照）．

また，2004 年には著名な音楽関係者が出資して ap bank が設立され，2008 年には人の健康によく，森林を活用することで CO_2 を減らし，300 年という長い寿命を持つ「天然住宅の家」を建設に融資するための「天然住宅

北斗出版，1993年刊

---

*　エコバンクは 2001 年，ドイツで類似の分野で事業を営む社会的金融機関，GLS 銀行（1961 年設立）に営業譲渡の形式で吸収された．
**　グラミン銀行（1983 年設立），そして創設者の M. ユヌス氏は 2006 年，ノーベル平和賞を受賞した．
***　1960 年代後半に発足した「生活クラブ生協」は，食品を主体に取り扱う消費者生協として首都圏を中心に発展し，現在全国 32 の生協で構成される．食品の安全性や食料自給，原子力発電といった環境問題等，多様な社会運動に関心が高い生協として知られる．同生協の組合員が NPO を新たに設立する事例も少なくない．
****　生活クラブ生協の組合員等が出資し合ってコミュニティ・ビジネスを行う「働く人のための協同組合」を指す．仕出し弁当の宅配，高齢者支援，子育て支援，リサイクルショップ等多様な小規模ビジネスを展開している．

表3-4 NPOバンクの設立年表

1994年	未来バンク事業組合（東京）
1998年	女性・市民信用組合（WCC）設立準備会（神奈川）
2002年	北海道NPOバンク
2003年	NPO夢バンク（長野）
2003年	東京コミュニティパワーバンク
2004年	ap bank
2005年	新潟コミュニティ・バンク
2005年	コミュニティ・ユース・バンクmomo（愛知）
2006年	いわてNPOバンク
2008年	くまもとソーシャルバンク
2008年	天然住宅バンク（東京）
2009年	もやいバンク福岡
2010年	ピースバンクいしかわ
2011年	はちどりバンク（富山）

（出典）全国NPOバンク連絡会提供資料を筆者が加筆・修正．（　）内は活動地域を指す．

バンク」が設立（田中優理事長）されるなどNPOバンクの融資対象も広がりをみせている．

(3) NPOバンクの経営の特徴

　地域住民に出資を呼びかけて出資金（1口1万円など）を集め，金融機関が融資を敬遠しがちな，福祉，環境等の社会的事業を営むNPOや個人に対する融資を行っている．NPOバンクは協同組織金融機関に似たメンバーシップ制度をとっているところが多い．つまり，融資を受けるには自ら「出資」してメンバーになる必要がある．例えば，100万円の融資を受けるには借手は出資金として10万円を拠出する．単なる借手ではなくNPOバンクへのコミットメントも期待されている．また，共通の特徴ともいえるのが，融資の審査システムにある．審査にはプロボノ，つまり地域の金融マン，公認会計士，大学教授等が関わる事例が目立ち（藤井2007：16参照），「事業性」と「社会性」双方を審査することになる．

　NPOバンクは地域を拠点に活動しているが，地域社会をよくしたい，お金を自ら責任を持ってコントロールしたいという「共通の志」を持っている．

ただし，日本の金融行政は護送船団方式の残滓が根強く残り，海外では普通に存在する市民出資型の非営利ファイナンスの存在を想定していない．日本のNPOバンクの活動環境は極めて厳しく，融資のために貸金業登録が必要で，法的にみれば「サラ金」と同じ扱いを受けてきた（藤井2007：14）．上述の女性・市民信用組合設立準備会は信用組合の設立を行政に粘り強く働きかけたものの，最終的に断念した（2009年「女性・市民コミュニティバンク」に改称）．

　そのため，政府が高利回りを謳うファンドや消費者金融の規制を行うため金融関連法の改正や立法を行う過程で，NPOバンクはその余波を受け，存続の危機を迎えた．このことをきっかけに，2004年に全国のNPOバンク関係者が札幌に集まって全国会議を初めて開催し，その後彼らや弁護士，公認会計士等の専門家，「全国NPOバンク連絡会」を結成して2005年から活動を始めた．同連絡会の金融庁や国会議員に対するアドボカシー活動の成果によって，NPOバンクはその後，法規制の適用除外となり，度重なる存続の危機を乗り越えてきた（小関2011：185-6参照）．

　また同連絡会はアドボカシー活動だけでなく，経験やスキルの伝授の場ともなっている．近年設立されたNPOバンクは，先輩格のNPOバンクが蓄積してきたスキルやノウハウを参考にして設立に至っている（小関2011）．市民金融や市民事業の発展のために，協同して取り組んでいるのだ．

（4）協同組織金融機関の新たな動き

　こうしたNPOバンクの動きを後追いするように，2000年代以降，協同組織金融機関でも既存の組合員を対象としたものではなく，地域のNPOやコミュニティ・ビジネス等に融資する動きが出てきた．折しも，2000年に介護保険制度が始まり福祉系のNPO法人が介護保険事業に参入したり，NPO法人が行政の各種委託事業を受けたり，公共施設の指定管理事業に参入する事例が増え，運転資金や設備資金を必要とする「事業型NPO」が増加した．また，「地方の衰退」が進むなか，地域経済活性化のために各地で

NPOがコミュニティビジネスの担い手となる事例が増えていた（小関 2011：178）．

労働金庫は1999年，群馬・東京＊・近畿の3金庫や全国労働金庫の関係者が集まって「NPO関係金庫研究会」を発足させた．この研究会で議論を重ねる中で，NPO向けの融資制度が具体化した．2000年に日本の金融界初のNPO向け融資制度として，「NPO事業サポートローン」が，上述の3金庫で始まったのである．しかし，始まった同ローンは様々な課題に直面する．発足当初，労働金庫法の「大臣告示」で融資対象は福祉分野（高齢者・障害者向け事業）のNPOに限られていた＊＊．そこで，労働金庫は政府にアドボカシー活動を行って「告示」の改正が行われ，NPO法人全般への融資が可能になった（多賀2004：6-7）．NPO法人も金融機関から融資を受けるのは初めての経験であることから，全国各地のろうきんは融資の目利き能力を養い，NPOの経営基盤を強化するため，同ローンに留まらない多様なNPO施策を展開してきた．寄付金収入の拡大を目的とした自動振替によるNPOへの寄付金引き落としシステムの開発など，NPO労働金庫が持つ資源（金融機能，ネットワーク等）をNPOのために役立てる＊＊＊ことで，同ローンとのシナジー効果の発揮を図り，NPOとの協働が急速に進み（同），NPO業界でろうきんへの認知が広がった．

現在，全国全ての労働金庫がNPO事業サポートローンの融資制度を設けており，概ね500万円以下の場合は無担保で，（NPO法人代表者を含む）3

＊　群馬・東京のろうきんは合併して現在，「中央ろうきん」となっている．
＊＊　協同組合である労働金庫は組合員外への融資が限定されており，社会福祉法人等「住民の福祉の増進を図ることを目的とする法人」は融資対象であっても制度ができたばかりのNPO法人はその対象でなかった．そこで，同ローン発足時に苦肉の策として「住民の福祉の増進を図ることを目的とする法人」にNPO法人を読み込んだことから，融資対象が福祉分野のNPO法人に限定された．
＊＊＊　具体的には下記である．①NPO向けの助成制度，②NPOへの振込手数料免除制度③自動振替によるNPO寄付システム，④NPOに関する講座開設，⑤NPOへの職員派遣，⑥NPOと勤労者のマッチング，⑦福祉目的預金によるNPO支援，⑧NPO・ボランティア情報の発信，⑨中間支援NPOとの各種連携（多賀2004：7）．

名以上の連帯保証人を必要とする（小関 2011：177）．同ローンは一定の定着をみたといってよい．

一部の信用金庫，信用組合も NPO を対象とする融資を開始している．2000 年奈良中央信用金庫は信用金庫として初めて NPO 向け融資を始め，県内の NPO 法人の活動資金，設備資金への融資を行ってきた（表3-5 参照）．同金庫は単なる融資に留まらず，ろうきんの NPO 施策同様，中間支援 NPO である奈良 NPO センターとの連携や地元 NPO を対象とする各種支援策を実施し

自動振替による NPO への寄付金引き落としシステム

てきた．現在，全国で 20 以上の信用金庫が NPO 向け融資を実施している．

(5)「意志あるお金」と直接金融

「意思あるお金」の動きは，本章で取り上げた協同組織金融機関，NPO バンクといった間接金融だけでなく，直接金融の世界でも起きている．自然エネルギーへの関心の高い生活クラブ生協・北海道の組合員が中心となって，2000 年 NPO 法人北海道グリーンファンドが設立された．彼らは約 1400 人から出資金を集めて翌 01 年にオホーツク海沿岸の町，浜頓別町に日本初の「市民風車」を設置した．市民からの出資型の市民風車はその後各地に広がり，青森，秋田，茨城，千葉等，全国に 12 基の「市民風車」を建設された．

企業の環境や人権への対応といった社会的責任（CSR）に配慮した社会的責任投資（SRI：Socially responsible investment）の動きも広がっている．1999 年日本の証券会社が日本初の「エコ・ファンド」を個人投資家向けに販売した．2005 年代半ばから様々な SRI 投資信託が販売され，SRI 市場は拡大した．さらに 2008 年以降「社会貢献型債券」が販売されている．同債

表3-5　奈良信用金庫のNPOローン

項　目	説　　明
融資対象者	奈良県から特定非営利活動法人の法人認証を受け，かつ主たる事務所の所在地が当金庫の営業エリアにある団体．※奈良NPOセンターの推薦状が必要となる場合がある．
資金使途	「特定非営利活動法人」設立後の活動資金，設備資金
ご融資額	1法人あたり最高300万円以内
融資利率	年2.80％（固定）
融資形式	証書貸付，手形貸付
融資期間及び返済方法	証書貸付：最長5年（返済据置期間6ヵ月）　元利均等返済方式 手形貸付：最長6ヵ月
担保・保証人	担保不要 連帯保証人2名以上：内1名は法人代表者
必要書類	①借入申込書（当庫所定事業者用） ②定款 ③法人登記簿謄本 ④事業計画・収支予算書（法人設立当初時） ⑤事業報告書・貸借対照表・収支計算書（翌年度以降） ⑥財産目録 ⑦資金使途確認書類 ⑧その他　職員名簿，連帯保証人の所得証明等当庫が必要とする書類 ⑨奈良NPOセンターの推薦状（必須条件ではない）

(出典)　奈良中央信用金庫HP http://www.narachuo-shinkinbank.co.jp/ （2014.3.31閲覧）を筆者が加筆・修正．

券は例えば，政府開発援助（ODA）の実施機関である国際協力機構（JICA）の「JICA債」や，アフリカ開発銀行（AfDB）の「教育支援債」などがあり，投資を通して社会貢献したい投資家と，世界各地で環境・食糧問題等の社会的課題の解決を目的に進められるプロジェクトの資金需要との橋渡し役を担っている．日本のSRI市場は2013年に8577億円（NPO法人社会的責任投資フォーラムの推計）にのぼり，定着したといえよう．

　また，東日本大震災で大きな被害を受けた事業者の再建を支援する「被災地応援ファンド」にもネット上で個人から多額の資金が集まっている*．複

＊　代表的な「セキュリテ被災地応援ファンド」（ミュージックセキュリティーズ（株））は例えば，1口1万500円で募集しており，内訳は5000円が寄付，5000円が出資，500円が取扱い手数料となる．

数の企業のなかから，応援したい企業を選び，事業者の商品を購入する等，出資者が長期に事業者と関わるところが特徴といえる．

5. おわりに

東日本大震災そして福島の第一原発事故によって地元の協同組織金融機関も大きな被害を受けた．こうしたなか，被災した協同金融機関に対して全国的な支援があるのは協同組合ならではの特徴といえる．例えば，全国信用金庫協会は「東日本大震災に係る信用金庫相互支援体制」を構築し，信用金庫が被災地域の復旧・復興に向けて円滑な金融仲介機能を将来に渡って発揮できるよう努めている．

協同組織金融機関をはじめとする協同組合は本章でみてきたように，社会の激動期に誕生し，金融仲介機能を活かして社会的役割を発揮してきた．格差，地方の衰退，未曽有の災害と様々な困難が続くなか，城南信用金庫の取り組み（第1節）のように時代の課題を先取りし，それを事業化して地域経済を循環させることが協同組織金融機関に求められている．今後は間接金融のみならず，直接金融も射程に入れた事業開発も考えられよう．

注
1) 城南信用金庫 HP http://www.jsbank.co.jp/（2013年11月30日閲覧）．
2) 賀川らの手がけた社会運動については，秋葉武・全労済協会（2012）〔『協同組合を学ぶ』第4章〕参照．
3) 産業組合法（1900年）については，例えば杉本2012参照．

参考文献
秋葉武・全労済協会（2012）「日本の共済協同組合の歴史」中川雄一郎・杉本貴志編『協同組合を学ぶ』日本経済評論社．
グループKIKI（1993）『どうして郵貯がいけないの』北斗出版．
五十年史編纂委員会（2002）『全国労働金庫協会五十年史』全国労働金庫協会．
小関隆志（2011）『金融によるコミュニティ・エンパワーメント―貧困と社会的排除への挑戦―』ミネルヴァ書房．

杉本貴志（2012）「協同組合の歴史と理念」中川雄一郎・杉本貴志編，前掲書．
多賀俊二（2004）「NPO 施策と労働金庫」『RESEARCH』15 号，労働金庫研究所．
藤井良弘（2012）「地域金融の潮流」北海道 NPO バンク編『NPO バンクを活用して起業家になろう』昭和堂．
前田拓夫（2008）「「市場の失敗」の是正―米国とフランスの経験から―」田中優編『おカネが変われば世界が変わる―市民が創る NPO バンク―』コモンズ．
Ikezaki Shoko (2011) "ROKIN Bank: The story of workers'organizations that successfully promote financial inclusion", *Employment Sector Employment Working Paper*, No. 97, ILO: Geneva.

第4章
共済生協
未来に向けて果たすべき役割

　この章では,「共済事業を行う消費生活協同組合」略して「共済生協」について解説する．わが国の主な共済生協としては,全労済(全国労働者共済生活協同組合連合会),コープ共済連(日本コープ共済生活協同組合連合会),都道府県民共済で知られる全国生協連(全国生活協同組合連合会)等がある．協同組合で共済事業を実施している団体としては,この他にJA共済連*等もあるが,この章では共済生協を念頭に説明する.

　第1節では,「共済生協とは何か」ということを,共済生協が実際に取り組んでいることを紹介することや,共済生協や共済事業とはどういうものかということについての説明を通して理解を深める．第2節では,2012年に全労済協会で実施した「保険・共済に関する意識調査」(以下「保険・共済に関する意識調査」という.)[1]の調査結果をもとに,「共済生協の課題は何か」を明らかにする．第3節では,第2節で明らかとなった課題について,「共済生協が課題を解決していくために果たすべき役割」について考える．第4

　＊　JA共済連(全国共済農業協同組合連合会)は,農業協同組合法(昭和22年法律第132号,以下「農協法」という.)に基づき,全国のJA(農業協同組合)と一体となって,共済事業であるJA共済を運営している.

節では，この章全体を振り返って，「第3節で考えた役割をどのように果たしていかなくてはならないか」を考えて最後のまとめとする．

1. 共済生協の諸活動

"「共済生協」とは何だろう？"

　全労済，コープ共済連，……というような名称ぐらいはテレビCMや新聞広告などで知られているかもしれないが，「協同組合に関するアンケート調査結果」[2]を見ても，共済生協がどのようなものか理解している人は少ないようである．おそらく，共済生協の組合員となって事業を利用している人でも，共済生協について理解している人は少ないのではないだろうか．

　共済生協とは，「共済事業を行う消費生活協同組合」，つまり共済事業を行う生協のことである*．共済生協が分かりにくい理由の1つは，共済事業がどのようなものか分かりにくいということが挙げられるのではないか．共済事業がどのようなものなのか分かれば共済生協を，少しは理解してもらえるのではないだろうか．

　このことは後で説明することにして，共済生協をより身近なものとして理解してもらうために，まずは協同組合である共済生協が，実際に取り組んでいる活動を紹介することから始めよう．共済生協の取り組みを通じて，分かりにくいと思っていた共済生協が，実は身近な存在として実感できるのではないだろうか．

---

　*　厳密に言えば，「生協」とは消費生活協同組合法（昭和二十三年法律第二百号，以下「生協法」という．）第五十八条に基づき認可された「法人」であり，「共済事業」とは生協法第十条第四号の事業（組合員の生活の共済を図る事業）のうち，「組合員から共済掛金の支払を受け，共済事故の発生に関し，共済金を交付する事業であって，共済金額その他の事項に照らして組合員の保護を確保することが必要なもの（生協法第十条第二項）」であって，「一の被共済者当たりの共済金額が十万円を超える共済契約の締結を行う事業（消費生活協同組合法施行規則（昭和二十三年大蔵省令・法務庁令・厚生省令・農林省令第一号）第三条）」である．

(1) 共済生協の取り組み

　共済生協は,協同組合としてどのようなことに取り組んでいるのだろうか.
　協同組合には,協同組合とはどのような集まりで,どのようなことに取り組むのか,ということを明らかにしたガイドラインともいうべき「協同組合原則」[3]というものがある.この協同組合原則に沿った取り組みの具体的な事例として,主要な共済生協である全労済やコープ共済連が行っている活動をいくつか紹介しよう.

　①生活設計に関する運動

　歴史を紐解くと,近代的協同組合運動は産業革命の頃のイギリスで始まった.その頃のイギリスは,産業革命のお蔭で世界有数の経済大国となったが,その反面,産業革命の中心地であるマンチェスターやリバプールの工場労働者の生活実態はとても悲惨なものであった.商店では石灰などの大量の不純物が混ぜられたパンや小麦粉が売られ,6畳間ほどの広さの家に家族10人前後で住み,子ども達は朝から晩まで工場で働かされる,という有様であった.こうした工場労働者の窮乏を救済しようと乗り出したのが,ロバート・オウエンという工場経営者であった.まずオウエンは,子ども達は工場で働くのではなく学校で勉強するべきであると考え,自らの経営する工場で,工場労働者の子弟のための幼稚園や学校を開設し,子ども達に教育を施すことに取り組んだ.そして,工場での工場労働者の労働条件を他の工場よりも改善し,さらに工場労働者の家庭を訪問して生活環境をチェックし,工場労働者が良い環境の中で生活し働けるようにすることにも取り組んだ.こうしたオウエンの取り組みは,紆余曲折はあるものの,その後ロッチデール公正先駆者組合を経て,現在の協同組合運動へと受け継がれていったのである[4].

　このように協同組合の取り組みは,工場労働者の生活の窮乏を救済することから始まったわけであるが,その理念や哲学は,現在の協同組合原則[5]にも反映されている.こうした協同組合の歴史的経緯から見ても,生活していく上で必要な保障や家計について見直し,よりよいくらしを求めていく「生

活設計に関する運動」に取り組むことは，まさに協同組合の原点とも言うべき活動である．

組合員の暮らしを考える「生活保障設計運動」：生活設計に関する運動としては，全労済の「生活保障設計運動」やコープ共済連の「ライフプランニング活動」といった取り組みが挙げられる．

　全労済の「生活保障設計運動」とは，「組合員一人一人が，生活設計（保障計画＋資金計画）に関する知識を高め，自らのライフプランニングにより家計全般を見直し，みんなで『豊かなくらし』を実現する取り組み」[6]である．また，日頃から組合員の個別相談に対応している人（福利厚生担当者・労組執行部）を対象に，ライフプランの考え方や関連知識に関する講座を開催し，相談事例などを通じて日頃の活動にその知識を活かしてもらうために，「生活保障プランナー」を養成している[7]．生活保障プランナーとは，全労済認定のライセンスで，その養成にあたっては，公的なFP（ファイナンシャル・プランナー）資格を持った全労済職員が，FP単元に準拠した「オリジナルテキスト」を使って，ライフプランや生活保障設計運動を中心に講義を行い，関連する相談事例についての事例集にもとづき補足し，実際の活動に活かしてもらうようにしている．養成のための講座は，8時間（標準講座）で履修でき，生活保障設計の考え方を理解し，それぞれのリスクに対する必要保障額を算出できるようにすることで，組合員の保障に関する相談に適切にアドバイスを行えるようにしている[8]．

　2004年8月の全国展開スタートから約9年が経過しているが，プランナー修了者は全国で1万7059名（2013年5月末現在）となっている[9]．

「ライフプランニング活動」：一方，コープ共済連では，「ライフプランニング活動」に取り組んでいる．ライフプランニング活動とは，「組合員がくらしの保障やお金について学びあう活動」であり，CO・OP共済《たすけあい》10周年にあたる1994年にスタートしている[10]．共済を普及する中で

第 4 章　共済生協

全労済の生活保障設計ガイドブック．保障設計の考え方や見直す際のポイントなどを保障の分野ごとにまとめている．

コープ共済連のライフプラン講座テキスト①．シリーズでテーマごとに全 7 冊がある．他に「かしこいくらしの見直しハンドブック」「わが家の保障ノート」などのツールがあり，HP ではライフプランシミュレーションソフトも利用できる．

組合員が多額の保険料を負担しているにも関わらず加入している保険の保障内容をよく理解していない，ムリ・ムダ・ムラがある実態が明らかになったため，組合員が保障商品選択眼を養い，賢い消費者になるようサポートすること，その中でCO・OP 共済への出会いの機会を作ることを目的に，学びあう場を作ったというものである．コープ共済連では，「ライフプランニング」について，「不安をきちんと把握し，くらしの中の夢をひとつひとつかなえていくために，家族の健康や生きがいやお金について予想し対策をうっていくこと．」と説明しており，「ライフプラン」については，「『健康づくり』『生きがいづくり』『くらしの資金づくり』の 3 つを総合したプラン（＝人生設計）のことを指します．」としている．

また，コープ共済連では，活動の担い手として，組合員や職員を対象に「ライフプラン・アドバイザー（LPA）」を養成している[11]．LPA はコープ共済連の所定のライフプラン・アドバイザー養成セミナーを修了した人で，具体的には組合員のライフプランニングについてのアドバイスと，くらしのお金全般についての学習会を行う専門知識をもち，組合員向けの保障の見直し学習会などを企画・運営し，その講師・インストラクターとなり，個人相

談を受けることもある．2013年度末現在で3279名，うち組合員LPAが1367名となっており，消費者自らが知識をつけチューターも担う生協らしい活動の特徴を示している[12]．

　ライフプランニング活動は主に「くらしの見直し学習会」，「くらしの見直し講演会」，「ライフプラン講座」といった形態をとっている．活動開始当初は外部講師を招いての「保障の見直し」のテーマが中心だったが，年数を重ねるごとにテーマは多様化してきており，最近では，「子どもの金銭教育」「エンディングノート」などをテーマにワークを交えて行うケースが増えている．2012年度には，延べ8万人以上が参加しているが，活動開始20周年となる2014年度は，CO・OP共済《たすけあい》30周年とあわせて，「子ども」をテーマに活動の認知度向上や参加者数増加をめざしている[13]．

　②社会貢献，地域への取り組み
　社会貢献や地域への取り組みは，協同組合原則[14]にもある通り，協同組合の重要な取り組みである．

　全労済の取り組み：全労済では，「みんなでたすけあい，豊かで安心できる社会づくり」という理念にもとづき，「防災・減災」「環境保全」「子どもの健全育成」の活動を重点分野と位置づけ，地域社会に貢献する活動に取り組んでいる[15]．

　・ぼうさいカフェ
　「ぼうさいカフェ」とは，内閣府が国民の防災意識を高めてもらうため，出前講座として推進しているものである．「地震や台風などの自然災害に対して，誰でも，ちょっとしたことで自分の身を守り，被害を小さくすることができる」という考えで，楽しく分かりやすくをモットーに，非常食の試食や専門家などによる講演会，防災科学実験ショー，防災ゲーム等，さまざまなイベントを組み合わせて子どもから大人まで，家族連れで参加

できるようなプログラムで開催している．2012 年度においては，「災害を理解し，災害を学ぶ」というテーマを設定し，防災グッズの展示や公演・実験を交えながら，防災，減災への対応としてのイベントを，各地において開催した[16]．

・社会貢献付エコ住宅専用火災共済

「社会貢献付エコ住宅専用火災共済」とは，毎年の決算状況に応じて全労済から環境活動団体へ寄付するしくみを備えた共済である．通常の火災共済と同じ保障内容で掛金は割引となり，社会にも組合員にも優しい共済商品であるとしている．2012 年度においては，公益社団法人国土緑化推進機構の実施する「緑の募金」使途限定募金～東日本大震災復興事業に 1100 万円を寄付した[17]．

・環境活動への取り組み

「環境の世紀」といわれる 21 世紀を迎えるにあたり，全労済は環境保全活動の推進を経営基本方針の 1 つとして位置付けた．全労済は，自らの社会的使命として環境活動の継続的展開を宣言し，2000 年 4 月より環境マネジメントシステムの構築に着手して環境活動を推進した結果，2000 年 12 月に「ISO14001」の認証を取得し，以後，全国的に環境活動を拡大して推進してきている．具体的には，上で述べた「社会貢献付エコ住宅専用火災共済」の加入促進，内部資料のペーパーレス化，印刷紙の使用量削減，電気使用量の削減等に取り組んでいる[18]．

・地域貢献助成事業

全労済では，1992 年より環境問題や子育て・子育ち支援活動に取り組む団体を対象に助成事業を行っている．2013 年は「未来の子どもたちに豊かな自然を残すために，今と未来を生きる子どもたちのために」をテーマに，地域の人々がたすけあって環境を守る活動，子どもの健やかな育ち

を支える活動を助成対象とした「2013年全労済地域貢献助成事業」を実施した．この事業では，「多数の地域住民が活動に関わることで，人と人とのつながりが生まれ，コミュニティの形成，発展，再生につながるような活動」，「地域に密着し継続して取り組む活動」を支援することを主眼としている．地域の絆づくりにいかに貢献できるかといった観点から，環境保全効果や子どもの健やかな育ちへの貢献や，地域にたすけあいの輪を広げ地域コミュニティの形成，発展，再生につながることを期待している，としている．助成の対象となる活動は，具体的には「環境分野」（①地域の自然環境を守る活動，②循環型地域社会をつくるための活動，③地域の自然や環境の大切さを学ぶための活動）と「子ども分野」（地域の中で，学校外の多様な育ちを応援する活動として，①子どもたちの豊かな遊びの場をつくる活動，②子どもたちが交流し学びあえる場をつくる活動）となっており，70団体（「環境分野」36団体，「子ども分野」34団体）に対し総額1969万6686円を助成している[19]．

・その他の社会貢献活動

この他の社会貢献活動としては，「社会福祉団体への寄付」，「全労済文化フェスティバル」，「東京工業大学大学院での寄付講義の開催」，「インターンシップ」，「将来を担う共済および協同組合等の研究者の育成」，「シンポジウム・セミナーの開催，調査研究活動の展開等」を実施している．

コープ共済連の取り組み――「**地域ささえあい助成事業**」：コープ共済連では，くらしを向上させることを目的に事業を進めているが，地域社会全体に目を向け，他団体・行政とも一緒になって活動しなければ，昨今のくらしの困難さは解決できない状況になってきているとの考えから，豊かな社会づくりを目指し，2012年度より社会貢献活動として「地域ささえあい助成」を開始した．この取り組みでは，生協と他団体がネットワークを形成しながら問題を解決していく活動を支援している．活動のテーマとしては，①「くら

> **コラム①**
>
> ## 幻の協同組合「保険」(その1)
>
> 　共済事業の仕組みは，保険の仕組みによく似ているが，法令上，保険の事業は株式会社と相互会社にのみ認められている．協同組合には，保険の事業ではなく，共済事業が認められているが，実は，終戦直後の一時期，協同組合にも保険の事業を認めるかどうかという検討がなされていたのである．
>
> 　協同組合に関する法律上の枠組みについては，明治時代にまで遡る．当時，富国強兵を目指す明治政府は，欧米列強の進んだ文化の移植を推し進めていた．協同組合もその1つであり，協同組合を日本でも普及させるべく，1900年に「産業組合法」を制定した．この時期，産業組合に認められていた事業は，信用，販売，購買，生産の4事業であり，共済事業は認められていなかった．そして「保険業法」も，同年に制定されたのである．
>
> 　1924年の第20回産業組合大会において，生命・火災保険事業の実施提案が満場一致で採択された．それ以降，毎年のように協同組合による保険の事業の実施の要望が提案されてきていたのであるが，株式会社と相互会社のみに保険の事業を認めるとしている保険業法の壁に阻まれ，この要望は実現しなかった．その後，協同組合が自ら保険の事業を実施するのではなく，保険会社を買収して実施することも考えられた．1939年から40年にかけて行われた新日本火災・大正生命の買収は失敗に終わったが，1942年に行われた大東海上及び大福海上の買収は成功した．この2社は買収後，合併し，共栄火災海上保険株式会社と社名変更した[20]．

しを守り，くらしの困りごとの解決に資する」，②「命を守り，その人らしい生き方ができるようにする」，③「女性と子どもが生き生きする」としており，2013年度は，38件，およそ2100万円の助成を行った．この他，コープ共済連では，環境課題にも取り組んでおり，電気使用量や廃棄物の排出量等の削減に取り組んでいる[21]．

(2) 共済生協とは

　前項において，共済生協が協同組合として実際に取り組んでいる活動の事例のいくつかを紹介したが，少しは共済生協が身近な存在であると実感でき

ただろうか．次に，共済生協がどのようなものか分かってもらうために，共済事業について考えてみよう．

共済事業とはどのような事業だろうか．何となく保険と同じようなものと思えるが，例えば，日本共済協会では「共済事業は，私たちの生活を脅かすさまざまな危険（生命の危険や住宅災害，交通事故など）に対し，組合員相互に助け合う保障事業です．組合員があらかじめ一定の掛金を拠出して協同の財産を準備し，死亡や災害など不測の事故が生じた場合に，共済金を支払うことによって組合員や遺族に生じる経済的な損失を補い，生活の安定をはかる助け合いのしくみです．」と説明している[22]．

もう少し分かりやすくいえば，「大勢の人々が集まり，すべての人々から公平にお金を集めて貯めておき，何か起きたときに，まとまったお金を支払う仕組み」である*．これが共済事業の仕組みであるが，次に共済事業と共済生協の関係を見てみよう．

共済生協は協同組合であり，「共同で所有して民主的に管理された事業体を通じて，自分たち全員の経済的，社会的，文化的なニーズと願いを満たすために，人々が自発的に団結した自治のアソシエーション」[23]である．これは，自分たち（組合員）が自分たち（組合員）のために活動することであり，そうした観点から共済事業は，「困ったときに『経済的に』助け合おう」という組合員どうしの助け合いの理念を実現したものということができる．

したがって共済事業を利用するためには，まず出資金を出して組合員になることが前提である．また，組合員は共済生協の保障を利用できるとともに運営に参加する権利を持つことができるのであるが，この出資・利用・運営参加の三位一体の組織運営こそ共済生協の大きな特長といえる．

以上が，共済事業や共済生協とはどのようなものかということであるが，協同組合としての理念を理解することや，保険との違いについて理解することは，組合員でも難しいのではないだろうか．

＊ この仕組みは，集団の規模が大きければ大きいほど，事故の発生が一定の確率に近づくとする「大数の法則」を前提としたものである．

共済生協にとって，協同組合としての理念や事業などについて，組合員や消費者にしっかりと伝える不断の努力こそが必要であるといえる．

2. 共済生協の現状と課題

ここでは，わが国の共済生協の現在の状況について分析してみよう．共済生協が行う共済事業は，近年大きく拡大してきている．一見すると事業としてはとても順調に伸びているようだが，一方で，「保険・共済に関する意識調査」の調査結果を詳細に見ると，様々な課題を抱えていることも見えてくる．この節では，わが国の共済生協の事業の現状を見つつ，「保険・共済に関する意識調査」の調査結果から読み取れる課題について，原因を考察する．

(1) 共済生協における共済事業の拡大

生協法に基づいた消費生活協同組合による共済事業は，1948年の生協法制定以降に行われてきたが，その後，共済生協は各団体によって取り扱う種類は異なるものの，組合員が遭遇する各種のリスクに対するためのさまざまな共済事業を実施するようになってきている．2011年の東日本大震災では共済事業団体は組合員の生活再建のための共済金の支払いや被災地での支援活動を行った．また，1995年の阪神淡路大震災でも共済生協は，被災組合員の生活再建のための共済金の支払いや支援活動を行っている．例えば，全労済では，阪神淡路大震災の際には地震見舞金6万3445件166億1200万円及び共済金3万1826件2億5500万円を支払い，東日本大震災の際には地震見舞金19万3881件414億8800万円及び共済金14万9023件837億3100万円（2014年2月末現在）を支払っている[24]．こうした組合員の生活再建を第一とする考え方は，さかのぼること60年前の1954年に発生した新潟大火でも実証されている．当時，新潟県勤労者福祉対策協議会は新潟で共済事業を開始したばかりで，支払い共済金の原資が不足していたが，組合員の信頼に応えるためにも，減額支払や分割支払をせず，全額を一括で支払った．この

表 4-1　主要共済生協の業績指標（2012 年度）

	全労済	コープ共済連	全国生協連	合計
保有契約件数（万件／万人）	3,371	754	1,992	6,116
保有契約高（億円）	6,918,198	111,305	2,084,234	9,113,737
受入共済掛金（億円）	5,864	1,609	5,564	13,037
支払共済金（億円）	3,348	605	3,042	6,994
総資産（億円）	32,339	2,494	6,048	40,882

（出典）「全労済 FACT BOOK 2013」,「コープ共済連 事業のご報告 ANNUAL REPORT 2013」,「全国生協連 全国生協連・県民共済グループの現状 2012 年度」.

ことは罹災者を大いに感動させたばかりか，県内さらには全国に共済事業の信頼性と必要性を認識させ，その後，共済事業は全国に広がっていった[25]．

現在では，共済生協は震災などの自然災害や火災への保障だけではなく，生命・医療保障など，各団体によって異なるが，生活上発生するさまざまなリスクに対応する保障を用意している．

また，共済生協の事業規模も拡大しており，表 4-1 における直近の業績指標*によれば，例えば保有契約件数を見ても，主要な共済生協のうちの 3 つ（全労済，コープ共済連，全国生協連）だけで 6000 万件／万人に達しているという状況にまでなっている．ここまで順調に事業規模を拡大してきたように見える共済生協であるが，次に課題について考えてみたい．

(2)「保険・共済に関する意識調査」の調査結果から見えてきた課題

全労済協会では，2012 年に「保険・共済に関する意識調査」を実施した．調査方法はインターネットに基づくものであり，30 歳〜59 歳男女の給与所

＊　表 4-1 の 3 つの主要共済生協に限らず，個別の共済生協が実施している共済事業の種類は様々であることから，こうした業績指標について，単純に数値だけ比較することは必ずしも妥当ではない．また，共済生協は生命系共済と損害系共済の両方を実施できる「生損保兼営」が認められているが，保険会社については，個別の保険会社は「生損保兼営」が認められておらず，1 つの保険会社グループの中に生命保険会社と損害保険会社が存在する形で「生損保兼営」を実現している，といった違いがあることから，個別の共済生協と個別の保険会社や保険会社グループとを，同様に業績指標の数値について単純に比較することも妥当ではない．

得者を対象としている．この調査の結果については，「保険・共済に関する意識調査結果報告書〈2012 年版〉」として公表されているが，この調査結果を詳細に読み解くと，共済生協に関する様々な課題が明らかとなってくる．

①共済や保険に入っていない人々

人が生きていくうえでは，いろいろな困難に直面することが想定される．それらの困難には，確実に起きそうなものもあれば，起きる可能性の低いものもある．可能性はともかく，そうした困難に直面する可能性（リスク）のうち，金銭面でのリスクとしてはどのようなものがあるだろうか．例えば，老齢となることや要介護状態となることにより，仕事に就くことができなくなって収入がなくなってしまうリスク，そうした状態にまでならなくても，病気や怪我による治療費が高額となってしまうリスク，等々が考えられる．また，自分に直接関わるもの以外でも，自分が万一死亡した場合に，収入や生活資金が十分でないために遺族が生活できなくなるリスク等も存在する．さらに，住居が地震等の自然災害や火災に遭うリスク，交通事故のリスク等，万一起こった場合の金銭的損害が大きい種類のリスクも存在する．

これらの金銭面でのリスクに対して，すべて個人で完全に対応することは，大変難しいと考えられる．例えば，老齢となり仕事に就くことができなくなるリスクに対しては，若いうちに老後の資金を十分に確保しておくことが対応策として考えられるが，老後の資金の確保についても，資金を貯めるのに十分な所得があるとは限らず，仮に資金を貯めたとしても，老齢になるまでの間に物価が上がること等で貯めた資金の価値が下がってしまうことや，思っていたよりも長生きすることにより貯めていた資金では足りなくなってしまうこと等も有り得る．また，病気や怪我による治療費が高額となってしまうリスクに対しては，日頃の生活資金を十分に確保しておくことが対応策として考えられるが，治療に必要と考えられる費用を貯めるのに十分な所得が無い場合等も有り得るであろう．まして，住居が火災や自然災害に遭うリスクに備えて，すぐに新居を用意できるだけの資金を常に確保すること等に至

っては，ほとんどの人には不可能であろう．

これらのリスクに対して，個人以外で対応する中心的存在が，各種の公的な制度である．例えば，老齢や病気等といったリスクに対しては，各種の社会保険制度が存在する．つまり，老齢となり仕事に就くことができなくなるリスクに対しては，厚生年金や国民年金等の公的年金制度が存在し，病気や怪我で治療費が高額となってしまうリスクに対しては，健康保険や国民健康保険等の公的医療保険制度が存在している．民間企業の被用者かどうか等により加入する制度が異なるものの，わが国では全ての人々が，年金や医療についていずれかの制度に加入することとなっており，言うなれば「強制的に」様々なリスクに対応する制度であると言える．これらの公的な制度は，すべてのリスクを完全にカバーしている訳ではなく，カバーしきれていない部分に対応し補うのが，共済生協が実施する共済や保険会社の保険等である*．

こうした観点で「保険・共済に関する意識調査」の調査結果を見ると，注目すべきは，調査の回答者のうち，生命保険・共済に加入していない人々が12.6％も存在し，損害保険・共済に加入していない人々が26.4％も存在するということである（表4-2参照）．

共済や保険に入っていない人々とは，どのような人々だろうか．「保険・共済に関する意識調査」では30歳〜59歳の人を調査対象としているが，調査結果を年代別に見てみると，30歳代では「生損保共済未加入」が11.8％（全体平均7.7％），「生保共済加入・損保共済未加入」が20.2％（全体平均18.7％），「生保共済未加入・損保共済加入」が5.7％（全体平均5.0％）と，共済や保険に入っていない人々の割合は高くなっている[26]．また，未婚の人々についても，「生損保共済未加入」が16.8％，「生保共済加入・損保共済未加入」が21.5％，「生保共済未加入・損保共済加入」が8.1％と，こちらもそれぞれ全体平均に比べて高い割合を示している[27]．さらに世帯年収別で

---

* 公的な制度を補うものとしては，共済や保険の他に企業年金等も存在する．

第4章　共済生協

表 4-2　共済・保険の加入の有無　(単位：%)

		損害保険・共済		
		加入	未加入	合計
生命保険・共済	加入	68.7	18.7	87.4
	未加入	5.0	7.7	12.6
	合計	73.6	26.4	100.0

注1)「保険・共済に関する意識調査」(2012年全労済協会) より集計.
　2) 四捨五入の関係で合計が一致しない場合がある.

見ると，世帯年収200万円未満や200万円以上400万円未満の層で，同様に共済や保険に入っていない人々の割合が高くなっている[28].

では，共済や保険に入っていない人々は，どのような理由で入っていないのだろうか．共済や保険のうち，生命保険・共済についての未加入の理由としては，「掛金を支払う経済的余裕がないので」(50.6%)，「現時点では生命保険の必要性をあまり感じていないので」(19.5%)，「保険・共済は営業職員がわずらわしいので入らない」(12.2%)，「ほかの貯蓄方法のほうが有利だと思うので」(11.8%) などが挙げられている[29]．未加入の理由を見比べていくと，共済や保険に入っていない人々は，大きく分けて2つに分類できそうである．1つは，共済や保険に「入れない」と回答している人々，もう1つは「入らない」と回答している人々である．

共済や保険に「入れない」と回答している人々については，「掛金を支払う経済的余裕がないので」という理由に代表されるように，経済的な理由で共済や保険に加入していないと回答している人々が多く，世帯収入が低い層でその割合が多い傾向がある．

次に，共済や保険に「入らない」人々についてであるが，この人々は，入ろうと思えば共済や保険に入ることは必ずしもできないわけではないが，様々な理由で入らない人々である．共済や保険に「入らない」と回答している人々については，さらに2つに分類できるであろう．1つは，「現時点では生命保険の必要性をあまり感じていないので」という理由に代表されるように，共済や保険を「必要ではない」と考えていると思われる人々である．

老齢や病気，死亡等のリスクへの備えとして保障は必要であると考えられるが，一般的に若く元気な人々や未婚である人々は，そうしたリスクはまだまだ考えなくてよいと思いがちではないだろうか．そうした傾向は，30歳代の人々や未婚の人々で共済や保険に加入していない人々の割合が高いことにも現れているようである．もう1つは，「保険・共済は営業職員がわずらわしいので入らない」という理由に代表されるように，「共済や保険に入りたくない」「他の方法でリスクに備えた方が良い」などと考えていると思われる人々である．

②共済や保険，公的な制度等への理解度の不十分さ

表4-2によれば，共済や保険に加入している人々の割合は，生命保険・共済で87.4%，損害保険・共済で73.6%である．これらの人々については，「加入時に他の『民間の保険会社』の商品と比較検討した」が，生命保険・共済で34.7%，損害保険・共済で33.5%存在した反面，「特に比較はしなかった」が，生命保険・共済で57.4%，損害保険・共済で62.7%も存在した[30]．また，加入している保障について，「あまり把握していなかった」「全く把握していなかった」という人々が，「掛金（保険料）をいくら払っているか」については20.1%，「保険金／共済金がいくら受け取れるか」については29.4%，「保障の範囲がどこまでか」については36.6%であった[31]．これらの人々は，共済や保険に加入してはいるが，必ずしも自分に最適な保障とは限らない可能性や，加入している保障の内容について必ずしも十分には把握していないと考えられるが，そうした人々が少なからず存在しているという状況である．

さらに，公的な社会保険制度についても，「知らない」「名前程度は知っている」という人々が，「公的年金制度」では49.1%，「健康保険制度」では32.8%，「介護保険制度」では57.9%であり，こうした公的な制度を必ずしも十分に理解していない人々が少なからず存在しているという状況である[32]．

こうした，共済や保険，公的な制度等についての理解が十分ではない人々

の場合，所得，預貯金，公的な制度等を含めた生活保障のバランスが，必ずしも本人にとって最適でない可能性もあると考えられる．

③複雑な共済や保険の商品
　また，調査結果によれば，共済や保険に加入している人々について，共済や保険の商品を選択する際に重視していることとしては，「シンプルで保障内容が分かりやすいもの」(39.5％)，「ある程度代表的な保障がセットになっているものから自分に合うもの」(34.3％) ということであり，「複雑なものよりシンプルなものを」という声が多いという状況であった[33]．カスタマイズできる多様な保障より，シンプルな保障を嗜好する傾向が強いということについては，多様な特約を付加した場合には，はたして自分や家族にとって最適な保障かどうか分かりにくくなってしまうことや，結果的に掛金が高くなってしまうことのため，分かりやすく家計に適した掛金で最低限必要な保障を求めていると考えられる．

④何が原因なのか
　調査結果からみえてきた諸課題について述べてきたが，その原因は何であろうか．
　「保険・共済に関する意識調査」の調査対象は給与所得者であり，かつインターネット調査であるのでインターネットを使用できる環境にある人々であり，生活は苦しくても一定の収入を得ている人々である．調査結果によれば，世帯収入が200万円未満の層では，家計支出に占める掛金や保険料の割合が「生命保険・共済」で8.8％，「損害保険・共済」で2.0％である[34]．この割合は，全体平均（「生命保険・共済」11.2％，「損害保険・共済」3.3％）に比べて低いものの，世帯収入が200万円未満であっても，家計支出に対して合計10％以上に相当する金額を共済や保険の掛金や保険料として支出しているということである[35]．さらに，この層では，8割近い人々が何らかの共済や保険に加入している（この層で共済や保険に全く加入していない人々

は22.2%[36]) という状況である．給与所得者であっても，日々の生活に困窮し，保障の必要性は理解しながらも，加入したくても加入できない人々もいると思われるが，経済的な理由で共済や保険に「入れない」と回答している人々の多くは，生きていく上で直面するかも知れないリスクに対する認識が不十分であること等から，共済や保険の優先順位が低く，後回しになっていると言えるのではないだろうか．また，共済や保険に「入らない」人々についても，同様に，共済や保険の優先順位を低くしてしまうことや，共済や保険を十分に理解していないことから，共済や保険を敬遠してしまうこと等が原因ではないだろうか．

　では，共済や保険に入っている人々，入っていない人々を含め，共済や保険，公的制度等への理解度が不十分であるという状況については，何が原因であろうか．共済も保険も日常的に意識するようなものではなく，万一のときに役立つものである．例えば購買生協で取り扱う商品のように日常的に使用するものとは異なる．そのような共済や保険の特性から，関心が薄いことや，あるいは加入している保障の内容の理解不足が生じることは仕方がないことかもしれない．しかしながら，理解不足や無関心であることについては，組合員や消費者の問題として片付けることは簡単だが，例えば，公的な制度については，制度を運営する行政側の国民に対する制度内容等の説明が十分になされているかという問題もあると考えられる．行政として国民へ向けた情報発信を十分に行うことが求められるのと同様に，共済や保険においても，保障の役割や商品の内容等について正しくかつ分かりやすい説明や情報発信を行っていく必要がある．とくに共済や保険については，特約の種類の多さなどもあり，複雑かつ多様なものとなっている傾向がある．こうしたことは組合員や消費者の多様なニーズに応えてきた結果であるという評価ができる反面，組合員や消費者にとって「分かりにくい」ものとなってしまっている．このような「分かりにくさ」が，共済や保険への加入を敬遠させている一因とも考えられないだろうか．複雑なものよりシンプルなものをという声が多いという調査結果は，組合員や消費者が複雑な商品のなかで自分に相応しい

コラム②

幻の協同組合「保険」（その2）

　1945年の敗戦に伴い，経済民主化が進められることとなり，大蔵省に設けられた金融制度調査会において，金融制度の抜本的なあり方が審議されることとなった．保険については第4部会で審議され，委員であった賀川豊彦らにより，かねて戦前からの協同組合側の念願である「協同組合の保険参入」が提案された．審議は，短期間で内閣が交替するといった戦後の混乱した政治情勢の中で様々な紆余曲折を経て，保険業界側が協同組合の保険参入に難色を示したことや，GHQ（連合軍総司令部）が協同組合に生命保険を認めない意向であること等から，最終的に「協同組合の保険参入」案（保険業法改正案）は協同組合側の要望から相当懸け離れた内容となった．そうした情勢に至り，保険参入を要望していた協同組合側も参入を断念することとなった．

　同じ頃，協同組合に関する法律が次々と制定された．すなわち，1947年制定の農協法，1948年制定の生協法及び水産業協同組合法，1949年制定の中小企業等協同組合法である．これらの法律は，協同組合に共済事業の実施を認める内容となっており，1948年の北海道共済農業協同組合連合会の設立を皮切りに，その後次々と共済事業を行う協同組合が設立されていくこととなった．

　協同組合の保険参入は幻に終わったが，協同組合が要望した保険の事業は，結果として，協同組合の理念に基づいた共済事業として実施されていくこととなり，現在に至っている[37]．

　なお，共済事業と保険の事業とは袂を分かつこととなったものの，昨今，共済規制において保険規制と同様な規制を導入する法律改正が行われてきている．共済事業には，仕組みが保険の事業と似ている等，保険の事業と共通であると考えられる部分があり，そうした部分について保険並みの規制が導入されてきている．例えば，生協法や農協法においても保険会社と同様な健全性規制が導入され，保険法においても共済事業が適用対象に含まれることとなっている．また，国際的な規制や会計の動向においても，共済契約は保険契約とは必ずしも区別されていないこと等から，こうした動きはさらに進むものと考えられる．

　もちろん，共済事業は，保険の事業と似ている部分があるとはいえ，保険の事業とは別物であるので，規制を全て保険並みとするべきかどうかという問題点はあるが，少なくとも保険規制等の動きは全くの他人事というわけではなく，今後引続き注視していく必要があるのではないだろうか．

商品を選ぶことが困難であることを示しているとも考えられる．

これらの問題を解決するために，共済生協はどのような役割を果たすべきなのか．それについては，第3節で考えることとする．

3. 共済生協が果たすべき役割

ここでは，共済生協が果たすべき役割について考えてみよう．前節において，順調に伸びている共済生協であるが，「保険・共済に関する意識調査結果」からは課題も見えてきた．こうした課題があるなかで，「共済生協は課題を解決していくためには，どのような役割を果たしていかなくてはならないか」ということについて考えてみたい．

(1) 共済や保険に入っていない人々をどう考えるか

戦後，協同組合が共済事業を実施した大きな理由の1つは，保障を受けられない「保険に入れない人々」のニーズに応えることであったと考えられる．なぜ保障が必要かといえば，保障は人生におけるさまざまなリスクをカバーする手段の1つとして極めて重要だからであり，保障によってリスクをカバーすることは，誰もが望む「豊かで安心できるくらし」を実現することにつながる．

それでは，共済生協としては，共済や保険に入っていない人々について，どう考えれば良いのであろうか．前節では，共済や保険に入っていない人々について，いくつかに分類し，その原因を考察した．

経済的な理由などで共済や保険に入っていない人々については，生きていく上で直面するかもしれないリスクに対する認識や情報が不十分であることなどが原因の1つではないかと考察した．生活が苦しい人々に限っていえば，教育や情報の共有化によってリスク等について十分に認識し，生活していく上での共済や保険の優先順位を見直したからといって，入ることのできる共済や保険は限られると考えられるが，そうした人々に対しては，まずは入る

ことのできる共済や保険を用意すること，つまり安価でシンプルな保障を用意することが必要であろう．もちろん，共済も保険と同じ仕組みである以上，掛金が安くて受取共済金が高い共済というものには自ずと限界がある．つまり，掛金が安ければ必然的に受取共済金も低くなってしまうものの，そうした「安価」な共済などであれば，世帯収入が少ない人々などにも入りやすいのではないだろうか．そうした保障を用意し，経済的な理由などで共済や保険に入っていない人々に保障の必要性を呼びかけ，少しでも保障が受けられるようにすることは，共済生協が協同組合であり非営利の組織であることなどから，果たすべき役割の1つと考えられる．

しかしながら，こうした人々がリスク等について十分認識し，共済生協が「安価」な共済などを用意したからといって，例えば世帯収入200万円未満の人々の生活が直ちに楽なものとなるわけでもなく，また，調査対象以外の人々の中には，さらに生活実態の厳しい人々もいるのではないだろうか．

とすれば，そうした人々については，所得状況の改善や雇用対策といった根本的な問題の解決が求められてくるであろう．生活保護受給者も含めた低所得者層の所得の改善については，確かに個人の自助努力も必要であるが，それだけではどうにもならない部分もあり，やはり行政等の公共の助力に負う部分が大きいと考えられる．また，雇用対策についても国や行政の施策や企業の努力によるところが大きい．こうしたなかで，協同組合である共済生協が果たすべき役割はどのようなものであろうか．

低所得者の所得状況の改善や雇用対策に関わることであれば，例えば，就労支援・自立支援に取り組む団体や人々の諸活動に伴う各種リスクを引き受けることなども，共済生協の果たす役割として考えらえる．

また，「豊かで安心できるくらし」につなげるために人生におけるさまざまなリスクをカバーする，ということであれば，そうした間接的な低所得者の生活改善への貢献も重要であるが，さらに直接的なこととして，社会的，経済的に「困っている人々」の生活支援等を行っていくべきではないだろうか．生活支援等ということであれば，人々の生活の基盤と考えられる「地

域」に着目すべきであろう．昨今，格差が拡大し，地域でのコミュニティも崩壊し，人々が孤立していることが指摘されている．地域コミュニティを立て直して生活の基盤を安定させることにより「困っている人々」を含めた「助け合い」「支え合い」の社会をつくっていくことも，協同組合原則[38]にも合致するものであり，まさに共済生協の果たすべき役割として相応しいものではないだろうか．

(2) 教育や情報の共有化

生きていく上で直面するリスクに対する認識が不十分であること等や「共済や保険，公的な制度等への理解度の不十分さ」という課題については，解決するために共済生協はどのような役割を果たすべきであろうか．前節で述べた通り，その原因としては，本人が無関心であるなどということもあるが，例えば，勤労者であれば職場の団体・グループで入る共済や保険を利用することや，掛け捨ての定期保障を利用することで，リスクに対して最低限備えるべきであることなど，個人の家計や事情に沿った保障についての教育や情報発信が必要である．

こうした，いうなれば教育や情報に関することについて，協同組合原則[39]に立ち戻ってみると，そのなかでは教育や情報の共有化の必要性を謳っている．これは，協同組合が組合員の参加を掲げるアソシエーションであり，参加には教育や情報の共有化が不可欠であるという考え方に起因するものである．組合員教育については，ロッチデール公正先駆者組合の時代から協同組合の重要な役割として考えられてきた．

従って，共済生協にとって教育や情報の共有化は，まさに協同組合として果たすべき役割の1つといえよう．そうした観点からの共済生協の取り組みとしては，第1節で紹介したとおり，各共済生協において保障設計運動を展開しており，その成果は着実に現れている．これからもこのような運動をしっかりと進めていくことが大切であることはもちろんだが，さらに広範な組合員や消費者に向けた教育や情報の発信が求められている．単に一般的な教

条的教育ではなく，相互に理解しあう教育として自立した組合員，消費者の形成こそが協同組合としての教育の目指すところだろう．なお，付け加えれば，そうした教育のなかで，公的な制度等について理解も深めていくこととすれば，行政側の公的な制度に関する情報発信の不十分さを補う一助となるのではないかと考えられる．

また，第1節で述べた通り，協同組合に対する認知度や理解度は，協同組合の組合員か否かに関わらず，必ずしも高いとはいえない．つまり共済生協は，自らが協同組合であること，協同組合の理念として相互扶助の精神で共済事業や種々の取り組みを行っていること，従って保険とは異なることなどを，組合員はもとより広く社会一般に向けて発信していく必要がある．そのためには，何をどのように伝えていくのかということが，共済生協が協同組合としてまず考えていかなければならない喫緊の課題であろう．協同組合の理解が社会一般に浸透すれば，結果として事業の拡大にもつながっていくのではないだろうか．

最後に1つ付け加えるとすれば，教育や情報発信なども重要であるが，さまざまなことを網羅的に理解した上で，経済面での保障設計だけでなく，本人が自ら，きちんとした生活設計のもとで暮らしていこうという意識をもつことも大切である．これが，ロッチデール公正先駆者組合における教育の根幹であり，共済生協は，協同組合として教育や情報発信を行うに当たり，こうした観点を常に念頭におくべきであろう．

4. まとめ

第1節から第3節まで，共済生協とはどのようなものか，共済生協としての課題は何か，そうした課題に対して共済生協が果たすべき役割は何か，ということについて述べてきた．では，これから共済生協は，第3節で考えたような役割をどのように果たしていかなくてはならないかについて考えてみよう．

(1)「相互扶助」の実現のために

　協同組合は，人々が自発的に団結した自治のアソシエーションであり，その価値として「協同組合は，自助，自己責任，民主主義，平等，そして連帯という価値に基礎づけられた組織である．創始者たちの意志を受け継ぎ，協同組合のメンバーは誠実であり，偏見をもたず，社会的な責任を重視し，他者への思いやりをもつという倫理的な価値観を信条とする．」とされている[40]．これを要すれば，「相互扶助」ということであろう．協同組合の理念はまさに相互扶助を実現していくことである．昨今のような社会に対する漠然とした不満や不安があるという状況のなかでは，相互扶助の実現という理念は益々重要なものである．協同組合である共済生協は，その理念の下で，共済という事業を実施し，相互扶助の社会をつくるための取り組み，つまりは運動を進めていく必要があり，こうした事業と運動とを相互に関連させて進めていく必要がある．

(2) 地域のネットワークとしての役割

　第3節で述べた通り，生活の基盤としての地域コミュニティへの関わりは，共済生協の果たすべき役割として相応しいものの1つである．このことは，協同組合原則[41]にも「協同組合はコミュニティの持続的な発展のために活動する．」と謳われている．協同組合である共済生協が組合員のために活動することは当然のこととして，組合員という枠を超えて，地域社会で公益に貢献することもこれからの共済生協に求められてくるのではないだろうか．地域社会が抱えている諸問題や人々の生活上の諸問題は複雑化しており，多様な組織による多様なサービスが必要となっている．そうした状況のなかでは，共済生協が単独で地域社会の諸問題に取組むことは困難であり，行政や地域諸組織，NPO，他の協同組合組織など多様な組織と連携していくことも必要となる．さらに，地域のネットワークづくりには，組合員の参加を求めていくことが大事である．

　地域活動や市民活動に参加したいと思っていても，参加するチャンスがな

いという組合員も多くいるはずである．そういう人たちと情報を共有しながら地域への関わりを喚起していくことも協同組合である共済生協の役割である．

(3) むすび

　これまで述べてきた通り，共済生協は共済事業を行う生協である．そして，保障が何のために必要かといえば，人生におけるさまざまなリスクに対応し，「豊かで安心できるくらし」を実現するためである．最後にこのことについて考えてみよう．

　「豊かで安心できるくらし」そのものは大変すばらしいものである．しかしながら一方で，「個人」の「豊かで安心できるくらし」を送りたいというニーズは，それだけしか考えなければ，「自分（自分たち）さえ良ければ」という一種の利己主義につながる発想ともいえる．そうした発想は，協同組合の理念である「相互扶助」つまり「助け合い」ということとは全く異なるものである．「個人」の「豊かで安心できるくらし」は「みんな」の「豊かで安心できるくらし」につながるものでなければならない．

　また，人生におけるさまざまなリスクの1つとして金銭的なリスクを挙げたが，では「豊か」とは「金銭的に豊か」であれば良いのであろうか．協同組合が目指す相互扶助の社会と自己利益優先社会とは全く相容れないものである．協同組合の目指す「豊か」とは，金銭的な豊かさもあるかもしれないが，むしろ「心の豊かさ」であるべきであろう．そうした「心の豊かさ」を目指す「助け合い」の精神とは，現在の私たちは少々忘れかけてはいるものの，元々私たちが当然に持っている他者への「思いやり」の心である．

　協同組合である共済生協としては，事業や運動といった諸活動を進めていくことを通して，相互扶助社会の実現を展望することが，「未来への選択」ではないだろうか．

注

1) 全労済協会「保険・共済に関する意識調査」(2012年12月実施)．調査結果については，『調査分析シリーズ②保険・共済に関する意識調査結果報告書〈2012年版〉』．
2) 全労済協会『勤労者の生活意識と協同組合に関する調査報告書』〈2013年版〉．
3) Statement on the Co-operative Identity, 1995.
4) 中川雄一郎・杉本貴志編，全労済協会監修『協同組合を学ぶ』日本経済評論社，2012年参照．
5) 注3)参照．
6) 全労済ディスクロージャー誌『FACT BOOK 2013』参照．
7) 同上．
8) 同上．
9) 同上．
10) コープ共済連ディスクロージャー誌『事業のご報告 ANNUAL REPORT 2013』参照．
11) 同上．
12) 同上．ただし，2013年度の数値についてはコープ共済連による．
13) 同上．
14) 注3)参照．
15) 注6)参照．
16) 同上．
17) 同上．
18) 同上．
19) 同上．
20) 注4)及び坂井幸二郎著『共済事業の歴史』日本共済協会，2002年参照．
21) 注10)参照．
22) 日本共済協会『日本の共済事業　ファクトブック2013』参照．
23) 注3)参照．ただし，邦訳については注4)参照．
24) 数値については全労済による．
25) 『労働者共済運動史①資料篇』全労済，1973年参照．
26) 前掲『調査分析シリーズ②』78頁，図表4-17保険・共済の加入の有無×属性．
27) 同上．
28) 同上．
29) 同上，79頁，図表4-18生命保険・共済未加入の理由（Q16）．
30) 同上，60頁，図表4-3加入時に比較したもの（Q11）（Q29）．
31) 同上，89頁，図表5-10保険・共済の把握（掛金／保険金／共済金／保障の範囲）（Q12）．ただし，数値については「あまり把握していなかった」と「全く把握していなかった」を合計した．

32) 同上，86 頁，図表 5-6 社会保障制度に対する認知・理解度（Q32）．ただし，数値については「名前程度は知っている」と「知らない」を合計した．
33) 同上，66 頁，図表 4-6 属性別の保険・共済商品の選択基準（Q31）．
34) 同上，26 頁，図表 2-2 家計支出の平均構成比（Q45）×性，年齢，結婚，世帯構成，世帯年収．
35) 同上．
36) 同上，78 頁，図表 4-17 保険・共済の加入の有無×属性．
37) 注 4)及び注 20)参照．
38) 注 3)参照．
39) 同上．
40) 同上．ただし，邦訳については注 4)参照．
41) 同上．

第 2 編　協同組合の理念と組合員

第5章
現代協同組合教育論の基本視座

1. 課題

　協同組合にとって，教育はそのアイデンティティを支える重要な要素であるとみなされてきた．しかしながら，すぐに成果が現れるわけでもなく，可視化自体が困難である教育は，その実践の展開の中で軽視される傾向にあり，時として批判の対象にさえなってきた．教育担当の部署が設置され，明確に教育基金としての運用が担保されている組合は数えるほどで，事業の余力で行われる社会貢献活動的な位置づけにとどまっているケースも少なくない．加えて，明確なビジョンのもとにその意味や目的が議論されることもなく，学びの意義自体を共有する契機が十分に形成されてこなかったのが実態であろう．もちろん，教育の営みそれ自体は多様性があってしかるべきであり，必ずしもその全てを統一的な方向に導く必要性はない．しかしながら，事業的発展を補完する広報的手段としての位置づけが強められ，結果として，構成員の主体的学びと成長をささえる教育（共育）の展開は，とりわけグローバル化する市場経済のなかで生き残りをかけた戦いに巻き込まれている流通

業界においては,後景に退いているのが現状であろう.

本章では,ともすれば教育の重要性の主張に終始しがちであった既存のアプローチを超える新たな枠組みの検討にむけた題材を提供することを第一義的目的としたい.教育の目的・内容・方法,そして対象をめぐっては,その検討の出発点によって議論の方向性は大きく異なる.本章では第1編で取り上げた購買や共済などの消費者・利用者型の協同組合を対象に,協同的な学びの創造という観点から,協同組合が教育を語ることの意味について考えてみたい.まず,次節では既存の教育理解めぐる動向について国際協同組合運動の蓄積に学びつつ振り返り,第3節では協同組合に対する社会的認知の実態を踏まえつつ教育が求められる背景について考察する.第4節では構成員の多様化がすすむ現代的文脈における協同組合教育を参加型学習という観点からとらえなおし,その意義と基本的視座についての検討を試みる.その上で,教育を「公正な事業体」としての協同組合の発展・成長のために不可欠な営みとしてとらえ,その新たな展開にむけた基本枠組みを確認したい.

2. 協同組合と教育:協同組合は「教育」に何を求めたのか

(1) オウエンと教育

協同組合と教育について語る際,最初にあげられる人物はロバート・オウエン(1771-1858)であろう.空想的社会主義者であったオウエンの思想の要にあったのは性格形成論(環境決定論)である.つまり,社会的な環境が人間の性格を決定づけるという理解であり,それゆえ,労働者階級の教育による人間形成や幼児期からの教育が重視されてきた.オウエンの時代には,産業革命による社会・経済環境の飛躍的な変革によって多くの困窮労働者階層が生み出されたが,国家は必ずしもこれらの人びとの救済に積極的ではなかった.そのため,新しい協同体の創造をめざしたオウエンは,利己心にもとづく自由競争社会を批判し,とくに「社会生活における個人責任の原理と自由競争の原理が貧困と道徳的退廃を招くとして,これを強く批判」(土方

1994：26-27) している．ここにオウエンが教育の重要性を訴えた根拠を見いだすことができるが，自らの工場経営者としての経験に裏打ちされたその思想は，資本主義的合理性に適合的な内実をもち，後の運動には「商業利潤の節約」として受け継がれていくことになる．また，オウエンの社会思想は経営・労務管理的発想によって促されたという側面が強く（土方 1994），その関心は労働力の浪費の排除・克服，つまり高い質の労働力の創出のための教育にあり，よって生産労働と結合した教育（ポリテフニズム）が重視されることとなった（山田 1999）．

このような教育観の根底にあるのは，無知な労働者を教え導く啓蒙思想であり，教育による人間の改善であった．また，「万人はみな同一である」という，「同質性」を基調とした楽観的な人間観（土方 1994）は，その時代的背景もあり，多様性にもとづいた人びと（主体）の対立的・矛盾的構造を自ら内面化し，その克服の論理を追求する主体形成の視点を欠くものであった[*]．

(2) ロッチデール公正先駆者組合時代の協同組合と教育

ロッチデール公正先駆者組合と教育

ロッチデール公正先駆者組合は，自らを「相互扶助的取引を推進する機関」としてのみならず，「組合員を教育する機関」として位置づけていたことは広く知られている．よって，その目的自体が「ただ単に組合員を加入させることだけではなく，組合員をきわめて広い意味での優れた協同組合人にすることにあり，それはただ単に協同組合事業の原則をはっきり理解させるにとどまらず，市民としての諸問題についての新しいものの見方，さらには蒸気力や大規模生産の世界の発展を形成している精神的・物質的な力についての新しいものの見方をはっきり理解させること」（コール 1975／原著 1944：108）に据えられていた．

---

[*] 異質的な協同を前提とした，自己実現と相互承認にもとづく主体形成論の基本的視座については大高（2002）を参照のこと．

実際に，設立初期（1850-55 年頃）には組合内部で学校運営にも取り組んでおり，新聞閲覧室や図書室の設置，各種講座や学級の開設は，成人教育（adult education）の実践として歴史的にも重要な役割を果たしてきた．つまり，協同組合事業の原則を徹底するための狭義の協同組合教育ではなく，広く市民としての成長・発達を支える啓蒙的な性質をもつ教育機関として自らを位置づけ，さらには子どもから成人に至る幅広い層の社会教育的な機能を果たすことがめざされたわけである*．このように，オウエン主義の影響を強く受けたロッチデール公正先駆者にとって，教育は協同組合の創成期から欠くことのできない本質的な活動のひとつであり，それは「一つの目的――単なる事実の学習や知識の習得ではなくして，健全な状態の社会生活のために必要な一定の理念や態度の習熟――をもった教育」（コール 1975／原著 1944：337）であった．

教育をめぐる論争

 ただし，この時期から「教育」をめぐってはさまざまな論争があった．たとえば，図書室等の教育空間の活用についてである．ロッチデール公正先駆者は新しい支部をつくるたびに新聞閲覧室および図書室を開設しているが，その最大の特徴は常時開かれていることであった．とくに，長時間労働で疲弊している労働者にとって平日の講座参加は事実上不可能であったため，通常は日曜日に開講されていた．しかし，1849 年から 50 年にかけて新規加入した大量のメソジスト派教徒等からの反発は激しく，これらの教育施設の日曜日の閉鎖を求める動議が提出されることさえあった**．

---

* これらの協同組合による教育事業は，公教育（初等教育）の発展・普及にしたがい次第にその機能を縮小していく．教育事業への関心の後退もその発展的解消に伴うものといえるが，そこで行われていた取り組みの全てが公教育に吸収されるものであるのかといった協同組合教育固有の役割にかかわる検討は課題として残されたままである．

** 日曜日に集会をひらくオウエン派に対するキリスト教（教会）による弾圧は，それ以前からあった．キリスト教（聖職者）に嫌悪感を示していたホリヨーク（1968／原著 1892）は，宗教問題（宗教的圧力）はオウエン主義の根本に位置づく問題であると述べている．

さらに，この時代から顕在化していた重要な課題が，剰余金の教育基金への還元の是非についてである．協同組合財務の特徴のひとつは教育基金（配当可能な剰余金の教育資金への還元）にあるといわれている．教育重視の原則を掲げていたロッチデール公正先駆者は，1853年の規約の中で剰余金の2.5％を教育に充当することを確認しているが，以来，一定程度の人材と資源を教育に充当することは，多くの協同組合にとっての基本的認識として共有されてきた．ただし，「1852年産業および節約組合法（The Industrial and Provident Societies Partnership Act 1852）」には教育条項がなかったため，しばらくの間（1862年改正まで）は登記官との間で教育事業の法的根拠（正統性）をめぐる対立・混乱が生じている*．また，純然たる経済的行為に重きをおく新規参入者の中には，剰余金の一部を教育基金にまわすことに反対する勢力も少なくなかった．実際に，配当が減らされるような事態に直面した場合，真っ先に犠牲になるのが教育の常であった．

1896年に開催されたウリッジ協同組合大会では，協同組合の教育事業に関する調査委員会を設置している．2年間の調査から明らかになったことは，402組合中133組合は教育基金を持っておらず，残りの269組合でも，多くの組合が剰余金の2.5％よりもかなり低い額が教育に充当され，実際に何らかの講座などを運営していたのは58組合にとどまっていたということである**．

このように，この時代からすでに新規参入者への対応，取引問題に矮小化される組合員との関係性，教育活動への事業剰余金の還元に対する反対勢力の存在など，教育の位置づけをめぐる意見の相違や対立的・矛盾的契機が顕在化していたのである．

---

* 草創期のイギリス協同組合の法律上の根拠および教育事業の法的位置については，コール（1975／原著1944）第7章に詳しい．
** これらの詳細についてはコール（1975／原著1944）第13章を参照のこと．

(3) 国際協同組合同盟と教育

協同組合と教育の関係は，市場経済のなかで葛藤する協同組合の姿を映し出す鏡のようなものである．その特質が明確に現れているのが，協同組合の国際協力機関であり世界最大の国際民間団体である国際協同組合同盟（International Co-operative Alliance：ICA）の教育への位置づけである．

1895年に設立されたICAが最初にロッチデール原則について言及したのは1921年であった．その後，幾多の議論を踏まえて，1937年（ICAパリ大会）には協同組合に共通する理念をあらわすものとして「協同組合原則」[*]を定めているが，教育重視の原則は一貫して協同組合の特質を表す重要な要素のひとつになっている．

ただし，その歴史の中で教育の位置づけは変化し，とくに1960年代に転換期を迎える．その特徴は経営的発展に軸足をおいたアプローチへの移行・変質であるが，背景には1950年代に多くの消費協同組合が直面した経営危機があった．世界規模で展開する流通革命によって生じたこれらの危機に対して，ヨーロッパを中心とした多くの消費者協同組合は協同組合事業の構造改革に着手する．すなわち，流通競争の中で生き残るための経営基盤を確立するための管理・運営体制の集権化と合理化がすすめられ，経営の発展にそった実務的な能力の形成や利用者としての組合員の結集に軸足をおいた教育（広報）活動が重要視されるようになるのである[**]．しかしながら，1970-80年代には多くの消費者協同組合が倒産や株式会社化する．このような商業問題や事業上の問題に限定されている教育の実態を踏まえて「教育怠慢の罪」を指摘したのが，1980年にモスクワで開催された第27回ICA大会において「西暦2000年における協同組合」と題して報告されたレイドロー報告（レイドロー 1989／原著1980：129）であった．レイドローは，多くの協同組合において，組織としての恒常的・継続的な教育計画・体制が整っていな

---

[*]　当時の名称は「ロッチデール原則」．
[**]　教育と広報の関係については，一方通行の広報化した「教育」活動の再構築にむけた検討を試みた大高（2013a）を参照のこと．

いことを嘆き，教育がその場限りのものであること，その結果として新しい世代の組合員はとくに協同組合とは何であるか，なぜ誕生したのかが理解できなくなるであろうと警鐘をならしている．

(4) 協同組合教育の基本課題：事業重視・利己主義との対抗構造

これらの歴史的経緯から浮かび上がってくる，現代の協同組合教育にも通じる普遍的な課題は2つある．

1つは，事業の発展にともなう組織の拡大は協同組合の価値そのものの共有にむけた教育が必要であることを示すとともに，教育そのものの位置づけ（必要性の是非）をも問うものであった．事業活動に専念すべきであるという主張は，事業活動を通した社会問題解決を試みてきた協同組合がつねに抱えてきた中核的な論点であるといえよう．実際に，コール（1975／原著1944：348）が指摘するように，事業剰余金の2.5％を教育基金に充てるという合意にもかかわらず，すでに1870年代頃にはそれを実行しているのは少数の協同組合であった．ロッチデール公正先駆者組合の最大の理解者であったホリヨークは，初期の先駆者が当然のこととして共有していた協同組合の本質や存在意義，さらには社会についての思想に対する理解が薄れていることに懸念を示し，新規参入者だけでなくリーダーでさえ協同組合について分かっていないと厳しく批判している[*]．

2つは，組織の成長とともに多様な組合員が参入することによって生じる組合員間の意識のギャップや利害関係の衝突である．後述するように，今日では日本国内で協同組合に何らかの形で関わる構成員は延数で8000万人を超える規模にまでなっている．とくに消費者型協同組合の国民経済・生活に与える影響力は少なくない．このような組合員の増大は協同事業を支える重要な動力となっているが，その一方で，かつて生協運動を支えてきた有閑層

---

[*] ホリヨーク（1968／原著1892）は，その協同組合思想のみならずロッチデール公正先駆者の取り組みについて知る上でも貴重な翻訳書である．ホリヨークの協同組合教育観については併せて杉木（1994）も参照のこと．

がその運動から撤退しつつあるのも現代的特徴である．コール（1975／原著 1944：341）が「オウエン主義者とロッチデール方式を信奉した初期の協同組合人たちは，いずれも労働階級のうちの比較的知的でよりよい教育をうけた部分から主としてその支持を引き出していた」と述べているように，労働者の運動としてみなされてきたロッチデール公正先駆者も，実際には比較的裕福な労働者階層の支持によってリードされてきたのは周知の事実であり，それは主に中流以上の階層にけん引されてきたわが国の生協運動の歴史とも重なる．消費者化・利用者化した組合員の多様なニーズを重視したがゆえに，社会全体の利益よりは個人の関心に焦点化しがちな今日の協同組合一般の状況に鑑みると，比較的意識の高いメンバーとその他多くの利用者化した組合員の相克は現代にも通じる重要な論点となろう．

3. 協同組合に対する社会的認知の実際と協同組合についての教育

　レイドロー（1989／原著 1980：16）が「思想の危機」と表現したように，総じて，その事業的・組織的成長には協同組合としての特徴を薄め，その目的を見失わせる契機が内包されている．それは，協同組合のアイデンティティが問題とされ新原則が制定された 1995 年 ICA マンチェスター大会，さらには 2012 国連協同組合年に至る一連の動向の中でも共有されてきた問題意識であるが，実態としては，資本による市場再編・統合が加速する中で「「企業」としての生き残りをかけた「合理化」」（山田 1999：108）にその存立条件を求める傾向はますます強まり，組合員支持の弱体化は進行している．よって，「相互扶助的取引を推進する機関」としての協同組合の認知を如何にして広め，共有するかは重要な課題となっている．

　1921 年当時の ICA 会長であったゴエダールは，この時期からすでに協同組合が克服すべき課題として「3 つの欠如」をあげていた．すなわち，「民衆一般の間での協同組合に関する情報の欠如」，「協同組合の組合員の間での知識の欠如」，そして，「（協同組合の）経営陣の間での深遠な協同組合イデ

オロギーの理解の欠如」である．そして，その悪弊（3つの欠如）を克服する方法のひとつとして，協同組合の理念と社会的意義を伝えるプロパガンダの重要性を訴え，その具体化が毎年7月第1土曜日に行われる「国際協同組合デー」の提案であった*．主に組員以外の一般大衆に協同組合の価値を浸透させることを意図したプロパガンダ・デーの提起は，協同組合運動の国際的な展開を意図した当時の時代背景なども反映しているものと思われるが，今日にまで続くこれらの協同組合デーの取り組み以上に，ゴエダールが指摘した「3つの欠如」が協同組合にかかわる教育の基本問題をクリアに示している点は注視するべきであろう．すなわち，協同組合に対する認知度の欠如，組合員の当事者・主体者意識の欠如，そして，経営者と利用者化した組合員，経営者と従業員，従業員と組合員といった協同組合を構成するメンバーの二極化とそれに伴う学びの主体の分化および客体化の進行である．

上記の指摘を踏まえた上で，以下では，現代的な文脈において教育が求められる背景について，全労済協会が実施した「協同組合と生活意識に関するアンケート調査」（全労済協会 2012）の分析結果を参照しながら検討してみたい**．

(1) 協同組合の社会的認知度

国民経済に占める協同組合の位置

図 5-1 は各種協同組合団体に対する国民の認知の実態を示している．ここでは各種協同組合について「よく知っている」から「知らない」までの5段階で聞いたところ，農協，購買生協（大学生協を含む），信用・共済関連の各業種では，少なくとも聞いたことがある層（=「知らない」以外の回答）が9割を超えた．信用，購買，共済などの消費・利用型の協同組合ではとく

---

* ゴエダールのこれらの指摘については，中川 (2012:56-58) を参照のこと．
** 同アンケートは，全労済協会主催の協同組合研究会（2011年3月発足）の一環として実施され，筆者が分析を担当した．実施日は2011年12月8-13日（サンプル数3821人）である．アンケート調査結果については，全労済協会 (2012) を参照のこと．その概要と特徴については，併せて大高 (2012a; 2012b) も参照のこと．

140

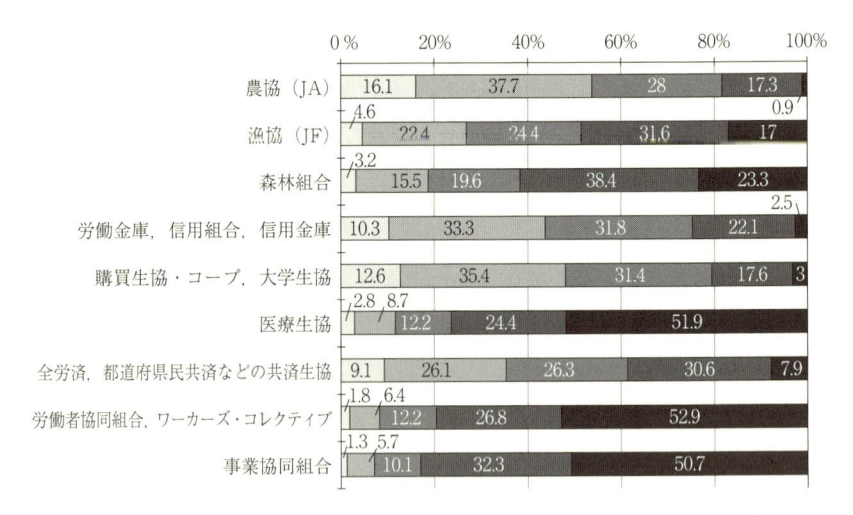

	よく知っている	知っている	だいたい知っている	聞いたことはある	知らない
農協（JA）	16.1	37.7	28	17.3	0.9
漁協（JF）	4.6	22.4	24.4	31.6	17
森林組合	3.2	15.5	19.6	38.4	23.3
労働金庫，信用組合，信用金庫	10.3	33.3	31.8	22.1	2.5
購買生協・コープ，大学生協	12.6	35.4	31.4	17.6	3
医療生協	2.8	8.7	12.2	24.4	51.9
全労済，都道府県民共済などの共済生協	9.1	26.1	26.3	30.6	7.9
労働者協同組合，ワーカーズ・コレクティブ	1.8	6.4	12.2	26.8	52.9
事業協同組合	1.3	5.7	10.1	32.3	50.7

（出典）全労済協会（2012），18頁．

図5-1　以下の団体を知っていますか

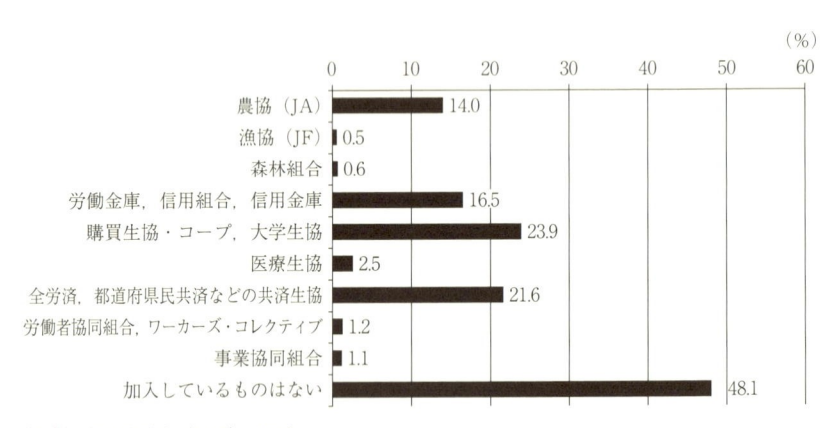

団体	（％）
農協（JA）	14.0
漁協（JF）	0.5
森林組合	0.6
労働金庫，信用組合，信用金庫	16.5
購買生協・コープ，大学生協	23.9
医療生協	2.5
全労済，都道府県民共済などの共済生協	21.6
労働者協同組合，ワーカーズ・コレクティブ	1.2
事業協同組合	1.1
加入しているものはない	48.1

（出典）全労済協会（2012），19頁．

図5-2　あなたが加入もしくは利用している団体をすべて選んでください

に，その認知度の高さが顕著であった．この結果からも明らかなように，業種による違いはあるものの，事業体としての各種協同組合の存在は比較的知られていることが分かる．

また，協同組合への加入状況を聞いた図 5-2 では回答者の 48.1％ が未加入であったが，逆に言えば半分を超える 51.9％ が何らかの協同組合に加入していることを示している．なかでも，利用型協同組合である生協（23.9％），共済関連（21.6％），信用関連（16.5％）は一定の組合員を組織していることが分かる．

協同組合は，農業（農業協同組合：JA），水産業（漁業協同組合：JF），林業（森林組合），流通業（生活協同組合／大学生協），医療（医療福祉生協），共済事業（全労済／都道府県民共済），信用事業（労働金庫／信用金庫／信用組合）など，多様な事業領域で経済活動を展開しており，さらにはそこで働く労働者が主体になって社会や地域が必要とする仕事をおこす労働者協同組合（ワーカーズコープ／ワーカーズコレクティブ）や事業協同組合の多面的な展開がみられる．今日では，全国に 3 万 6492 組合，職員 64 万 4000 人を擁し，協同組合の延構成員 8025 万 9000 人は日本全国の総世帯数（5195 万 5000 人：平成 22 年国勢調査）を超える規模になっているなど，国民経済において一定の役割を果たしていることが分かる[*]．また，小売業の売り上げでは生協がセブン＆アイ・ホールディングス，イオングループに次いで全国第 3 位（2 兆 8944 億円），協同組合金融機関の延貯金量は 238 兆円で預貯金の 4 分の 1 を所有している．その他に，JA 厚生連は日本最大の民間病院ネットワークを有しており，医療生協を含めると国立病院を大きく上回る施設を擁し，とくに地域医療・福祉の領域では欠かすことのできない存在となっている[**]．このように，その事業活動は広く国民生活に浸透してお

---

[*] 政府広報オンライン http://www.gov-online.go.jp/topics/kyodokumiai/（統計データは 2009 年 3 月末現在）．協同組合の今日到達点については，併せて家の光協会（2012）を参照のこと．各種協同組合の概要については，同書 222-223 頁に全体像が示されており参考になる．

[**] 詳しくは賀川記念館総合研究所（2012）を参照のこと．

り，加えて消費者運動，環境運動，福祉活動，震災復興支援など，豊かな地域生活と暮らしの創造にむけた協同組合の社会的貢献は計り知れない．

「協同組合」としての認知度

　その一方で，これらの諸団体が「協同組合」であることをどの程度理解しているかといえば（図5-3），もっとも協同組合としての認知度が高かった農協（JA）でも72.7％にとどまり，以下，漁協（JF）62.2％，事業協同組合59.5％，労働者協同組合・ワーカーズコレクティブ50％，購買生協・コープ・大学生協48.2％，全労済・都道府県民共済などの共済生協34.4％，森林組合32.9％，医療生協29.9％，労働金庫・信用組合・信用金庫14.2％と続き，多くが半数に届いていない．つまり，その存在の認知が必ずしも協同組合としての認知を意味するものではないことが示されている．また，協同組合がどのような団体であるかを営利・非営利および官民の区別を軸に聞いた表5-1によると，協同組合を「民間の営利団体」と理解している割合（43.5％）が「民間の非営利団体」（36.2％）を上回っており，「半官半民の団体である」（14.7％）と回答した層も一定程度存在している．

　加えて，協同組合に対する国民の期待は必ずしも高いものではないことが

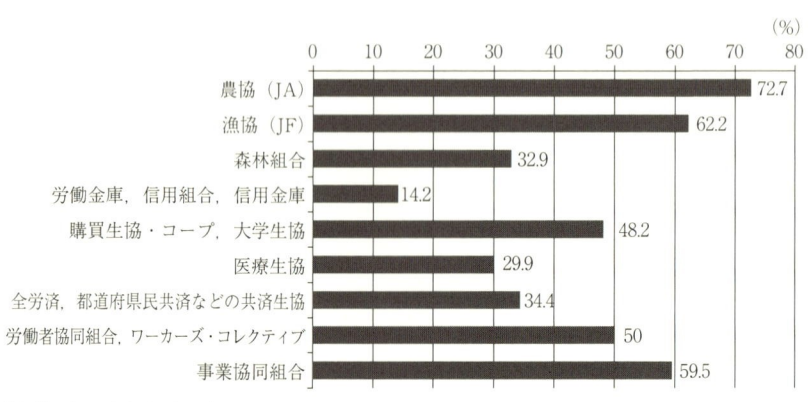

(出典) 全労済協会 (2012)，24頁．

図5-3 次の団体のうち，協同組合だと思われるものは，どれですか

明らかになっている．社会問題の解決主体としての協同組合への期待について聞いた図5-4では，地方自治体（81.2%）や国・政府（70.6%）に大きく水をあけられ，一般企業と比べてもその期待値は低かった（協同組合＝15.8%）．図5-5は，いずれの協同組合にも加入していない層を除き，各種協同組合加入者別にその割合を再クロスした結果である．全般的に，協同組合への期待は全体平均（15.8%）よりも高いが，それでも2～3割程度にとどまっている．また，2011年3月11日に発生した東日本大震災への復興支援でも，その奮闘努力にかかわらず支援活動への印象は薄く，NPO法人の

表5-1 「協同組合」はどのような団体だと思いますか

	回答数	%
合計	3,821	100.0
行政機関のひとつである	138	3.6
半官半民の団体である	563	14.7
民間の営利団体のひとつである	1,663	43.5
民間の営利を目的としない団体である	1,383	36.2
その他	74	1.9

（出典）全労済協会（2012），30頁．

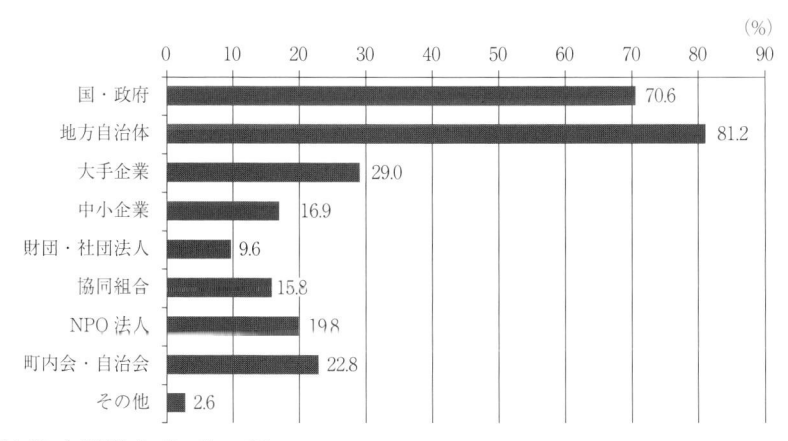

項目	%
国・政府	70.6
地方自治体	81.2
大手企業	29.0
中小企業	16.9
財団・社団法人	9.6
協同組合	15.8
NPO法人	19.8
町内会・自治会	22.8
その他	2.6

（出典）全労済協会（2012），42頁．

図5-4 次のうち，今後，社会の問題の解決や暮らしの向上に重要な役割を発揮すると思うものを3つ選んでください

| | | 0% | 20% | 40% | 60% | 80% | 100% |

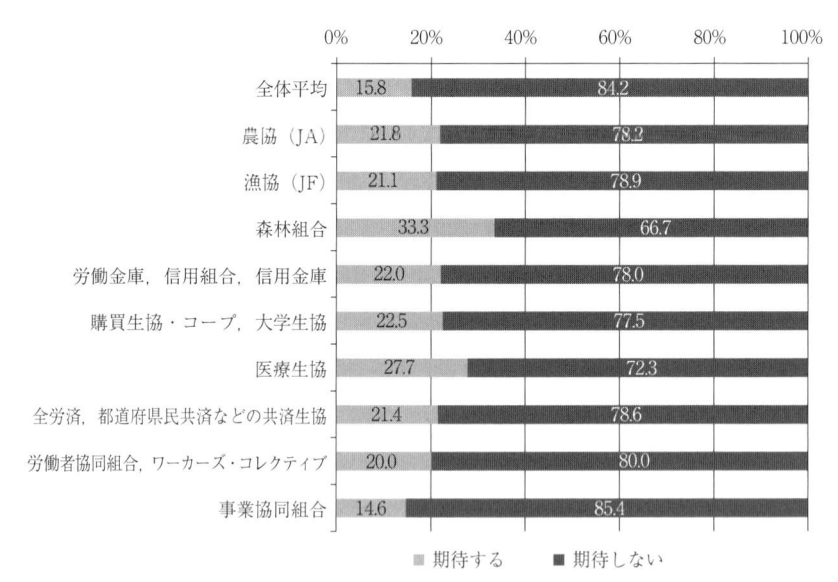

区分	期待する	期待しない
全体平均	15.8	84.2
農協（JA）	21.8	78.2
漁協（JF）	21.1	78.9
森林組合	33.3	66.7
労働金庫，信用組合，信用金庫	22.0	78.0
購買生協・コープ，大学生協	22.5	77.5
医療生協	27.7	72.3
全労済，都道府県民共済などの共済生協	21.4	78.6
労働者協同組合，ワーカーズ・コレクティブ	20.0	80.0
事業協同組合	14.6	85.4

■ 期待する　■ 期待しない

（出典）全労済協会（2012）をもとに作成．

図 5-5　社会問題の解決や暮らしの向上に果たす協同組合の役割への期待度（各種協同組合加入者別）

表 5-2　東日本大震災での支援・復興で，どの組織・団体の活動が印象に残りましたか（回答は 3 つまで）

	回答数	%
合計	3,821	100.0
国・政府	1,290	33.8
地方自治体	2,157	56.5
大手企業	1,228	32.1
中小企業	573	15.0
財団・社団法人	415	10.9
協同組合	251	6.6
NPO 法人	2,115	55.4
町内会・自治会	1,043	27.3
その他	400	10.5

（出典）全労済協会（2012），43 頁．

55.4％に対して協同組合は最下位の6.6％であった（表5-2）．

　このようにしてみれば，国民一般の間での協同組合に対する理解の欠如は，協同組合陣営が連携して取り組むべき重要課題のひとつであろう．とりわけ，協同組合の存在のみならず，その目指すものを広く社会に認知・理解してもらう取り組みは肝要である．換言すれば，協同組合が直面している教育の課題のひとつは，事業体としての各団体の存在が認知されている反面，それらの団体が何のために存在しているのか（存在意義）が，十分に理解されていないということにあるといえる．それは，事業を通した社会変革の主体としての協同組合の位置と役割そのものを問うものであり，あらゆる協同組合教育に通底する課題でもある．協同組合陣営としての存在意義の確認のもとで何をアピールするかを共有し，協同で取り組むことが求められる．

　また，学校教育への働きかけも検討すべき課題であろう．1995年ICA原則改定の際に出された「協同組合のアイデンティティについての声明（Statement on the Co-operative Identity）」の第5原則「教育，研修，情報」には，「協同組合は，その組合員，選出された代表者，経営陣，そして従業員に対して，彼らが自分たちの協同組合の発展に大きな貢献ができるように，教育と研修を行う」という文言に続いて，「一般の人々，とくに若者やオピニオンリーダーに対して，協同することの意味やそれがもたらす利益について，情報を提供する」*と記されている．しかし，現状では，小学校から高等学校にいたるまで，若い世代が教育の現場で協同組合について触れる機会はきわめて限定的である**．社会科見学などの課外学習の一環として協同組合が活用されるケースは各地でみられるが，そこでの学びが地域や自らの暮らしとの接点で活動している協同組合の価値を見いだし，助け合いの仕組みや役割について学ぶものに展開しているとはいえない．また，全国206大学に

---

　*　中川・杉本（2012：227，杉本貴志訳）．
　**　かつては，小学校・中学校の学習指導要領で協同組合について触れていた．しかし，1989年改正学習指導要領を機に，全学校種において協同組合という用語はなくなっている．学校教育における協同組合の位置づけについては走井（2012）を参照のこと．

設置されている大学生協は，大学生活に欠かすことのできない重要な役割を果たしているが，多くの学生が加入・利用している反面，そのほとんどが生協について何も知ることなく卒業しているのが実態である[*]．よって，協同意識や協同組合への関心の低さだけを問題視するのではなく，協同組合について考え触れる機会を増やすための工夫の検討は不可欠であろう．萌芽的な試みとして，たとえば各種協同組合関係者によって結成された 2012 国際協同組合年（IYC）全国実行委員会の後継組織である IYC 記念全国協議会に設置された「学校における協同組合教育研究会」では，協同組合について知ってもらう機会を増やすために，教材作成・普及等を通して，全国の学校教育への協同組合についての教育の導入にむけた検討・取り組みに着手している．また，大学生協連による寄附講座の取り組み（庄司興吉・名和又介 2013）など，その目的と価値を伝え広める試みは業種や領域の枠を超えて多様な展開をみせている．

(2) 組合員と協同組合教育

組合員自身の理解度の低さ

「協同組合の組合員の間での知識の欠如」は，そのアイデンティティの存続の危機にもかかわる問題でもあるため，事態はより深刻である．

表 5-3 は，各種協同組合加入者別に所属団体が「協同組合」であることをどの程度理解しているのかを見たものである．その結果，自らが加入する組織が協同組合であることを知っている割合（表の網掛け部分）は，農協組合員で 82.0％，同様に漁協 73.7％，森林組合 41.7％，信用関連 15.7％，購買生協 60.1％，医療生協 63.8％，共済関連 41％，ワーカーズ協同組合 60％，事業協同組合 70.7％であった．つまり，組合員自身でさえ自分たちの加入している組織のことについて十分に理解していない実態が示されている．

とくに消費・利用型の協同組合では，協同組合としてのアイデンティティ

---

[*] 2013 年 3 月現在．全国の大学生協の概要については，全国大学生活協同組合連合会 HP [http://www.univcoop.or.jp/about/about.html] を参照のこと．

第5章　現代協同組合教育論の基本視座

表5-3　次の団体のうち，協同組合だと思われるものは，どれですか　　(%)

加入者別	回答者数＝組合員数	農協JA	漁協JF	森林組合	労働金庫，信用組合，信用金庫	購買生協・コープ，大学生協	医療生協	全労済，都道府県民共済などの共済生協	労働者協同組合，ワーカーズ・コレクティブ	事業協同組合
合計	3790	72.8	62.6	33.1	14.3	48.4	30.1	34.6	50.4	59.7
農協（JA）	532	82.0	68.6	34.6	14.7	48.1	28.9	31.4	44.0	53.6
漁協（JF）	19	73.7	73.7	21.1	15.8	31.6	21.1	26.3	31.6	36.8
森林組合	24	83.3	70.8	41.7	12.5	25.0	20.8	29.2	25.0	37.5
労働金庫，信用組合，信用金庫	626	76.8	68.8	34.8	15.7	48.9	32.3	35.6	54.6	64.9
購買生協・コープ，大学生協	904	74.1	66.7	34.4	15.5	60.1	33.5	38.9	55.0	63.3
医療生協	94	78.7	72.3	38.3	16.0	61.7	63.8	41.5	48.9	63.8
全労済，都道府県民共済などの共済生協	819	73.7	66.8	35.8	13.8	49.6	29.5	41.0	51.6	64.1
労働者協同組合，ワーカーズ・コレクティブ	45	73.3	66.7	31.1	13.3	60.0	44.4	35.6	60.0	64.4
事業協同組合	41	80.5	70.7	43.9	22.0	41.5	24.4	31.7	41.5	70.7
加入しているものはない	1823	70.9	59.0	32.1	13.8	43.9	28.9	32.0	49.1	57.0

(出典) 全労済協会（2012），29頁．
注) 母数は，図5-1の設問でいずれの団体も「知らない」と回答した31名を除く3790名であるため，図5-3などの数値と若干異なる．

表5-4　「協同組合」はどのような団体だと思いますか　　(%)

	労働金庫，信用組合，信用金庫	購買生協・コープ，大学生協	全労済，都道府県民共済などの共済生協	全体平均
行政機関のひとつである	1.9	2.5	2.9	3.6
半官半民の団体である	11.3	10.1	10.4	14.7
民間の営利団体のひとつである	47.0	46.5	39.6	43.5
民間の営利を目的としない団体である	37.1	39.5	45.2	36.2
その他	2.7	1.4	2.0	1.9

(出典) 全労済協会（2012）をもとに作成．

表5-5 それぞれの団体に加入した理由をお教えください．それぞれあてはまるものをすべて選んでください

(上段：回答数/下段：%)

	合計	考え方に共感したから	知人・友人に誘われたので	事業を利用したいから	自分の事業や仕事で必要だから	その他
農協（JA）	532 100.0	20 3.8	123 23.1	200 37.6	136 25.6	73 13.7
漁協（JF）	19 100.0	1 5.3	2 10.5	11 57.9	5 26.3	1 5.3
森林組合	24 100.0	2 8.3	1 4.2	6 25.0	13 54.2	2 8.3
労働金庫，信用組合，信用金庫	626 100.0	40 6.4	95 15.2	224 35.8	230 36.7	64 10.2
購買生協・コープ，大学生協	904 100.0	121 13.4	278 30.8	438 48.5	81 9.0	54 6.0
医療生協	94 100.0	20 21.3	19 20.2	45 47.9	10 10.6	6 6.4
全労済，都道府県民共済などの共済生協	819 100.0	210 25.6	132 16.1	342 41.8	88 10.7	84 10.3
労働者協同組合，ワーカーズ・コレクティブ	45 100.0	9 20.0	7 15.6	11 24.4	21 46.7	1 2.2
事業協同組合	41 100.0	4 9.8	6 14.6	5 12.2	27 65.9	2 4.9

(出典) 全労済協会 (2012), 20頁.

の喪失という問題に直面し，苦悩している姿が浮かび上がってくる．表5-4は，加入者（＝組合員）が多かった信用関連（626人），購買生協（904人），共済関連（819人）を取り上げて，先の表5-1で見た営利・非営利の区分に即した協同組合理解の結果を再クロスしたものであるが，購買生協では「営利組織」と理解している層が46.5%，信用関連では47%と全体平均よりも高く，半分近くに達している．

また，協同組合の考え方に共鳴して加入した組合員も少ない．表5-5は，各団体への加入理由を聞いたものであるが，「考え方に共鳴した」と答えた層が相対的に高かったのは共済（25.6%），医療生協（21.3%），ワーカーズ（20%）で，協同組合運動をリードしてきた生協は13.4%にとどまり，農協

にいたっては3.8%であった．どのような考え方に共鳴したのかを問わなければその含意は明らかにならないが，プレ教育を通した出資金の意味の説明など，組合員や職員が協同組合にかかわる段階での最低限の説明や共有にむけた試みや工夫は必要であろう．なお，共済関連は，「考え方に共感したから」と答えた割合が比較的高いだけでなく，先の表5-4においても，「民間の営利を目的としない団体である」が「民間の営利団体のひとつである」という回答を上回るなど，協同組合に対する理解・共感が相対的に高いことが示されている．その特徴や違いを明らかにすることも重要な課題である．

他種協同組合に対する理解・関心の低さ

その一方で，自組織が協同組合であることを認識している割合は相対的に高く，組合員による優位性もみられる．よって，まずは組合員に対する働きかけが，国民全体の社会的認知度の向上を基盤から支えるためにも重要である．ただし，この結果は他業種協同組合に対する理解・関心の低さをも示していることには留意が必要である．たとえば，全労済等の共済関連の協同組合に加入する組合員が農協（JA）を協同組合であると認識している割合は73.7%で，以下漁協に対しては66.8%，森林組合35.8%，信用関連13.8%，購買生協49.6%，医療生協29.5%，ワーカーズ協同組合51.6%，事業協同組合64.1%と，総じて他業種に対する認識は低い（表5-3）．自らの組織で自己完結している協同組合の姿を浮き彫りにする数値にもみえる．

このような実態を踏まえて，その教育的営みの方途を考えた時，協同組合がめざすところへの理解と共有が肝要となる．その際，その教育的営みは，人びとを一方的に教え導くものではなく，組合員の暮らしの現実との連関を組合員自身が意識できるものであることが決定的に重要となる．それは，単に協同組合であることを知ってもらう広報宣伝でも啓蒙でもない協同組合教育の新たな展開を，組合員をはじめとした多様なステークホルダーのコミットメントがともなった学びの創造として捉えなおす試みともいえる．

近年，学習と参加の関係は不可分なものとして考えられている．たとえば，

脱文脈化した知への批判をベースに，知識や技能の習得を社会的協同実践との関係において捉える「状況的学習 situated learning」論（レイブ＝ウェンガー 1993／原著 1991）では，学ぶべき知や技能はその状況に埋め込まれているものと理解する*．つまり，学習を固有の脈絡（社会状況）をもつ実践共同体への参加とのかかわりで捉えるアプローチである．このような社会的協同実践を通した学びへの理解は，主権者としての組合員の参加を民主的な組織運営の基礎としてきた協同組合と教育の問題を考える上でも多くの示唆を提供してくれる．協同組合にとって，教育とは組合員参加と切り離すことのできないテーマであり，現代の組合員の暮らしの変化をも射程に入れた参加論の検討の先に協同組合教育をどのように構想するかが問われている．それは学習をともなう参加論の新たな展開にむけた挑戦でもある．

4. 協同組合と参加型学習

協同組合が参加型学習を重視する理由は，経験主義の強調やライフスタイルの変化に対応した組合員参加を促すことにあるわけではない．協同組合事業の目的そのものの本質的な理解を深めるような協同的学びの必要性からである．以下では，暮らしに文脈化された知の共有と学びという観点から，協同組合の参加と教育の関連構造の解明にむけて重要であると思われる3つの側面に焦点を当てて検討してみたい．

(1) 組合員ニーズの多様化・個別化と「公正な事業」

協同組合は，その古典的理解の中核的要素としてつねに論じられてきた運動と事業の対立的契機をそのうちに含みながら，いかにしてアイデンティティを保持するのか，その方途が模索され続けてきた．

---

* 状況的学習論については，レイブとウェンガーが提起した「正統的周辺参加 Legitimate Peripheral Participation」アプローチを社会的企業との関連において検討した大髙（2013b）も併せて参照のこと．

第5章　現代協同組合教育論の基本視座

　なかでも，消費者・利用者を組合員として組織する協同組合の場合，事業的な成功を収めるほど市場主義的・合理主義的性向を強め，時としてそれが「多数派の論理」のもとで正当化されてきた．また，長らく続く経済不況や貧困の拡大を背景として，より安い商品の提供が多くの組合員の要求にこたえるという理解も広がっている．日本生活協同組合連合会が3年ごとに実施している全国の生協組合員調査によれば（日本生活協同組合連合会 2012），「生協の新商品開発において優先すべきと思うこと」という設問への回答を2006年と2012年で比較すると，「便利さに着目した商品」が27.8%から40.6%へ，「これまで以上に低価格の商品」を求める回答は23.4%から36.3%へと大幅に増加し，「外国産も含めて品質など優れた原料を活用した商品」を求める声も12.1%から19.6%に増えている．このような結果を踏まえて，同報告書では「生協への期待は「食品の安全性」だけでなく「便利」「低価格」にも寄せられている」（7頁）と結論づける．

　その一方で，組合員の声を顧客の商品ニーズとしてのみ受け止めるようなことになれば，食の安全・安心や国内農業を守り育てていくといった観点からの事業は後退し，環境や貧困・社会的排除問題の解決にむけた課題化認識の希薄化も危惧される．実際に，同調査では「もっと環境に配慮した商品」という回答は27.5%から14.0%に激減している．

　商品政策にかかわる議論は生協の歴史とともにあった．添加物問題はつねに組合員の関心事として論じられてきたし，NB（ナショナル・ブランド商品）が本格的に共同購入で取り扱われるようになった1990年代には，生協がNBを取り扱うことへの賛否がNB対PB（生協のプライベート・ブランド商品）として論じられてきた．今日では，商品の安全基準を確保さえしていれば，その取扱いについての組合員論議が起こることはなく，むしろ組合員のニーズに応える商品として奨励されているのが実態であろう．

　たしかに，消費者の個別的・直接的なニーズだけをみれば，コストパフォーマンスのよい（安い）商品が望ましいということになる．しかしながら，果たして安くて安全であれば，それでよいのであろうか．杉本（2000：

139）は「生協が組合員にどんな商品を提供するかは，生協が競争経済＝資本制経済社会をどう考えているか，その鏡である」と指摘する．より多くの利用者化した組合員のニーズに応える商品活動，つまり「組合員の声を消費者からの商品ニーズとしてのみ受け取り，その場限りにおいて実現させようとすること」（杉本2000：140）は，必ずしも協同組合らしい事業活動を意味するものではなく，それどころか異なる2つの価値観は往々にして衝突する．たとえば，人件費を含めた生産コストの削減による安価な商品の実現は，国内農業や地域産業の衰退，さらには委託や非正規化があらゆる労働現場に浸透する中で協同組合労働者でさえ年収300万円以下という層が増大している現実や格差社会を助長する契機にもなりうるのである．よって，その問いかけには，組合員のニーズを社会的な側面と切り離して考えてよいのかといった，協同組合の社会的存在意義そのものにかかわる問題提起が含まれていると考えてよいであろう．

この点をふまえた上で，杉本は「公正な事業」を構築し貫くことが社会的存在としての協同組合（生協）の生き残りの道だという．それは，途上国の生産者に「公正」な価格を支払うフェアトレード，次世代への公正な資源の利用・分配にかかわる環境保護の取り組み，高齢者や障害者のバリアフリーやユニバーサル就労など「社会全体の利益を目標とする事業体として，商品にしても，業態にしても，日常の業務のあり方にしても，あらゆる側面で「公正」なあり方を追求する」（杉本2000：170）ことである．そして，そのためには「「組合員の声を聴く」生協から「社会の声を聴く」生協」（杉本2000：141）への転換が必要であるという．この杉本の主張にならえば，協同組合にとっての教育の重要な側面は，個別化した組合員の声（ニード）を社会的な文脈でとらえ直し，さらには対話的空間の形成を通して課題を繋げ共有することにある．

かつてコール（1975／原著1944：574）は，「あらゆる年齢の総人口のうちの五分の一が協同組合店舗の組合員である．しかし，900万の協同組合店舗の組合員のうちで，売買の意識以上のものをもつ協同組合人と認められる

のは何人であろうか」と嘆いている．「社会の声を聴く」協同組合への転換とは，購買活動を通して地域的・社会的な連関のなかで生きる組合員一人ひとりの意識化を促す協同組合固有の教育のあり方を問い直すことに他ならない．それは，生活当事者として組合員がつながり，自らが抱えている問題について主体的に考え，協同的に変革していく力を身に着けていくプロセスへの教育的支援を内実とする．

(2) 社会に参画できない構造と組合員参加

これまで見てきたように，協同組合での学びには，社会的関係性の中で自らの位置を確認する意識化のプロセスが埋め込まれている．そのためのカギになるのが構成員の参加である．しかしながら，協同組合への参加の実質化は簡単に成し遂げられるものではない．前出の「協同組合と生活意識に関するアンケート調査」（全労済協会 2012）の結果からも明らかにされているように，生活の個別化が進展する中で，参加を可能とする枠組み自体を作れずにいるのが実態である．

図5-6は各種協同組合加入者（組合員）の運営参加の実態であるが，総代会やイベントへの参加状況をみると「参加したことがない」層が全般的に多いことが分かる．とくに共済関連92.9％，信用関連85.5％，購買生協関連79.9％，医療生協77.7％と，消費・利用型協同組合の多さが顕著であった．図5-7はさらに協同組合運営への参加意欲を聞いたものであるが，「参加したい」（2.5％）と「どちらかといえば参加したい」（33.1％）をあわせても35.6％にとどまった．この結果からいずれの協同組合にも加入していない層（「加入しているものはない」）以外に着目してその傾向をみると，たとえば，購買生協関連では「参加したくない」（8.8％），「どちらかといえば参加したくない」（44.9％）と答えた消極層が5割を超え，「参加したい」と明確に意思表示している層は3.5％にとどまった．同様の傾向は信用関連や共済関連にもみられ，やはり相対的に消費・利用型協同組合の参加意欲の低さが目立った．

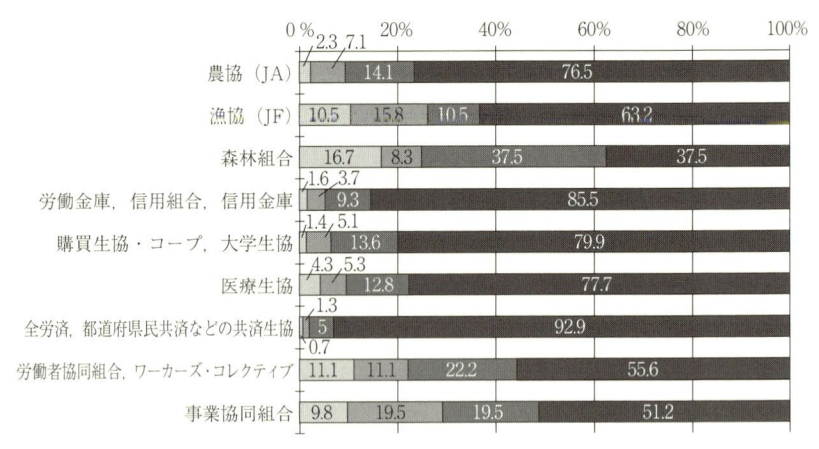

(出典) 全労済協会 (2012), 22頁.

図 5-6 それぞれの団体が主催する総代会やイベント(セミナー・シンポジウム・勉強会・集会)などに参加したことはありますか(各種協同組合加入者別)

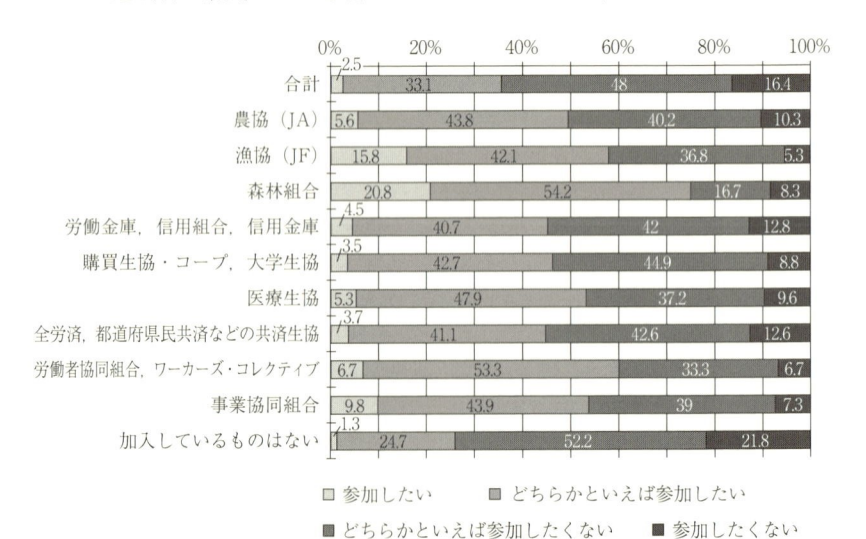

(出典) 全労済協会 (2012), 39頁.

図 5-7 協同組合は,組合員の運営によって支えられた民主的な組織です.組合員は組合の方針の策定や意思決定に参加することができます.あなたは,協同組合の運営に参加したいと思いますか(各種協同組合加入者別)

第5章　現代協同組合教育論の基本視座　　　　　155

項目	%
仕事や学業が忙しいから	33.1
育児，介護，家事などで忙しいから	12.4
十分な情報がないから	26.8
身近に活動の場がないから	15.5
一緒に参加する仲間がいないから	14.3
人間関係が煩わしいから	27.9
金銭的な余裕がないから	27.5
家族や職場の理解がないから	1.6
参加することに伴う責任が負担だから	23.4
関心がないから	35.5
その他	3.6

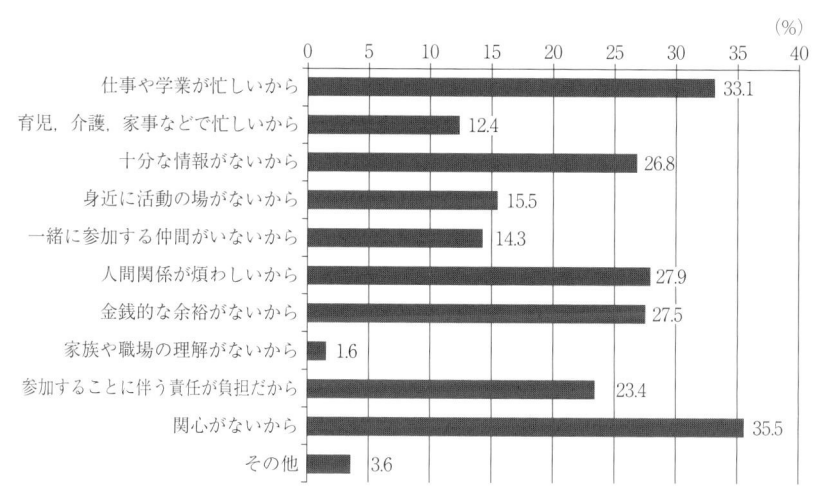

(出典) 全労済協会 (2012), 41頁.

図 5-8 「協同組合の運営に参加したくない」とお答えの方にお伺いします．そのように考えるのは，なぜですか．あてはまるものすべてを選んでください

さらに，運営参加に消極的な層 (「参加したくない」，「どちらかといえば参加したくない」) にその理由を聞いたところ (図5-8)，その理由は一部の項目に偏ることなく分散しているものの，おおまかに3つの階層に分けて捉えることができる．第1に"関心がない層"である．「関心がないから」(35.5%)，「人間関係が煩わしいから」(27.9%) がこのカテゴリーに含まれる．第2に"余裕のない層"である．「仕事や学業が忙しいから」(33.1%)，「育児，介護，家事などで忙しいから」(12.4%) に加え，「金銭的な余裕がないから」(27.5%) や「家族や職場の理解がないから」(1.6%) も含めることができる．そして，第3は"参加機会のない層"である．「十分な情報がないから」(26.8%)，「身近に活動の場がないから」(15.5%)，「一緒に参加する仲間がいないから」(14.3%) などが該当するであろう*．

---

* 「参加することに伴う責任が負担だから」(23.4%) は，これまでに参加の機会がなかったことによる反応とも考えられるが，関心や余裕のなさによる影響も無視できず，3つの傾向に内包される特質が混在しているものと考えられる．

理由	%
参加することが当然だと思うから	8.9
社会を良くすることに役立ちたいから	43.7
自分の意見や考えを運営に反映できるから	29.7
社会や人とのつながりができるから	47.3
友人や知人が参加しているから	3.5
生活向上のための知識や情報がえられるから	41.9
仕事をするうえで必要だから	6.1
時間的な余裕があるから	3.4
その他	0.8

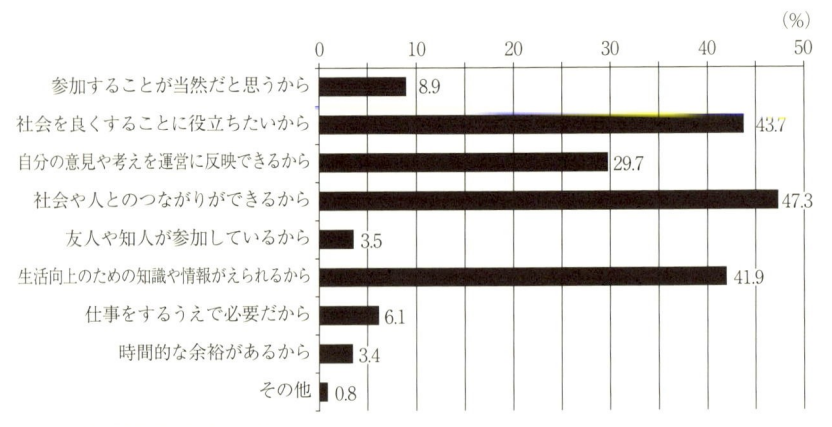

(出典) 全労済協会 (2012), 41頁.

図 5-9 「協同組合の運営に参加したい」とお答えの方にお伺いします．そのように考えるのは，なぜですか．あてはまるものすべてを選んでください

　商品経済があらゆる生活領域に浸透し，物象化した関係性のなかで消費者としての人格が強められた現代において，すべての組合員を参加に導くような働きかけは現実的ではない．その意味では，一定数存在する"参加機会のない層"に如何にしてアプローチするかが差し当たり課題となるであろう．しかしながら，その検討は，社会に参画できない構造そのものを問うものでなければならない．

　組合員の顧客化・脱主体化ともいえる事態は，多様な要因が複雑に絡み合いながら進展している．なかでも，人間関係の希薄化への対応として事業の個別化が進む現代において，個々人の関心や課題をつなぎ，参加と協同の価値の再発見につなげていく学びはますます重要になってくる．図5-9は運営に参加意欲のある回答者の理由を聞いたものであるが，一般的な理由としてよくあげられる「社会を良くすることに役立ちたいから」（43.7%）という社会貢献型や，「生活向上のための知識や情報がえられるから」（41.9%）といった自己充足型の回答を抑えてもっとも多かった回答が「社会や人とのつながりができるから」（47.3%）であった．その意味では，活動の成果を求

める参加から転換し，地域社会や人びととのつながりそのものを協同組合への参加の目的として捉える視点は肝要である．

国も会社も家族も守ってくれない現代リスク社会において*，公正な事業体としての協同組合のもう1つの現代的価値は，つながりの再構築に果たす役割の中に見出すことができる．それは，「そこ（協同組合）につながっていれば，何とかなる」という「基本的信頼」**の担い手としての協同組合の価値を再発見する契機にもなろう．

その一方で，組合員への参加圧力が協同組合への参入障壁を生じさせる契機にもなるなど，組合員参加の内実をどのように構想するかは重要な課題となっている．多様性や異質性を前提とした組合員組織を念頭に置けば，それはインフォーマルな参加を含めた多様な参加のあり方を受容する空間の創造を射程に入れたものとなるであろう．つまり，参加空間の柔軟性や自由度こそが肝要となり，そのような自由空間の形成を通してこそ，構成員の自主性を引き出し，学び自体をそこに関わる構成員が主体的・協同的，そして拡張的に展開する芽が生まれる．単なる参加意識の変容ではなく，社会に参画できない構造に働きかける学びこそが求められており，それは，同質性を前提とした既存の協同組合観においては排除されがちであった異質者の「正統的周辺参加」（レイブ＝ウェンガー1993／原著1991）の可能性をも拓く新たな試みといえる．

(3) マルチ・ステークホルダー型協同組合の参加と学び

1人1票制をはじめとする組合員による民主的な管理を重視してきたその歴史や原則を持ち出すまでもなく，組合員の参加を基盤とした運営は協同組合の本質的要素として考えられてきた．だからこそ，これまでも組合員参加

---

* 現代リスク社会の構造を読み解く上で，もっとも大きな影響力を与え続けているのがベックのリスク社会論である．その理論的射程については，さしあたりベック（1998）を参照のこと．

** 宮崎（2008）は，J.L. ハーマンの心的外傷研究をふまえ，基本的信頼を「世の中にいて安全であるという感覚」であるという．

の仕組みやさまざまな工夫について論じられてきた．しかしながら，組合員一人ひとりが対等で平等な参加の権利を有していることが，組合員に同質性を強要し，時として参加圧力となっていた側面も否定できない．それゆえ，先に論じてきたような多様で柔軟な関わりを可能とする空間や関係性の内実が問題とされてきたのである．

その一方で，協同組合参加の再検討は，協同組合における民主主義のあり方そのものをも問い直す契機となっている．あらためて言うまでもなく，協同組合の主体は組合員である．そして，これまでの協同組合における民主主義とは「組合員民主主義」を意味してきた．しかしながら，杉本（2000）がその生協論の展開において指摘したように，組合員の主権（消費者主権）を尊重することが，そのまま協同組合らしい運営の担保を意味するものではない．「消費者協同組合は何を売らないかということによっても評価されよう」という有名な言葉を残したレイドロー（1989／原著 1980：170）も，消費者主権という哲学自体を見直すことの必要性を説いている．その指摘は私的な消費欲への対応によって協同組合もまた限られた資源の浪費に加担していることへの警鐘であるが，より本質的には「閉じられた集団的利益」，さらには組合員間の横の結合も地域生活や社会との接点もない中で選択された「共益」の意味とその先にあるものへの展望が見えにくくなっていることへの痛烈な批判として受け止めることができる．

組合員主権の問題を考える上で重要な論争の１つが，ロッチデール公正先駆者組合時代から続く「理想派」と「実践派」の対立である．すなわち，前者は事業の利益分配や責任管理面における協同組合労働者の役割を承認する立場であり，後者はあくまでも消費者組合員主権を主張する立場である．ホリヨークの生涯について語ったグリーニングは，当初は「実践派」であったホリヨークは，労働者が利益分配や運営から完全に排除されるようになると「理想派」の立場をとるようになり，「以後は労働者への利益配分を承認させるためにたたかいをやめず，生涯の最後の日までその態度をとり続けた」（ホリヨーク 1968／原著 1892：354）と述べている．このような「理想派」

のスタンスは，全ての者への公正な配慮を支持する立場として今日の協同組合のあり方を考える上で重要であるが，組合員と労働者といった組合内部の関係性だけに焦点化することによって生じる「共益組織」の限界への理解とまなざしがなければ，その対立的契機を乗り越え真の意味での協同組織としての可能性を展望する実践理論の構築は望めないであろう．組合員の存在を私的消費者の枠に閉じ込め，個別的な商品ニーズを「共益」として捉え，その欲望に応えることに注力した結果，公正な事業体としての存在価値は不明瞭なものとなった．また，協同組合セクター全体としても，共通の関心をもつ同質的集団が業種ごとに分化し，それぞれの利益擁護に特化した「協同組織」としての発展の道をたどることになる．加えて，協同組合内部の不祥事とそれらの問題に対する自浄能力のなさは，協同組合民主主義の機能不全とともにより広く社会的な関係のなかで協同組合を捉えなおす必要性を示すこととなった*．このような状況下において重視されたのが「シングル・ステークホルダー（single stakeholder）」または「主権者―代理人（principal-agency）」型から「マルチ・ステークホルダー（multi-stakeholder）」型の協同組合への転換である**．

　ステークホルダー論は，グローバル化に代表される社会・経済環境の激変の中で，社会との接点や関係性をとらえ直し再構築する枠組みとして提起された．企業経営論においては，CSR（企業の社会的責任）が重視される中で，中心的なステークホルダーである株主だけでなく，消費者，投資先，従業員，次世代の人びとなど，多様なステークホルダー（利害関係者）との関係において組織の存在を捉えるようになっている．経営者（常勤役員）支配や経営危機に直面した協同組合（生協）では，1990年代に多様なステー

---

* 協同組合内部の不祥事や組合員民主主義の機能不全に関する論考として，とりわけ1990年代後半の国内外の生協危機の問題を論じた杉本（2000）が参考になる．
** 「主権者―代理人モデル」も組合員を唯一の主権者とする意味ではシングル・ステークホルダーモデルと同じである．ただし，現実的には代理人であるはずの役員の権力が肥大化し，経営者支配が起こる構造に焦点化したのが主権者―代理人モデルの特徴である．その特徴については杉本（2000）を参照のこと．

ホルダーとの関係性の再構築の中に組織再編・再建の活路を見いだしている．とりわけ，マルチ・ステークホルダー型の協同組合の議論は，利用者や消費者に限定せずに，従業員，行政，企業，NPOといった，とりわけ地域を基盤とした多様なステークホルダーとの協同関係の実質化によって，社会的存在としての自らの位置を捉えなおす試みとして登場している．それは，公正な事業の担い手としての協同組合の役割を確認し実質化するうえでも重要な枠組みとして理解されている．

その一方で，多様なステークホルダーの参加は違いや対立を生み出す契機にもなり，その矛盾・対立をいかにして克服し得るかが課題となってきた．それは，産直にかかわる生産者と消費者のような異なるステークホルダー間の利害対立や，政治的な思惑も絡むTPPのような問題に対する明確な意思表示や合意形成の困難として現れている．ただし，まがい物でない食料品の取り扱いでさえ組合員の理解を得ることが困難であったロッチデール設立初期の経験を皮切りに，その歴史的展開過程にはつねに多様な思惑と考え方をもつ人びととの対立や葛藤があったことに鑑みると，協同の矛盾的な側面を教育の重要な契機として捉える視点は重要である．つまり，「違い」（利害関係）を可視化し，多様性を受け入れながら重ねる熟議を通した意味の交渉を可能とすることがマルチ・ステークホルダー型協同組合の特徴といえる．そのための真に重要なポイントは，多様な利害関係を持つ人びと（組合員，職員，地域取引業者，行政，他業種協同組合，NPOなど）の自由で柔軟な交わりを可能とする対話的共有空間が形成されることにある．それは傍観者を利害関係者として巻き込み，暮らしのニーズや課題を構成員が自主的に発見し関連づける拡張的な学習にとって不可欠な要素となる．

5．「協同組合」教育を超えて

協同組合が教育を論じる際，そのあり方は各々の協同組合がおかれている位置や役割，そして時代によって大きく異なる．しかしながら，協同（組

合）のアイデンティティが失われつつある現代において，その主体の形成の要に位置する教育の目指すところとその実現に向けた基本枠組みについては一定の理解と共有が必要であろう．

(1) 協同組合教育の目的をめぐって

言うまでもなく，協同組合の学びの目的は，協同組合自体のめざすべき姿と密接にかかわっている．公正な事業体としての協同組合とのかかわりで教育の可能性を論じてきた本稿の立場からすれば，相互扶助的取引を推進する機関としての協同組合の社会的認知をいかにして広めるかという試みとともに，協同組合が社会に存在する意義を確認し共有する主体的・協同的学びが決定的に重要となる．杉本（2000）は，公正な事業を情報公開および説明責任と一体的なものと捉え，双方向的なコミュニケーションにその構築の方途を求めたが，教育的観点からその指摘を捉え直せば，それは多様なステークホルダーの存在を認知し各々が抱える課題を認識する中で，個々人のニードを超えた広く社会的文脈でニーズや課題を受け止め合う関係性の形成に支えられていることが分かる．つまり，公正な事業の構築は，社会的な連関のなかにある自らの存在を自覚する教育的営みによってはじめて可能となるのである．それは，承認と共有の学びともいえよう．

このような学びをわがものとするためにカギとなるのが脱文脈化した学びからの脱却であり，そのための基盤としての地域生活（暮らし）へのまなざしである．つまり，自分たちとの接点が見出されないところで社会的な意義を語るのではなく，自らの暮らしの現実との関連で他者のニーズや社会的なニーズについて考えることが肝要となる．学ぶべきことは「状況に埋め込まれている」（レイブ＝ウェンガー 1993／原著 1991）のである．それは，私的ニードを社会的ニーズへと転換させるプロセスであり，とりわけ声の出しにくい人びとや社会的に排除されてきた人びとの立場をも包含した関係性のなかで公正な経済のあり方を模索するプロセスともいえる．個に即して見れば，その学びの先には「なりゆきまかせの客体から，自らの歴史をつくる主体」

（ユネスコ学習権宣言 1985）への成長に支えられた生活当事者意識の獲得が構想されよう*.

(2) 状況的学習を可能とするもの

暮らしの現実に埋め込まれた（文脈化された）学びを可能とするうえで重要なのが，多様なステークホルダーの関与を可能とする柔軟な自由空間の形成である．

すでに述べてきたように，地域住民，職員，取引企業等を含めた多様なステークホルダーによって構成される現代の協同組合は，利害関係が渦巻く空間でもある．さらには，シングル・ステークホルダーとして一括りにされてきた組合員の多様化も進んでいる．そのような状況において意思決定過程に多種多様な意見を反映させることは，民主的組織を標榜している協同組合にとってはとりわけ困難な課題といえる．そして，多くの協同組織は可能な限り利害関係の調整や違いの顕在化を避けるために労力を費やしてきた．しかしながら，むしろマルチ・ステークホルダー型の協同組合の最大の特徴は，多様な声が包摂される柔軟な対話的自由空間を形成することにある．

一般的に我々は，学びには何らかの到達点を求めがちである．しかしながら，与えられた目的が学びの内容や方法を縛ることもあり，逆に柔軟な関わりを許容する自由空間が担保されていれば，そこに主体的で拡張的な学びが生まれる可能性も内包されている．歴史を振り返れば，ロッチデール公正先駆者が重視した新聞閲覧室や図書室では講座も実施されていたが，その最大の意義は，多様な議論の題材が提供され討論の対話的空間が開かれていたことにある．特別な理由（意義づけ）がなくても気軽に集うことができる新聞閲覧室のような居場所空間の現代的形態は，検討すべきもっとも重要な仕組みのひとつであろう．

かつて多くの生協が事業・組織再建の活路として取り組んできた組合員の

---

* ユネスコの学習権宣言については，さしあたり社会教育推進全国協議会編（2011）146 頁を参照のこと．

声を聴く取り組みも，参加的学習という観点から位置づけ直すことが可能である．ちばコープの「ひとことカード」の試みを単なる消費者の要望を聞く手段を超えたものとして捉えた杉本（2000：133）は，その取り組みを「事業＝商品供給上で活用されているというだけでなく，組合員組織としての生協の組織上，運動上の要として，消費（購買）の次元だけではなく，生活のなかのさまざまな局面で「協同」を求める人びとが，まず最初に声を上げる装置として，機能している」と評しているが，単なる意見吸収装置としてではなく，社会につながる媒介的な手段として位置づけた時，それは参加型学習の可能性を拓く重要な手がかりになる．

そして，その際に大きな役割を果たすのが多様なステークホルダーをつなぐ媒介者としての役職員や理事の存在である．経営者と利用者化した組合員，経営者と従業員，従業員と組合員，そして地域との関係が分断されている中で，その役割は多様なステークホルダー（学びの主体）の参入障壁を取り除き，傍観者を利害関係者として巻き込み，教育主体の境界線がよい意味であいまい化した相互主体的・間主体的な学びを支援することにある．そのような教育的営みの先には，学習そのものを学習者が生み出す自己拡張的な「創造的学習」（宮﨑 2012）の萌芽が展望できるように思われる．

参考文献
家の光協会編（2011）『協同組合の役割と未来―共に生きる社会をめざして―』家の光協会．
大髙研道（2002）「地域社会経済発展とパートナーシップ―北アイルランドにおける社会的経済実践―」鈴木敏正編著『社会的排除と「協同の教育」』御茶の水書房．
大髙研道（2012a）「「協同組合」は国民にどのように認知されているのか―『協同組合と生活意識に関するアンケート調査』からみる現代協同組合像―」『生活協同組合研究』443号，50-59頁．
大髙研道（2012b）「協同組合の社会的認知の実際と生協運動の展望―地域を「知る」実践へ―」『くらしと協同』2012冬号（第3号），49-55頁．
大髙研道（2013a）「協同組合教育に関する試論―協同組合における教育文化活動と学びあい―」『協同組合経営研究誌にじ』641号，44-57頁．
大髙研道（2013b）「社会的企業が提起する正統的周辺参加アプローチ―ワークフェ

ア型社会的包摂を超えて」藤井敦史・原田晃樹・大高研道編著『闘う社会的企業—コミュニティ・エンパワーメントの担い手』勁草書房.
賀川記念館総合研究所（2012）『協同組合がよりよい社会を築きます』賀川記念館.
賀川豊彦（2012）『復刻版　協同組合の理論と実際』コープ出版.
コール，G.D.H.（森晋監修／中央協同組合学園・コール研究会訳）（1975／原著1944）『協同組合運動の一世紀』家の光協会.
社会教育推進全国協議会編（2011）『社会教育・生涯学習ハンドブック第8版』エイデル研究所.
庄司興吉・名和又介編（2013）『協同組合論—ひと・絆・社会連帯を求めて—〈2012国際協同組合年事業・大学生協寄付講座講義録〉』全国大学生活協同組合連合会.
杉本貴志（1994）「G・J・ホリヨークにおける経済・宗教・教育—コミュニティ建設から協同組合運動へ—」『生活協同組合研究』221号, 35-43頁.
杉本貴志（2000）「「公正な事業体」をめざして—21世紀の生協事業とガバナンス—」中川雄一郎編著『生協は21世紀に生き残れるのか—コミュニティと福祉社会のために』大月書店.
杉本貴志（2013）「大阪における協同組合〜国際協同組合年に考える都市型協同組合の可能性」『関西大学経済・政治研究所　研究双書』第156冊, 123-140頁.
全労済協会（2012）『勤労者福祉研究・調査分析シリーズ①　協同組合と生活意識に関するアンケート調査結果』.
中川雄一郎（1994）「ロッチデール公正先駆者組合と教育」『生活協同組合研究』221号, 44-55頁.
中川雄一郎（2012）「協同組合のビジョンとアイデンティティの歴史」中川雄一郎・杉本貴志編／全労済協会監修『協同組合を学ぶ』日本経済評論社.
中川雄一郎・杉本貴志編著／全労済協会監修（2012）『協同組合を学ぶ』日本経済評論社.
日本生活協同組合連合会編（2012）『2012年度全国生協組合員意識調査報告書』.
走井洋一（2012）「教育内容としての「協同組合」」『協同組合経営研究誌にじ』640号, 22-33頁.
土方直使（1994）「ロバート・オウエンの人間論と教育」『生活協同組合研究』221号, 26-34頁.
ベック，U.（東廉・伊藤美登里訳）（1998／原著1986）『危険社会—新しい近代への道』法政大学出版局.
ホリヨーク，G.J.（協同組合経営研究所訳）（1968／原著1892）『ロッチデールの先駆者たち』協同組合経営研究所.
宮﨑隆志（2008）「社会的引きこもり者支援実践への学習論的接近の課題」『生活指導研究』第25号, エイデル研究社, 22-35頁.
宮﨑隆志（2012）「協同労働と創造的学習」『協同組合経営研究誌にじ』640号, 14-21頁.

山田定市（1999）『食と農の経済と協同―地域づくりと主体形成―』日本経済評論社．
レイドロー，A.F.（日本協同組合学会訳編）（1989／原著1980）『西暦2000年における協同組合』日本経済評論社．
レイブ，J.＝ウェンガー，E.（佐伯胖訳）（1993／原著1991）『状況に埋め込まれた学習―正統的周辺参加論―』産業図書．
2012国際協同組合年全国実行委員会編著（2012）『協同組合憲章［草案］がめざすもの』家の光協会．

第6章
組合員の多様化と協同組合のアイデンティティ

　筆者は担当する講義で必ず,「生協について知っているか」というアンケートを学生に対して取るようにしているのだが, その回答はほぼ毎年「知らない」「名前だけ知っている」が圧倒的に多く,「どんな団体かある程度言える」者は毎年2~3名程度である. また, 生協に対して持つイメージについても「近所のスーパーみたいなもの」という, 民間流通業との区別がつかない者が多い. 2011年実施の「協同組合と生活意識に関するアンケート調査結果」[1]において,「協同組合を知っている」と回答したものが46.7%と一番多かったものの, 購買生協・コープ, 大学生協加入者の中でも4割は生協のことを協同組合と認識していないということ, 民間の営利団体だと思っている等協同組合を正確に理解していない人が3分の2近くもいることからすれば, これはわが大学の学生に限ったことではないと思われる.

　いま生協の理事, 委員が頭を悩ませているのは,「委員のなり手がいない」という, いわゆる後継者問題かと思う. 前述の学生の生協に抱くイメージからすれば, 民間のスーパーと変わらないところで活動すると聞いても「何をするの？」ということになるだろうから, 次世代の組合員候補になろうとする若い人たちが見つからないのも理解はできる.

その一方で,「NPO や社会的企業,ボランティアをすることに関心はあるか」と聞くと,「非常に関心がある」と答える学生が多いのも事実である. どうやら若い世代にとって,生協とは「買い物をする場所」であっても,「ボランティア活動や,生活向上のための活動をする場所」ではないのかもしれない. 前述「アンケート調査結果」において,購買生協・コープ,大学生協の運営に参加したくないと答えた人が「どちらかと言えば参加したくない」を含め半数以上を占めることからしても,また「社会問題の解決や暮らしの向上に向けたアクターは誰か」と問う質問に対して地方自治体が 81.2% であったのに対し,協同組合は 15.8% にとどまることからも,「生協は買い物をする場所」だと認識はされていても,生活向上および社会問題を解決する団体だとはあまり認識されていないことが窺える.
　こうした「生協とは買い物をする場所であっても,生活向上のために活動する場所ではない」という認識は,いつ頃から広まったのだろうか. それはおそらく 1980 年代後半,「転換期」と呼ばれる時期だと思われる.

1.「転換期」とは何か

　では,その転換期とは何だろうか. 簡単に言えば,生協に加入している組合員が共通するニーズを持ち,1 つの目標に向かって活動する平均像を持つ存在から,「積極的に活動する層」と「それ以外の層」に分かれてくる時期のことを指す. すなわち生協に「安全・安心」な商品を求めて加入し,その安全・安心な商品作りに関心を持つ層とは別の,例えば低価格であることや「家に近いところに配達してくれる」ことを加入動機とする人たちが増えたことが認識された時期である（野村・生田・川口他 1986：68-120）.
　この現象は,生協の加入増進活動が功を奏し組合員の数が増えた反面,従来の組合員とは異なる階層に属する人たちや異なる生協利用を行う人たちが増え,生協に期待することやニーズがそれ以前より分化した結果生じるものである.

第6章 組合員の多様化と協同組合のアイデンティティ

　従来の生協像は，1960年代後半前後に設立された市民生協が1980年代前半まで持っていたイメージとして捉えられている．すなわち共同購入の単位である「班」を単位にした経済的かつ社会的な集団が，自分たちのニーズを実現する場として「班」を利用し，生協の運営に携わる．すなわち「生活向上のための活動」をする場所が生協であり，そしてそのニーズは「安全・安心な食品を手に入れること」であった．「班」は，生協の商品を共同購入するための「経済的な場所」であり，かつ自分たちの生活向上を実現する「社会的な場所」でもあったのである．

　またこの時期の組合員は，公害問題や食品添加物問題に触発され，安心で安全なものを入手したいと考え，そのために生協に結集した．こうした結集を行えるためには組合員に社会問題に対する知識を得たいという高い意識が必要であり，また高品質な商品を買うための余裕も必要である．したがってこの時期の組合員は，比較的裕福な専業主婦が中心となっていた．そしてこの時期の生協組合員のニーズは「安全・安心な商品」であり，またその安全・安心な商品作りに時間を割ける専業主婦が中心的な組合員であったため，生協の基本的な商品政策は「安全・安心なものを供給すること」で一致できた．

　ところが生協が拡大政策を追求し，従来組合員にならなかった層が加入すると組織に変化が生じることになる．

　1980年代，共同購入はコンピューター化や最新物流技術導入によりシステム的に大規模な供給が可能になる．例えばOCR（光学的文字読み取り装置）による注文システム，ピッキングディレクター方式（少量多頻度注文に対応する機械化）による商品仕分りなどが，そのシステム改革の代表的な内容であるが，これによって手間なく注文ができることを好ましく思い「便利なサービス」と認識した層が流入したのが，その特徴である（野村・生田・川口他1986：68-120；大窪1994：69-70）．

　例えば1980年代後半の京都生協では，1970年代後半とは異なり，夫の職業がホワイトカラー層だけではなくブルーカラー層，販売職の割合が高くな

っている．また，「積極層」すなわち生協の商品を利用するだけではなく，その場で活動も行う層に関しては，単に生協を利用する層やあまり利用しない層に比べ，リサイクルや合成洗剤不使用等の消費態度に差があることが明らかになっている（野村・生田・川口他 1986：101）．また 1985 年に実施された「京都生協支部組合員の暮らしと文化の調査」[2]では，共同購入を利用する組合員が大きく 2 層に分かれることが明らかになっている．すなわち，共同購入比率の比較的高い層と比較的低い層である．共同購入比率の比較的高い層は従来型の組合員像を持つ層である．つまり，消費者運動などに関心があり，生協には安全・安心な商品を手に入れることを期待して利用し，班会議への出席も比較的高い比率を示す層である．これに対して共同購入利用率の低い層は，低価格のものを志向し，またデザイン・ブランド物も扱ってほしいというニーズを持ち，コープ商品に対する思い入れも弱い（野村・生田・川口他 1986：112-119）．

　すなわち，単に生協を「自宅近くに商品を運んでくれるから，子供から目を離せない時期に外に買い物に行かずに済むから楽だ」と「利便性」を理由に加入する組合員，「安い商品が買えるから」という「低価格」を理由に加入する組合員が増えてくると，従来の「安全・安心な商品を手に入れるために生協に働きかけて，それを実現する」組合員とは違ったニーズを持つ組合員が増えてくることになり，従来の商品政策では通用しない状況が出現するようになる．例えば安全・安心な商品でも価格が民間のスーパーより高ければ，新しく加入した組合員はそのスーパーで安い商品を買ってしまい，生協では買い物をしなくなるだろう．また，「生活向上を実現するためには，自らが活動する」とは考えず，「ただ買うだけ」の組合員が増えてくる．したがって「生活向上のために活動する」組合員の数が組合員全体の比率からすれば減少することになり，「班」はニーズの実現すなわち「経営に参加し，自分たちの欲しい商品を開発及び仕入れさせる」場所ではなくなってしまう．

　こうした「転換」は組合員ニーズと実際に供給される商品の乖離を生む．90 年代にはバブル崩壊によって多くの生協が経営的な打撃を受け，特に生

協店舗は民間流通業に対する競争力を失っていく．すなわち利用が結集できず，従来の「安全・安心を求める層」ではない「利便性を求める層」「安価な商品を求める層」に対する商品政策は民間流通業に後れを取ることになり，特にそうした層に対応する商品は「規模の経済」の影響を受けやすいからである．

そして組合員の性格は，90年代以降さらに変質していくことになる．例えば職業を持つ組合員は調理に対する価値観を変化させ，加工食品を使用することにプラスイメージを持つようになった．また班が機能しなくなった後，共同購入に代わり個別世帯へ宅配する個人宅配（個配）の利用が進み，配達を担当する職員や他の組合員と顔を合わせ，商品のことについて議論する場が工夫しなければ設定できなくなってしまった．

2. 多様化について

こうして一生協に加入している組合員が多様化する背景には，ライフスタイルや価値観の多様化がある．

例えば上野千鶴子は「家庭を肯定/否定」「性分業を肯定/否定」という2つの軸からなる既婚女性における価値観の類型化を行い，また目黒依子は「夫志向型」「子供志向型」「家庭志向型その1（家庭を守ることを最大の関心事とする）」「ライフサイクル型（自分の役割が妻，子供が生まれてからは母，子供の独立後は妻と変化すると認識する）」「家庭志向型その2（妻・母・主婦等の役割をすべて家庭の世話としてひとくくりにして達成しようとする）」「自己志向型」「職業（キャリア）志向型」の7つに類型化する（大窪 1994：80）．こうした価値観の多様化は当然消費に影響をもたらす．例えば職業志向型の組合員は調理に時間を割けないため，加工度の高い食品に対するニーズがあるものの，それは従来型の手作りを好み，加工度の低いものを安全・安心だとする組合員のニーズとは異なってくるはずである．

また消費の単位が世帯ではなく，個人化したという現象も見逃すことはで

きない．住宅環境の変化から1人部屋を持つ子供が増え，その子供が必要とする商品は自室で使うものとなる．またコンビニエンス・ストアに置かれている商品は1人で使用することを念頭に置いて開発されている．塾に通う子供が夜食をコンビニエンス・ストアで調達することが可能になるのである．こうした消費行動が個人を単位とするようになる現象を，山口貴久男は「個食化」と呼んだ（大窪1994：58）．

1世帯に両親，子供2人という「4人家族」を標準的な組合員として考え，世帯を消費行動の単位として捉えることはもはやできなくなった．そして組合員がシングルマザー，シングルファーザーと言われる母親，父親どちらか1人に子供の世帯，高齢者夫婦のみの世帯，そうした世帯の割合が増えてくると，従来の「4人家族」を中心とした商品政策では対応できなくなる．また女性の社会進出が進み，昼間仕事に行く組合員が増えれば，共同購入した商品が届く場所に組合員が集まることが不可能になる．共同購入の担当者に対して自らのニーズを伝えることも，他の組合員と「どんな商品が欲しいか」というニーズについて議論することもなくなるのである．

さらに従来の生協組合員の階層は「高くてもいいから安全なものを買える層」であるが，新しく加入した組合員はそうではない．所得水準が低い組合員にとって大切なニーズは，「高くても質の高いもの」ではなく，「とにかく安いもの」である．

もっともニーズの多様化と言っても，食品はいわゆる最寄品であり，洋服などの買回品などと比較すると，こだわりは比較的低い商品であることに注意が必要である．ニーズの多様化に対応しようとしていたずらにカタログに掲載する商品を増やし，店頭の品ぞろえをよくしようとしても，それは過剰な対応になりがちであることに注意しなければならない．多様化の内容とはむしろその供給するタイミングや，加工の度合いや，必要とする数量の差である．全く異なる「多様化」というよりも，むしろライフスタイルや価値観による「細分化」と言った方が良いのではないだろうか．

3. 多様化と生協のアイデンティティ，商品に基づく参加

　こうした多様化に生協はどうやって対応していくべきなのか．その答えは生協のもつ民主性にあるだろう．

　組織が小さいうちは，生協に加入している組合員が直接運営に関わる機会が多くなる．小さい組織の中では，組合員は直接共同購入時に発生する代金回収などの労働も行い，そしてその際に職員と顔を合わせて自らのニーズを伝えることができる．自らが組織運営に関わることでようやく商品供給が可能になる状況では，組合員1人ひとりは責任を自覚し，運営に携わらざるを得ない．

　ところが組織が大きくなり，また多くの組合員が持つニーズに応えるために高度な経営知識が必要になる段階では，組合員と職員の役割は分化し職員には経営に対する専門性が要求されるようになるが，組合員がその専門性に対し，果たしてその政策が正しいのかどうか，検証する知識および責任を持ちづらくなってしまう．また加入人数が増え，職員との役割が分化してくると，専門性の必要なことは他の誰かがやってくれるかもしれないという状況になり，自ら運営に関わろうとしない組合員が増加する．

　したがってそうした自ら運営に携わろうとしない組合員の意見を引き出し，運営に活かす仕組みが必要となるのである．

　そもそも民主性とは，組合員が運営に参加し，議論によって運営の方向性を見出して実現していくことである，

　そしてその議論の中心には「商品」がなければならない．なぜならば組合員は商品を利用・購入するために生協に加入し，生活向上を実現しようとする存在だからである．

　2010年3月に出された「CO-OP商品の組合員参加とコミュニケーションのあり方に関する提言」[3] では，コープ商品開発に組合員がどのように関わっていたかということ，そして組合員とどのようにコミュニケーションをと

っていくべきなのかということについて述べられている．

まずコープ商品について，組合員はどのように参加してきたのか．

戦後すぐにはまず開発ではなく共同仕入れが始まり，その次に商品開発，すなわち生協のプライベート・ブランドであるコープ商品が生まれた．1960年代から70年代の急速な共同購入発展の中で，組合員は班での注文の集計や集金など，直接作業する労働力として，すなわち商品供給を直接助ける担い手として参加していた．1970年後半では，組合員は安全・安心な商品作り，すなわち添加物や農薬を減らしたコープ商品作りに直接参加し，またその商品を普及することにも参加した．1980年代では単位生協でのコープ商品開発が行われ，試作品づくりや試食，改善，開発普及に組合員が直接参加した．その単位生協に独自のニーズを実現するために，組合員が直接商品開発に参加したのである．1990年代には共同購入の品目拡大や店舗事業に取り組む生協が増加し，多様な品ぞろえを目的とする商品開発が進んだが，細分化したニーズに応えるためには固定的なメンバーで時間をかけて開発する委員会形式の参加では対応できなくなってしまう．すなわち，従来型の組合員が持つニーズに対応するためには，活動的な組合員の持つニーズでは対応しきれなくなってしまったのである．2000年以降，「ふだんのくらしをささえる低価格のCO-OP商品とテーマ性をもつ商品」が日本生協連の場で会員生協と共同開発されて誕生するが，組合員は強制的，定期的な商品開発への関わりではなく，自分の好きな商品に特化して商品開発に関わる形に変化している（日本生協連 2010：6）．

このように，商品開発への参加すなわちニーズの実現のための参加は変化してきた．時間が経過するに従って，組合員の住む場所から遠くで商品開発がなされること，そして単一の参加形態では商品開発が不可能になったことである．ライフスタイルや価値観の異なる存在を固定した委員が代表することはできない．また，商品の傾向をまとめ上げることもできない．ライフスタイルや価値観によって細分化されたニーズをその商品ごとにまとめ上げる手腕が，生協には以前より強く求められる．

そして「利用も参加である」という観点から，利用データや生協に対して出された声の分析が行われるようになる．また関心に基づいた商品に関わる活動への参加は広がり，こうした参加の場を作る必要性がある．

さらに組合員の声を事業評価に生かそうとする生協も現れてきている．組合員の声を検討する委員会や，商品政策およびリスクに関するコミュニケーション機会が設けられ，合意形成の場が設けられるようになっている（日本生協連 2010：8-9）．

(1) 民主性実現の困難化とその対応

昨今の生協は，民間流通業に対抗するために「規模の経済性」によってそれを可能にしようとしている．すなわち，共同商品開発機能や仕入れ機能を持った事業連合を複数の生協によって設立し，あるいは生協が県域を越えて合併し巨大生協を誕生させることが，それに該当するだろう．

しかしながらそうした巨大化には，必ず民主性の困難化がつきまとう．例えば，従来1県を活動範囲とした生協が商品開発を組合員と共に行っていたことも，複数の県域に跨る生協や，事業連合では困難になる．また複数の県域に跨った生協や事業連合が，より広範囲に存在する組合員の意見をまとめようとしても，例えば県を越えて集まることはなかなか難しく，従来にはない工夫が必要になるだろう．

そういった意味で日本生協連，事業連合，単位生協の役割分担が必要となってくるだろう．規模の経済性や効率性において，日本生協連が単位生協や事業連合と共同で商品開発を進めることが必要になれば，日本生協連は商品開発や取引から蓄積された商品知識や組合員のニーズを事業連合や単位生協に開示し，また開発の中心とならなければならない．そして組合員ニーズに近い場所にいる単位生協は，開発の担い手である組合員の声を聴きながら，全国的なニーズとの違いを認識しニーズの調整を行う役割を担うのである．

(2) 商品を中心にした参加のあり方

もともと組合員は生協の商品を利用・購入するために加入するものであり，商品が組合員参加の中心になることはそういった点からも当然であると言えるだろう．

商品に関する参加には2通りある．組合員活動としての参加と事業への参加である．組合員活動としての参加は生活向上を実現するための取り組みであり，生活の見直しである．そして事業への参加は「組合員の声を活かし，商品開発に結び付ける」ことである．その際従来は意識されなかった「実際の利用として現れる声」を意識し，事業改善に結びつけることが重要となる．

そして商品へ組合員が参加することは，生協運営への参加にもつながる．商品に対して声を出すということは，いずれ組織全体のあり方を問う声につながるからである．商品に対する声を出したことをきっかけに，生協運営に対して意見を言い，また自分の声だけではなく組合員全体のことを考える存在に成長する契機となる．

(3) 参加の事例

コープこうべでは，1970年代においては組合員が参加する機関会議の承認を得ながら商品開発を行っていた．しかしながら，直接参加による商品作りは，開発期間がかかる，商品改善や廃番が難しい等の問題があり，コープ商品の支持率が下がってしまう事態に至った．このことから，多くの組合員のニーズを把握するために，「組合員の声」のしくみ，実利用者層を対象とした商品評価等を行い，組合員の商品活動への参加には学習要素を盛り込むなどの工夫をしてきている．

商品を実際に利用・購入する層を対象とした商品評価としては，パネラー・モニター登録制度がある．これは家族構成・年齢など対象者の属性を登録したのち，実際に家で使用した感想を記録する，あるいは来館して調査に協力してもらう制度である．

また商品活動に組合員が携わる方法としては，「コープ商品協議会」「商品

係リーダー全体会」「商品活動つうしん」が存在する．コープ活動協議会は地区を単位として商品活動に携わる組合員を選出する制度であり，12名が年7回集まり商品説明を聞き，意見を出すものである．商品係リーダーとはコープ委員会より1名ずつ選出される役職であり，開発・改善計画のなされている商品に対し，情報提供を行う．「コープ商品協議会」と「商品係リーダー全体会」では，開発予定商品そのものの情報提供とともに，その商品の仕様書の背景や開発コンセプト，その商品が開発されるようになった社会の変化，その商品に反映されている安全についての捉え方などを学習する機会となっている．このことによって，主観的な「自分が欲しいから開発して欲しい」という意見ではなく，客観的に「この商品にはこういった良いところがあるから，自分以外の人からもニーズがある」という考え方を引き出し，商品開発・改善につなげていくことができるのである（日本生協連 2010：40-41）．

この他コープこうべには，「コープスおいし差投票キャンペーン」という制度がある．開発途中の商品を2つのタイプに分けて試作し，実際の店舗で販売してどちらが良いか投票してもらい，その結果に基づいて開発する制度である．商品に対するコメントはホームページ上で記入でき，他の組合員のコメントも見ることができる．開発経過は逐次ホームページ上に掲載され，開発プロセスを組合員に知らせる工夫がなされている．

こうした手法は民間企業でも，インターネットが一般家庭に普及した1990年代後半からよく取られているが，民間企業の商品開発と異なる点は「商品に関する知識を知らせ，学習させる」点にある．例えば「コープスバターロール」の開発に関しては，試作品2品の何が違うか，それがパンの食感にどのような影響を与えるのかについて，ホームページでわかりやすく説明されている．組合員はその説明によってパンの製法を知り，それがどのように食感に影響を与えるのか知ることができる．そしてそれを商品化の根拠にしながら，実際開発する商品を選択できるのである．

商品開発に参加するということは，責任を伴うことである．自らの意見が

他の組合員のニーズに反していることを無視して意見を出し，それが開発に活かされることは生協に損害を与えることになりかねない．したがって商品に対する知識や開発背景を知り，自らの意見が客観的に他の組合員のニーズを代表する，あるいは気づかなかったニーズを顕在化させることのできる，支持される商品なのかについて知る機会がなければならない．商品開発に対する意見に責任を持たせるために組合員を教育する，この点が民間企業の商品開発と，生協の商品開発との違いである．

パルシステム（静岡県から関東にかけて，1都9県の組合員が利用する宅配専門の生協）では，「商品開発チーム」という制度が存在する．これは商品開発に携わりたいと思った組合員が希望制で登録されるものであり，任期は1年である．開発チームに加わった組合員は活動の内容をまず知ることから出発し，商品研究を行い開発の準備をする．組合員アンケートによって開発する商品のコンセプトを知り，そのうえで開発する商品のイメージをまとめた後試作されたものには，開発メンバーの学習成果が反映されることになる．味や価格，量目等を実際のニーズに近づけた後，その商品は商品選考会に出品され，開発されるかどうかを審査される．審査を通過したものが商品化され，そうした商品化の経過は活動報告会で報告されることになる（日本生協連2010：52-53）．

この商品開発チーム参加を通じ，組合員はパルシステムの商品に設定している基準を知ることができる．また職員やメーカーと共同して商品を開発することにやり甲斐を感じ，自己実現を果たすことができる．この事例においても注目しておきたい点は，「商品開発時に組合員教育が行われる」ことである．商品開発に携わった組合員は，生協側が設定した安全安心の基準について理解をし，それを共有して開発に取り掛かることになる．実際に開発に携わると，それまで注目しなかったカタログに書かれている商品に対する文言にも注目するようになる．商品開発に携わることによって商品および開発過程に関する知識を得て，それを実際の消費に活かせるようになる．組合員は自らの消費生活を向上させる契機を得ることになるのである．

またパルシステムには，特定の商品を繰り返し購入する組合員に対し，その商品を改善する際のモニターを募集する制度が存在する．該当する組合員は生協からメールを受け取り，試供品を安価に購入する機会を得る．試供品は従来品とセットにされており，組合員はホームページでどちらを支持するか，試食した感想を書き込むようになっている．実際使用する組合員をモニターにし，ニーズを取り込む制度として工夫されている．ただし商品に関する知識の伝達や詳しい説明によって商品を知る機会としては，情報の受け手である組合員が注意してこの制度を自分に役立てようと意識する必要がある．

　今まで見てきたコープこうべとパルシステムが重視している「商品への参加」からは，以下のことが言えるだろう．従来の固定された委員をはじめとする活動的な組合員が，継続的かつ包括的に商品開発に携わるやり方では，もはや通用しない．固定された組合員は，転換期が意識されるまでは，その他大多数の組合員が持つニーズを代表する存在だと認識されており，したがってその組合員の意見に基づいた商品開発は支持されるはずだからである．ところが転換期が認識された後，そのやり方は通用しなくなった．それはライフスタイルや価値観の多様化に伴ってニーズが細分化し，特に転換期後活動的組合員とは異なる属性を持つ層のニーズと活動的な組合員層が持つニーズとが異なることが明らかになったからである．また固定した組合員がずっと関わるよりも，特定の商品や期限のある商品活動に参加する組合員の数が増えることの方が，参加の機会をより広く開放するという点では好ましいと考えられる．

　ただしこの特定商品に期限付きで関わるという参加のあり方には問題もある．それはかなり工夫をしなければ，特定の商品開発に参加した組合員の意識は特定商品に関わるものにとどまってしまい，生協全体やもっと広く社会全体のことまで学習しようという契機にすることが難しいからである．特に生協の経営に責任を持った商品開発を意識することは，単にその商品が好きだから商品開発に参加したという動機を持つものにとってかなり難しいことだと思われる．そうした時に必要なのは，「商品開発の意味を知らせる」こ

とと「その生協独自の商品開発コンセプトが，その生協のアイデンティティを支えることになる」ことを理解するための説明を工夫すること，説明手段を工夫することにあるだろう．その際，生協が持つ商品開発コンセプトが揺らぐような商品を開発してはならない．商品開発には統一性が必要であり，その生協が大切にしている価値を揺るがせるような商品は，たとえ取り扱ってほしいという意見があっても開発を見送るか，あるいは生協の持つ価値自体を見直すかという熟慮された上での決断が必要である．また，せっかく商品開発に携わったとしても期限付きまたは固有の商品のみに携わるという参加の仕方であるため，せっかく商品開発時に行われる商品学習によって商品に対する知識を高めても，それが継続できるかどうかという問題もある．こうした場合，商品開発に関わった経験者が得た知識を交換し合う場所が必要であり，その場所はソーシャル・ネットワーキング・サービスに代表されるような時間に制限のない，かつ意見を書き込むのに障壁が低い手段が適切だと考えられる．

　また「声なき声」をニーズとして顕在化させる取り組みは，民間企業のそれよりも優れていなければならない．組合員の購買情報を科学的客観的に分析し，それに基づいた商品開発能力を，生協は身につけなければならない．

(4) 水平的な組織（対等な関係）「よこ組織」での民主性実現

　運営に参加する場であった班はもう機能していないのであるから，生協での民主性を実現するためには，他の場所を探さなければならない．従来の生協は，班を起点として委員会，地区委員会，理事会と「たて」にニーズを伝えていく「たて組織」が民主性を実現する場であった．ところが班が機能しなくなった後では，その他の方法によって民主性を実現するしかない．その方法の1つとして挙げられるのが「よこ組織」による民主制実現である．班を起点とする従来の組織を「たて組織」とすれば，ここでいう「よこ組織」というものは，以下のような組織を指す．継続的かつ固定的に関わるたて組織とは異なり，期間を限定できるもしくは関心事のみ関われるような，自由

度の高い組織のことである．「固有の製品に特化した話し合いの場」を作ること，その手段としてソーシャル・ネットワーキング・サービスを利用することが1つの提案として挙げられるだろう．

　ライフスタイルの多様化した組合員は，生協の活動に参加したいと思う動機も，いざ活動に参加する時間帯も同じにすることは難しい．そうした場合，その組合員が特に関心のある商品について論点を絞り，またその論点に限定した話し合いの場を持つことは，きわめて有効な手段になってくる．実際こうした商品活動に特化した活動は成功を収める場合が多く，またこうした「よこ組織」のあり方は，「生活向上を商品開発によって果たす」という，本来の生協のあり方に叶っているとも言えるだろう．

　ただしいつでも自由に抜けられる「よこ組織」に参加した組合員に欠如しがちなのは，生協運営に対する責任や自らが社会に与えるだろう影響力を自覚して，運営に参加する意識である．自らの参加が生協全体に影響し，また社会を変えるきっかけになり得ることを自覚するのに，短期間の参加では伝える情報が限定されていることもあり，よほど工夫しない限り難しい．

　それではいったいどうすればよいのだろうか．1つのヒントとしては，ある商品が生活や社会のあり方を変えた事例を継続的に知ることによって，商品開発が生活向上をもたらすことを自覚するような情報を組合員に与え続けることが挙げられるだろう．例えば国産の農産物を買い支えることが，自給率の上昇につながることを具体的な生産者の声という形で伝えれば，国産農産物およびその加工食品に関心を持つ層は一定程度現れるだろう．

　そして生協の運営に携わろうとしないのは，自分が関わることで何が変わるか見えづらいという理由もあるだろう．自ら関わって開発した商品が組合員の大半，あるいはその商品が必要不可欠な組合員にとっての生活向上をもたらすこと，そしてその結果が供給増に結びつくことを，順を追って説明し学習させることによって，組合員自身の自己実現を図らなければならない．自らが社会を変えられることを意識すれば，その組合員は商品開発やその商品を消費することに意義を見出す．そしてそれが商品の支持につながり，生

協の健全な運営を支えるのである．

4．「買うだけ組合員」の解釈

「買うだけ組合員」という言葉は，「活動をしない組合員」という意味で従来はマイナスに使われてきたものであったが，転換期以降の生協においてはこれを再解釈する必要がある．日本生協連が1987年3月30日・31日に開催した『1987年度・全国商品活動研究会』の配布資料には，「商品活動の第一歩は利用であることをみんなで確認し，生協の商品を利用することの大切さをひろげていきましょう．利用も参加です．」（日本生協連1988：14）との文言がある．したがって利用するだけ，買うだけという行動を，その商品に対する明確な意思の表明と解釈して，それを運営に活かす必要性がある．

「買い支える」という言葉がある．ある商品を継続して買い続けることによって，その商品は支持され再生産されていくのである．したがってまずは「買って自らのニーズを明らかにする」ということは，生協に対するニーズの表明であることを評価し，そうした「買うこと」から出発した「関わりやすい活動」を構築していく必要があるだろう．特定の商品における活動，すなわち「よこ組織の活動」は，「買うだけから活動するきっかけを提供する」機会だといえるだろう．

その際に必要なのは「商品に関する説明」である．例えばなぜこの商品がこの価格なのか，それが品質に基づいた適正価格であるということを説明することによって，「生協の商品は高いから不要である」という考え方を是正するきっかけになるかもしれない．また，「安いものには理由がある」ということにも気づかせるきっかけ，すなわち輸入食品が安い理由や商品に適正な対価を支払う必要性に気づくきっかけになるかもしれないのである．

5. 「知らせる」「説明する」ということ

(1) リスクコミュニケーションのあり方

　生協は「安全・安心」を実現する存在ではあるが，安全・安心は 100 パーセント保障されるものではない．すなわち商品にはリスクというものが確実に存在することを，組合員に知らせる必要がある．

　リスクコミュニケーションとは，リスクを分析する際に関わるすべての存在，すなわちメーカー，卸売，小売，原材料生産者がそれぞれの立場から情報を交換することを指す．具体的には生産し流通する立場の者はリスクの管理を行い，第三者機関はリスクの大きさを査定し，そして消費者はそのリスクについて知り意見を交換するのである．

　ここで組合員が普段情報を判断する際，自らの経験で判断しがちであり科学的客観的な判断はしにくいことに注意しなければならない．生協がリスクについて丁寧にわかりやすく，組合員にわかるような平易な言葉で常に伝えようとする努力が必要となる．

　もともと生協は高度成長期の添加物大量使用や環境汚染，食品事故に対抗する存在であった．その取り組みがコープ商品開発であり，それが「生協の商品は安全・安心である」という社会的評価につながったのである．また，1990 年代後半から，生協は食品の安全を確保するための社会的システム構築に取り組んだ．1998 年に『食品の安全と安心～食品の安全に関わる生協の基本政策確立に向けて』の中でリスクアナリシスの視点を明らかにし，翌 1999 年には食品衛生法の改正を求める国会請願運動に取り組み，2003 年の同法改正，食品安全基本法の制定を実現した（日本生協連 2010：21）．

　ただし科学的な評価が変わり，以前は不使用とされていた物質が使用されることに基準変更した場合でもそれがうまく説明できないことから個々の商品には不使用としていた等，コミュニケーションの不十分さからくる不統一が存在した．これは「添加物や農薬は危険である」というごくありふれた考

え方に対し，リスクの大きさと安全性を説明できなかったことにその原因がある．

またCO-OP手作り餃子重大中毒事故では，「生協だから安全・安心」だという世間一般のイメージが覆された．これは単位生協と日本生協連とのリスク情報の連携や，検出された農薬成分の情報提供の在り方など，さまざまな問題点が明らかになった事故であった．そもそも検査で安全性を100％表明することはできないものの，そのことを説明できなかったことにむしろ問題があったといえるだろう．CO-OP手作り餃子重大中毒事故を反省し，各生協では組合員リーダーや総代に対する報告と話し合いがなされた．日本生協連と単位生協・事業連合の間では，重大事故が起こった場合のコミュニケーションを共有化するためガイドラインが整理され，また単位生協・事業連合では商品事業に関わるリスクコミュニケーションが体系化された．

リスクコミュニケーションを行う際必要なことは「双方向性」である．単なる科学的知見の一方的な押し付けではなく，組合員がリスクに対して不安な気持ちを抱いたことを理解したうえで，リスクを小さくするためにはどうすればよいか繰り返し説明することが必要となってくる．また，マイナスの情報を隠ぺいすることなく開示し説明することによって，信頼性を逆に獲得できるようにしなければならない．もともと組合員と生協職員の間には，共同購入で培った他の組織にはない双方向性のあるコミュニケーションをとれる可能性が存在しており，その経験を生かした双方向性のあるコミュニケーションを通じ，組合員の不安を解消する必要性があるだろう．

「CO-OP商品の組合員参加とコミュニケーションのあり方に関する提言」[4]では，CO-OP商品に関するコミュニケーションについて強化すべき点をまとめている．それは「双方向・まずは聴くこと」「見える化」「会員生協と日本生協連の共同」である．組合員の聞きたいことを摑み，声が実現されていることを可視化できるようにする．そして日本生協連，事業連合，会員生協が役割分担をしながらCO-OP商品に関するコミュニケーションをともに進めていくことが求められている．コミュニケーションの機会となるのは，

単位生協や事業連合ではコールセンターやインターネット上での組合員活動，可視化するための媒体としては広報紙やホームページが挙げられる．日本生協連では「お問い合わせセンター」とホームページで，双方向性のあるコミュニケーションや可視化を実現しようとしている．

ユーコープ事業連合（現生活協同組合ユーコープ）では，2003年よりユーコープ加盟の会員生協（当時）でのリスクコミュニケーション委員会設置を行い，ユーコープではリスク管理委員会を設置していたが，餃子事件以来ユーコープ合同のリスクコミュニケーション委員会を開催した．参加者は委員長，副委員長，外部有識者，ユーコープの会員生協（当時）組合員委員，職員（会員生協専務・組織本部長，ユーコープ職員）であり，事前にリスクコミュニケーションの概要説明とアンケートがなされている．当日はテーマの設定，外部有識者からの報告，討議，アンケート等の流れで進められる．外部有識者からの説明によって，組合員は客観的なリスク情報を得ることができる．

またユーコープ[5]では，2009年から「食品の安全を伝えるコミュニケーション会議」が開催されている．これは品質保証に関わる活動及び提供商品に対して，組合員の目線から助言・提言を得ることを目的としている．参加者は会員生協（当時）組合員理事，外部有識者，ユーコープ・会員生協（当時）役職員，日本生協連の職員である．

こうした委員会を開催する目的を，ユーコープは「組合員意識や商品が変化する中で，コミュニケーションの質を高めることで，安心して商品を利用いただける状態にしたい」とする（日本生協連2010：48-49）．ユーコープはリスクコミュニケーションを通じ，組合員は科学的視点で自らの選択基準や価値観を持てるような学びの場の提供，組合員の立場に立った情報の発信によって，組合員が生産から消費に関わる理解を促進したいと考えている．

次にエフコープ[6]では，「食の安全懇話会」を2004年から開催している．組合員，役職員，生産者，製造加工業者，外部有識者，行政機関を交えてコミュニケーションする場がこの場であり，必要な対応措置についてエフコー

プの理事や関連各部に問題提起を行うとしている．この懇話会ではこれまでBSE 問題や鳥インフルエンザ問題などが議題になっている．そしてコミュニケーションを行う上で大事なこととして，「考え方の違いを認め合う」ことや「問題点を共有できるよう」コミュニケーションを行うとしている．

　また組合員活動の中でもコミュニケーションが行われている．乳牛に遺伝子組み換え飼料をやめた際には，組合員は生産地を見学し，生産者と意見交換を行った．そして遺伝子組み換え飼料や牛乳について学び，県下 4 か所でリスクコミュニケーションの場が設定された．その際組合員は遺伝子組み換え飼料に対して不安な気持ちを抱きながら，産地が飼料高騰や資材高騰によって打撃を受けていることを知り，自分たちの利用が産地を支えることを学習したのである（日本生協連 2010：46-47）．

　以上商品に関するリスクについてのコミュニケーションについて述べてきた．組合員に対しては，リスクはゼロにできるということが間違いであること，そしてなぜそのリスクを背負わなければならないのかについてまず知らせる必要がある．そして「リスクはゼロにはできないが，それを小さくするための方法はある」「リスクが起きた時どう対処するか」について，組合員の不安を解消するように双方向性のある説明をすることが必要である点は強調しておきたい．そしてそれを実現するための仕組みづくりとしての役割分担や，説明するための場所づくりも併せて必要である．

(2) 知らせる，説明すること

　以上組合員の多様化の実態や参加のあり方について見てきたが，その際大切なことは組合員に「知らせる，説明すること」である．

　組合員に知らせる，説明するということは生協への理解を深めること，また活動のきっかけやニーズの結集，そして組合員自身の生活向上のためにも重要なことである．組合員自身が社会的にどのような状況におかれているのか，その結果どのような経済的状況に直面しているのかを知り，自らが生活向上のためにどのような努力をすればよいのかを知るための知識を提供する

のは，生協の重要な役割の1つである．

　商品の裏に書かれた説明や，宅配カタログの商品説明を読んでその商品がなぜその品質なのか，なぜその価格なのかを知ることで，組合員はその商品を買おうという気持ちになる．またその商品の品質を維持するために，自分に何ができるかを説明することによって，自分も商品開発に携わろうという気になるかもしれないのである．

　そして最終的には，組合員自らが生協に関わり，生協を運営していく存在だということを自覚させなければいけない．組合員には「買い支える」責任がある．自らの生活向上を目指す権利があるのと同時に，組合員には運営に参加する責任があることを知らせ，説明しなければならない．組合員は受動的な「お客さん」ではない．たとえ「買う」という行為だけでも，自らの意見を主体的に表明する能動的な存在でなければならないのである．

　そのためには科学的客観的な事実を「わかりやすい言葉」「わかりやすい媒体」で説明することが必要になると同時に，「組合員自らが運営の担い手である」ことを強く主張する必要がある．

　まずは「買う」ことから支持を表明できること，そしてそれを起点に例えば特定の商品開発に携わることや詳しく知ることによって成長できることを，生協は組合員に対して説明していく必要があるだろう．

　生協をはじめとする協同組合には「教育の重視」という原則が存在する．組合員が生活向上を果たせるようになるための知識を組合員に対して提供し，組合員に学習の機会を提供することは，協同組合原則の上からも重要である．そしてその学習の成果が社会全体の向上につながることを，組合員1人ひとりに目覚させるような学習機会や方法が必要である．

　ボランティアや社会活動に関心のある若者は，講義の受講者の様子を見ても一定程度存在している．したがって生協でも社会を変えられる活動が出来ることを自覚できるとすれば，生協にも関心を持つ人達が増えることが想定される．そしてその社会をより良く，民主的に変えられる活動は，本業の商品政策でなければならない．転換期を過ぎてニーズが細分化された時代だか

らこそ，そのニーズを出し合った組合員同士が話し合い方向性を決めていく民主性が実現されなければならない．それが生協のアイデンティティである．

注
1) 全労済協会実施の調査「協同組合と生活意識に関するアンケート結果」2012年より．
2) 京都生協消費生活研究会が組合員センターの周辺地域で1984年11月に実施した「京都府民の暮らしと文化の調査」1985年3月に実施した「京都生協支部組合員の暮らしと文化の調査」によるもの．
3) 日本生協連が2006年に取りまとめた「これからの生協における組合員参加と組織のあり方に関する提言」による組合員との関わりを増やしより良いものにすること，「新・CO-OP商品政策」によるCO-OP商品への組合員参加強化，2008年度日本生協連に設置された事業構造基本問題検討小委員会での答申「CO-OP商品への組合員参加とコミュニケーション検討委員会の設置」に基づく委員会が検討した成果をまとめたもの．
4) 同上．
5) 2009年時点では，「生活協同組合連合会ユーコープ事業連合」のことを指す．コープかながわ，コープしずおか，市民生協やまなし，生活協同組合うらがCO-OP，全日本海員生活協同組合，富士フイルム生活協同組合が加盟した事業連合がユーコープであった．2013年3月21日コープかながわ，コープしずおか，市民生協やまなしが合併し，神奈川・静岡・山梨を事業領域とするユーコープになった．
6) エフコープとは，福岡県内で個別宅配，共同購入，店舗事業を展開する生協である．

参考文献
大窪一志（1994）『日本型生協の組織像』コープ出版．
野村秀和・生田靖・川口清史編（1986）『転換期の生活協同組合』大月書店．
日本生協連（1988）『1987年度・全国商品活動研究会』．
日本生協連（2010）「CO-OP商品の組合員参加とコミュニケーションのあり方に関する提言」3月．

第7章
情報社会における協同組合運動

1. 協同組合運動の歴史と現代社会

　現代の私たちの生活は様々な情報端末に囲まれている．パソコンや携帯電話といった情報端末の個人所有が拡大した1990年代後半期以来，私たちのライフスタイルは大きく様変わりしている．情報社会の実現は，私たちのくらしを便利・快適にするだけではなく，新しい社会変革をもたらすものだという期待もまた大きい．本章では，情報技術の進展が現代社会にもたらした影響について，コミュニケーション様式という側面から協同のあり方がどのように変化しつつあるのかを考えていくとともに，購買生協が歴史的に培ってきた協同組合運動のあり方を振り返る．
　生協運動の歴史は，消費者の立場からよりよい経済社会を生みだしたいという切なる希望を抱きながら展開されてきた．生協運動の特徴は，それが事業体でありかつ運動体であるという二重性とともに，「出資・利用・参加（運営）」という3つの側面にわたって関与することで，組合員1人ひとりが運動の主役であるという自覚を新たにする点にあった．そして，この組合員

民主制によって運営される共同組織としての事業体は，必然的に地域社会全体に対する奉仕も直接の目的としていた．

なにより生協運動の固有性として見られるのは，それが財・サービスの生産―流通・交換―消費を介して人間的なつながりを維持し促進していこうという独自の考え方である．経済活動を促進させる市場システムの利便性は，今日にいたるまで私たちに一面の豊かさを与えてくれたが，価格の高低といった単一の尺度に反応するだけではなく，多様な声が直接反映されるようなモノの流通こそが生産者にとっては活動の励みとなり，消費者もより広い視点から社会的価値を学ぶ機会を得ることができる．こうした経済ヴィジョンこそが生協運動を推進する中核的な理念であった．

たとえば，日本の生協運動の源流の 1 人である賀川豊彦は，「人格経済」に基づく社会の実現を理想として提唱し，協同組合がその中心的な運動の担い手であると考えた（賀川 2009）．彼の胸にあったのは，経済が人間生活の根本にあるとともに，生産―流通―消費というモノの流れは，人間の人格を高めるような循環を築くことができる――そうあらねばならない――のだという確信であった．彼の経済観は，隣人愛や兄弟愛といった宗教的倫理性が色濃く反映されており，その理想主義的漸進主義は，現状肯定的派と革命による性急な社会変革を求める者たちの双方から指弾される．賀川の思想は，私たちの生きる不完全な社会に対して，それを全面的に受容するか拒否し別の社会に取り替えるのかといった二択ではなく，この社会そして人間のもつ〈潜在力〉を高め，より善きものへの成長を望むものである．端的には資本制経済社会に追従するか拒否するかではなく，より人間的な経済社会はあるのか？ というのが賀川豊彦を源流の 1 つとする日本の生協運動が共有してきた問いである．賀川は，当時の社会問題を体現していたスラムに住み込み，観察し，その悲惨さを――自分たちにはかかわりのない――彼らだけの問題としてではなく，まさに私たち自身の問題であることを多くの人に伝え，理想をもって現実を変革しようとした実践家であった．そうした格闘のなかで辿りついた途が協同組合運動であったことは忘れてはならない．

戦後の購買生協運動もこの途を歩んでいる．たとえば，そのユニークな事業展開が注目されつづけている生活クラブ生協は，氾濫する商品経済の問題性を深く自覚するなかで，人間性をその基礎においた経済を構想してきた．商品ではなく「消費財」という言葉を用いることなどはその端的な例となるが，モノの流通にオルタナティブな可能性を志向することが運動の担い手に共有されてきた．消費財の流通というシステムにおいては，売り手・買い手による取引＝交換の場が，同時に，組合員の意見交換の場として活用され，さらには，これまでにはなかった社会・経済認識を創造し実験し流通させるプラットフォームとなるような工夫が見られた．こうした社会的つながりの再生・促進を希求する生協運動においては，事業と運動という二重性自体はなんら不自然なものではなく，本来的な経済活動のあり方を取り戻す上で必要な姿であったといえる．

　賀川豊彦から生活クラブにまで一貫して流れているのは，それ自体がまさに問題の根源とされてきた経済や市場を通じて社会と人間性を改革しようという視座であろう．私たちは，市場や経済といった言葉に対してあまりに無機的なイメージを連想しがちであり，だからこそ家庭や仲間，さらには地域社会まで含まれる親密性を基礎とした相互行為と対立的に捉えがちである．モノあるいは価値がある場所で作られ，運ばれ，そして使用＝消費されるというプロセスは，その始点から終点までの距離（空間的であるとともに時間的な意味でも）が長くなればなるほど私たちの想像力を分断し，そのいずれの地点にも存在しているはずの人びとの顔を見えなくさせる．これと対抗する方法として，市場を介さない，顔の見える範囲で自足する社会を構想する途もあるが*，私たち1人ひとりが消費財の流通に参与することが，人びとの分断を亢進するものではなく，それとは逆に，コミュニケーションをより活発にさせ，新しい関係を創りあげ，連帯を拡大させることもある．このよ

---

　* かつてのオーウェン派を中心とする初期社会主義にくくられる協同組合運動の先人たちは自給自足の共同体（コミューン）の建設を目標とし，コミュニタリアンと呼ばれていた．

うな視点は，協同組合という経済運動を〈隣人愛の実践〉そのものであるという理解へと賀川を至りつかせたものであり，生活クラブが提案したライフスタイルや価値が多くの共鳴者を呼び事業を拡大させた背景にも同様の思想があるように思われる（岩根 2012）．

2. 企業の社会性・公共性と消費者のエンパワーメント

リーマン・ショックという惨事を帰結させた 2000 年代における金融資本のグローバル化は，露骨なまでに株主資本主義の徹底へと向かうものであった．あくまで金銭的尺度によって計測され，またリスクを極小化するために短期的な回収へと向かわざるをえない株主利益の最大化は，事業が経済的利益の対価として社会に提供する本来的価値＝社会的有用性に対して企業を鈍感にさせ，企業自身の寿命も短期化してしまうという皮肉な結果を生んだ．「価値尺度の単一化」と「事業活動における短期的利益の追求」は，経済活動から人間性を奪う悪循環を生むことになったのであり，こうした事態への反省は，多様な価値を包摂し，長期的視座にたった活動を促進させられる経済を実現していこうとする問題認識へとつながる．

金融資本主義が主流化するゼロ年代の時代状況にあって，多くの協同組合はグローバル企業と同じ轍を踏むことはなかった．その理由として，組合員による民主的手段を通じた組織運営の方法や，資本参加の目的に社会性や公共性の共有が見られることが指摘されている（Ketilson 2010）＊．一方で今日の私たちが目にしているのは，協同組合とは明らかに異なる性格の私企業が，社会性や公共性を経営戦略に反映しはじめている状況である．株主やその代理人とされる経営者だけではなく，従業員はもちろん，消費者・顧客や

＊ Ketilson は，事業体としての 5 年以上存続率は私企業 40％ に対して協同組織は 60％，10 年以上存続率は私企業 20％ に対して協同組織 40％ というカナダ・ケベック州の統計を引きながら，協同組合の強靱さ resilience の理由を民主的な運営や短期的利潤を追求しない資本参加のあり方にみている．

地域社会の成員など，多様なステークホルダーの意見を採り入れ，社会的責任に自覚的であるような企業が増加してきている．

　こうした社会性・公共性を志向する私企業の台頭にもっとも大きな影響を与えたものの1つが，消費者との関係の変化である．企業による商品の生産・供給は，それ以前から消費者の価値観の変化に敏感に応えられるよう改善されてきたが，あくまで単純な顧客志向・顧客中心主義にとどまっていた．企業も短期的利益を追い求めるだけではなく，創り出す商品の社会的価値に自覚的であることが利益の維持に不可欠の要素となり，株主や従業員だけではなく，消費者自身が，より直接的に声をあげ，企業価値に貢献するようになった．この変化は，グローバル金融資本主義の行き過ぎに対する企業側の反省だけではなく，消費者自身が単なる顧客から脱皮したことに影響を受けている．こうした，生産者─消費者の関係の変化のさらなる原因としてしばしば挙げられるのが情報社会である．

　情報社会とは，情報技術を基盤にしたライフスタイルの変容を示すバズワードであるが，単なる生産技術の革新と混同されてはならない．消費者ニーズの流行に敏感に対応できるような技術革新やニーズの多様性を反映した多品種少量生産は，流通における販売時点情報管理システム（POS）の導入や工場生産ラインのポスト・フォーディズム化など，1980-90年代にかけて発展したが，生産・流通における企業の情報化（IT化）は，あくまで情報社会の本質を表現してはいない．

　情報社会への転換は，1990年代後半期から段階を経て2000年代後半期以降に普及した技術革新にその多くを負っている．この時期の技術革新に共通しているのは，情報端末の個人所有やインターネットによる情報へのアクセシビリティの高度化によって実現される〈情報による生活者のエンパワーメント〉である．情報を取得するための多くの障害が取り除かれ，生活者1人ひとりが，必要とする情報に簡単にアクセスできる．旧来のマス・メディアが典型的にもっていた情報の送り手（作り手）と受け手との間にあった一方向的な情報流通の構造が崩れはじめたのも同時期の技術の特徴とされる．情

報量が拡大しても，官公庁や大手メディアといった寡占化された川上から川下への情報流通の構造が固定されたままであれば，十分なエンパワーメントとはいえない．問題関心を共有する者たちが自発的に相互に意見を交わし合う場が誕生したことが情報社会の特質であり，先にみた企業行動の変化はそれを受けたものである．

　購買生協そして協同組合運動において真摯に受けとめる必要があるのは，マス化された消費の終焉によって生まれた〈生活者＝消費者〉像の転換が，情報社会への転換と軌を一にするものであった点である．生活者のエンパワーメントを実現させる情報技術は，生産者と消費者との距離や関係性に変化を起こす．これまで協同組合組織の特徴であった多様な声を事業に反映することや事業目的の社会性といった要素を導入できるかどうかが企業にとっても生き残りの試金石となっているなか，生協もまた，これまでの方法でよしとするのではなく，自らのアイデンティティをいかに再活性化させるのかが大きな課題である．

　情報技術の革新が生産者側に偏っていた90年代の「行き過ぎた顧客主義」の下，理想を掲げる組合員たちは，苦々しい思いでそれを引き受けるしかなかった．しかし，現代は，これとは真逆の課題を引き受けねばならない．この点について，90年代の生協運動を振り返りつつ考えていこう．

3. 社会の変化と運動の変化：生協の90年代

　1990年代初期のバブル経済崩壊以降の20年不況のなか，今日の私たちが直面している社会問題は，装いこそ新しいが，不安定就労や貧困，買い物難民，保育園難民など，くらしの中核にあり続けてきた普遍的な課題の再来といえる．80年代を通じて完成した日本型生協モデルも，90年代にははやくも翳りを見せ，大手流通資本との競争のなかで「〈消費者の組織化〉から〈消費の組織化〉に基づく事業への転換」が見られるようになった（中川 2000：15）．〈消費者の組織化〉が，生活という平面において直面する多様な

諸問題に対して「消費者が協同して取り組む」ことを志向するものであったのに対し，〈消費の組織化〉では，顔の見える消費者同士の連帯といった契機が失われ，匿名の顧客ニーズに即応する事業に適した組織化，トレンドに敏感なマーケティングへと変化していく*．

　90年代は，男女共同参画の推進による女性の雇用機会の拡大とともに，バブル崩壊後の長期不況下での窮状化する家計と経済的必要にせまられて共働き世帯が増加した時代である．主役であった彼女たちが運動の現場から撤退することで，消費者の協同の基盤が脆弱化した．

　社会環境の変化によって主婦組合員に立脚した日本型生協モデルが翳りを見せたことは，当の日本型生協モデルの成功が，実際のところ，日本社会全体の歪みの上に成立したものであったことを再認識させた．それでもなお，80年代までの生協運動は，露骨な形で存在していた労働市場のジェンダー格差といった歪みのなかで，女性たちに押し付けられた「職業か，家庭か」といった二者択一の選択肢に対する，「協同して地域に生きる」という彼女たちが選んだ第三の道，オルタナティブな提案であった．同時期のヨーロッパの生協運動が男性中心に組織化されていたのに対し，いわゆる〈日本型生協〉は，その主体的組合員層が専業主婦＝女性によって担われてきた．その後に生みだされる運動としての脆弱化や参加熱の停滞といった諸問題は，「自覚した主婦・消費者の運動体」という日本型生協運動の性格が維持できなくなる社会構造全体の変化，彼女たちの（常用）雇用労働力化に起因するものであった．

　しかし皮肉なことに，主力であった専業主婦層の運動からの撤退は，直接的に生協の翳りを引き起こしはしなかった．彼女たちを顧客とした最先端のマーケティングに取り込む〈魅力あるサービス供給者としての生協〉への転

---

　* 消費の「組織化」は，ターゲット層の形成とほぼ同義であり，消費者の主体性が露骨に奪われている．特定の消費者カテゴリーの中へと私たち1人ひとりが編入される力学が支配的となることは，個人主義を伸張させるとともに連帯の契機を根底的に切り崩すものといえる．

換という段階を経た上で，翳りの時代へと向かうのである．生協の特徴である消費者との距離の近さは，〈サービス経済化への重心移動〉というその後の流通業におけるトレンドに先鞭をつけるものであり，次の時代に適したサービスをいち早く準備することになる．そして，このことが消費者の客体化と彼らの〈消費の組織化〉を迅速に進め，タイムリーな商品を提供する「サービス装置」として生協事業が展開される．OCRによる注文システムやピッキングディレクター方式による商品仕分けシステムの導入など，生産・流通事業者としての情報システムの導入は，生協が顧客中心主義的なマーケティングに力点を置き換える上でも象徴的なデバイス群であったといえる（大窪 1994：68-71）．

専業主婦に主導された時代が先行していたからこそ，生協は，女性の社会進出や常用雇用化にともなって新しく求められる消費者ニーズに敏感であった．この意味で，80-90年代における生協の事業体としての競争力は，これまでに蓄積された運動体としての社会的資源をブランド価値として切り売りすることで維持されたとも言えよう．しかし，それに続く単身世帯の増加といった世帯構成の変化を背景に台頭してきたコンビニエンスストアには圧され，事業体そして運動体として二重の苦悩を経験することになる．

4. 利用＝参加論の問題性

1990年代，生協運動の出資・利用・参加（運営）の三位一体を理想的に体現するような能動的・主体的な組合員参加が，かつてのような訴求力を失った．反対に，「商品・サービス利用は単なる利用ではなく参加への入口であり，まずは利用において満足を与えられることが大切である」といった言説や，「利用も協同組合への立派な参加のひとつであり，参加の場面や機会も多元的に多様に存在させようという考え方」（兼子1992）が購買生協全体にムードとして浸透していく．このような利用＝参加論は，協同組織の多元性や価値観の重層性に対応した新しい生協へというスローガンと平行して喧

伝されたが，反面で，組合員参加の概念を拡散させ，運動体としての購買生協のアイデンティティを骨抜きにする．このことは，今日まで「協同組合らしさ」とは何であるのかという本源的な問いが語られ続ける遠因の1つとなっている．

　私たちは，利用を参加のひとつの形態として認めることと，利用が参加のあり方の中心となることの間に存在する懸隔に対して十分に意識的でなければならない．たとえば，無添加食品や産直有機野菜，エコロジー商品といった生協のトレードマークともいえるラインナップは，70-80年代の組合員たちが先駆的に探求・発見してきた新しいライフスタイルを具現するものであったが，現在は，オルタナティブな意識をもった少数の消費者の占有物などではなく，マスとしての消費者の購買行動にまで広がり，安さを売り文句にする量販店やコンビニの棚にも置かれている．

　利用が参加の中心となることで運動としての固有性を喪失してしまう．生協から少し離れて，フェアトレード運動の歴史を見れば問題点が明らかになるかもしれない．フェアトレードは，本来的に「貿易が何を実現するものであるのか」について，自由貿易体制のオルタナティブとして立ち上げられたものである．国際的な格差や搾取に対して適正な価格を生産者に提供するという機能的意味・役割だけではなく，消費者の責任をより明確にすることで商品を介した国際的な連帯の強化を図ろうという想像力を基礎としていた．この点で，当初のフェアトレードにとって，商品の背後にある具体的な生産者と消費者を結びつけることが大きな目的であった．〈高価格でも国際的公正に資するので購入する〉という消費行動が善意に基づくことは疑いないが，それ自体としてはフェアトレードが対立概念として批判するフリートレード（自由貿易）の亜種といってよい側面もある．見失われているのは，過酷な状況下にある途上国の生産者たちの自立支援と公正な国際経済社会の実現に向けた連帯を創出するコミュニケーション手段としての運動の意義である．フェアトレード商品を購入することの先に，単なる購買＝利用を超えた連帯への参加の途がないままであれば，簡単に形骸化・ブランド化してしまう*．

そこにあるのは，良いことをしたという気休め＝善意の付加価値が上乗せされただけの商品にすぎない．フェアトレード商品の利用高の上昇と運動＝実践としての形骸化は表裏の関係にあり，気を緩めると簡単にフリートレードの亜種へと頽落してしまう（ランサム 2004）．これと同じ意味において，生協運動における利用＝参加論もまた，参加が台無しにされる危険と背中合わせであることを自覚しておかねばならない．

5. 社会的価値のイノベーションと普及

　安全安心や環境への配慮，社会にやさしい商品が万人に広がり流通することは，それ自体としては好ましい．しかし，これまでの生協運動の歴史が培ってきた，くらしのイノベーションは，単なる商品のイノベーションではなく，それを通した人間性の，コミュニティのイノベーションではなかっただろうか．70・80 年代の〈消費者の組織化〉としての生協運動は，世の中に未だ受容されていないアイデアや価値（潜在的ニーズ）を具現する財をなんとか形にしていこうとし，商品をつうじてライフスタイルの変革を追求する革新者たちによるスキミング（上澄み）の運動が中心であった．すなわち，社会全体においてはいまだマイナーな価値であるものを，次の時代に向けた社会実験として実践し，賛同者を募る運動だという自負があった．図 7-1 でみれば，新しいライフスタイルを提案する運動は，共感者を巻き込んで広が

　＊　生協の商品流通が個配（個別配達）化に舵をきることは，日本型生協の強みとされた共同購入（班配）の埒外に置かれてきた単身世帯や共働き世帯の利用に門戸を開くという点では望ましいことではあったが，班活動でのコミュニケーションを通じて形成されてきた資源・資産への期待値の低下も意味している．共同購入は流通コスト削減による事業体の競争力強化だけではなく，運動体としての生協にとっても重要な資源であったことを思い起こす必要がある．ひるがえって考えると協同の精神とは，同じ目的に向かって協同・連帯するだけではなく，その手段や方法をめぐって共に考えることにこそ宿るものではないだろうか．大高（2013：230）は，協同組合が現代的諸矛盾に直面する際に陥りがちな「私的個人」と「社会的個人」の両極端へのブレを解消するために「対話的協同」による主体形成が必要であると論じている．

った後に，一般的な普及の段階に入るという上の層から下の層への段階的な展開をもち，ペネトレーション（普及）は，その時点の消費トレンドを反映して，高い需要が見込まれる商品を販売することで競争力を高めるものである．組合員数が劇的に拡大した生協運

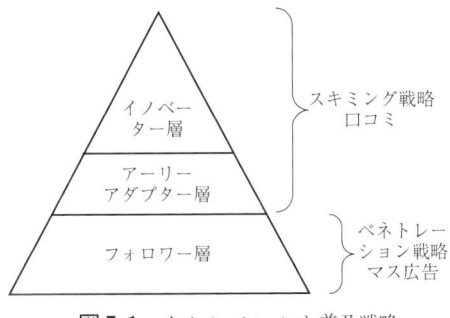

図7-1　イノベーションと普及戦略

動の黄金期は，組合員同士の継続的なコミュニケーション（口コミ）を通じてジワジワと広がってきたものが，ある時点で爆発的に普及へと向かう典型ともいえよう．普及戦略をもつことは大切であるが，上澄みの運動（単なる利用に尽きない参加）が不必要であるとなれば，そこに残るのは創造性の枯渇であろう．先にみたフェアトレードの例のように，商品としての普及は，運動を単なる購買へと変化させ，本質にあった理念を形骸化させる危険と隣合わせなのである．

　生協運動の黄金期に提案された新しいライフスタイルが世間に受け入れられたことにより，事業展開もまた裾野まで普及させようとする方向へと大きく舵を切った．しかし，図7-1における三層構造でいえば，第一層・第二層があってこその第三層なのであり，第三層のみでの勝負だったのではない．これは，生協が社会的価値や生活の変革を希求する運動体であったことの証左でもある．皮肉なことに，専業主婦という等質な環境に置かれた女性たちがお仕着せの環境を打ち破ろうとした第三の道の消失は，事業体としての生協の成長力に直接の打撃を与えず，むしろ80年代中盤以降の第三層の局面に限定された競争において先行者利益を存分に発揮してしまった．消費行動の変化が追い風となって普及戦略における優位性を確立しながらも，生協運動においては，それと裏表の形で上の二層を担ってきた組合員の脱退やエンゲージメント低下が顕在化してくる．社会的価値の発明（第一・二層）は，

「運動体」としての生協を体現するものであったが，運動体として弱体化するなかで，強い危機意識や抜本的解決策が見られなかった原因の1つは，それが，第三層－普及戦略－へと軸足を移す事業体としての成功の時期と重なったことにあり，利用＝参加論は結果としてこの傾向を支える言説として機能した．いいかえれば，この時期に確立された生協のブランディングは，安全安心な商品というイメージを普及させながら，時代への適応を推し進めた*．しかし，今日，安全安心は生協の専売特許ではない．安全安心は当然であり，消費者も企業もその先にある付加価値を求めている時代である．

市民生協の黄金期，班活動・共同購入において広範にみられた「口コミ」は，商品に対する良し悪しの評価が拡散されるだけではなく，イノベーティブな商品を流通させる数少ない手段でもあった．班の集まりでは，価格だけではなく商品についての〈物語〉が話題になる．商品を語ることが自分たちのくらしを語ることと直結していたのだ．消費者を顧客という客体として捉えない生協における組合員の主体的参加は，消費者を積極的に商品の企画・生産・流通に参画していく存在と位置づけるという点で，情報技術を通じた産消連携の実現を求める今日のソーシャル・マーケティングの手法に先行したものであったと言えよう．

事業体を理解する上での立ち位置に違いはあるが，両者における消費者と生産者の関係への理解は，切り離された状態にあるものを互いに浸透しあうような関係へと変容させていこうという志向をもっている点で共通している．ソーシャル・マーケティングでは，生産者の視点において，商品開発から広告にいたるまで，かつての自分たちが専有してきた領域に消費者が足を踏み

---

* 情報社会のもとでは，第一層・第二層は，ソーシャル・メディアにおける口コミや消費者同士のコミュニケーション・プラットフォームの形成を重視する手法において採用されている戦略であるのに対し，第三層はビッグデータのように大量の連結された個人属性の集積によって多様な消費ニーズに対して効果的なマーケティング手法を典型とする．後者は消費者同士のコミュニケーションによる志向の変化や学習効果について中立的であり，先述した個人のエンパワーメントを実現する情報社会という意味では，それ以前からあった没主体的かつ静態的な消費者像＝顧客主義をよりいっそう洗練させる方向に棹さしている．

入れてくることが不可避となった事態に直面して，逆に，いかにしてそれを企業の競争力に採り入れていくのかを考えている．そして，これまで生協運動を盛り上げてきたエネルギーは，企業が魅力的な商品――たとえば，混ぜ物のない安心安全な商品や環境に配慮した商品など――を提供できないのなら，購買者という限界をこえて，生産や流通にまで関わっていこうという姿勢のなかで培われてきたものであった．

6. 運動における〈つながり〉の2つの形態

TwitterやFacebookなど，ソーシャル・メディアと総称されるプラットフォームを活用することは，消費者の間にあるお互いに声の届く小さな集団・コミュニティだからこそ築くことができる信頼関係を，企業の提供する先端的な商品の普及実現に結びつけようとする．魅力ある価値を提案するリーダーと価値を支え拡散する共感者（アーリーアダプター）といった担い手による協働をつうじて，運動体としての生協が蓄積してきた資源は，オルタナティブな価値提案を志向する主婦たちを結合させる組織文化を創りあげることができた．企業の視点からとはいえ，前-情報社会の時期に生協運動が目指してきた生産者と消費者の関係の再構築が，今日の情報社会への転換のなかで形を変えて再現されている．もっとも，両者の間には，信頼関係の基礎となる小集団やコミュニティといったものの存在様態に明白に違いが見られる．

> 主婦の解体と分化が，地域市民生協を担っていた「結合した専業主婦」の実質的同質性を解体させ，その結果，集団結束型の組織文化が侵食され，先に見たような「多様化」「分散化」現象を生みだす原因になっていったのではないか（大窪 1994：81）．

情報社会が世論形成や協同の実践のきっかけとなる個人間の連帯を回復さ

せる新しいツールを提供しつつあるなかで，ソーシャル・キャピタル論などの興隆を受けて，〈つながり〉が本質的な資本＝資産であることが再確認されている．先に言及してきた，労働市場のジェンダー格差などの克服されるべき課題と表裏の関係にあった主婦消費者による能動的・主体的運動体の形成は，女性の社会進出が実現されるなかでその勢いを弱める．もとより，「雇用を通じた社会参加へのハードルの高さ」が逆に生協運動という別の形での社会参加へのハードルを相対的に低くしていた時代へのバックラッシュは望ましくない．ソーシャル・メディアが私たちに抱かせるのは，かつて生協運動で主婦たちが自発的に集うことで創出してきたような，職場と家庭以外の「第三の社会参加の場」が，情報技術の活用を通じて再発見されるかもしれないという期待である*．

　FacebookやTwitterなどのソーシャル・メディアは，同じ趣味や問題関心をもつ他者との接触や継続的コミュニケーションを希求する者にとって，地理的な距離という障害をなくし，職場以外での社会的つながりを実現するコストを大幅に低減させた．つながり＝連帯を求める動きそのものは，かつての市民生協が提供してきた場を新たに情報技術が与えてくれるように見える．しかし，「結合した専業主婦」という言葉が端的に示していたように，生協運動が持っていた，くらしや生活圏を同じくする者たち，あるいは主流の社会参加から排除されるといった経験の共有によるマイノリティとしての経験・立場の同質性を基調とした「集団結束型の組織文化」ではなく，ひとりひとりが，複数の場（コミュニティ）にアドホックに参加しながら連帯が形成されていくという点で，両者には大きな隔たりがある．

　働く女性や共働き世帯の増加といった，生協運動における組合員参加が低下するに至った直接の原因とされる社会条件もすでに過去のものとなった．

---

* 「第三の社会参加の場」をいかに創出するのかはマルクスの自由時間論から古典ギリシアにまで遡ることもできる根源的問いである．筆者は，情報技術による参加コストの低減には限界があり，働くという行為に対して広がりと多様性をもった再定義を行う意味論的な変革が必要だと考えている．この点で協同組合運動の歴史は思想・経験の宝庫であることを附言しておく．

私たちが現在直面しているのは，単身世帯の増加や少子高齢化，晩婚化，ライフスタイルの多様化，グローバル化にともなうコミュニティの多国籍化といったより複雑で新しい社会的諸条件であり，かつてのような集団結束型での連帯が難しくなった多様性や分散化といった社会条件のなかで〈つながり〉の構築を運動のエネルギーとして取り込むことが求められている．

7. ソーシャル・メディアにおける〈つながり〉の限界

信頼・規範・ネットワークといった社会的組織の特徴によって，ひとびとの自発的な協調行動を促進させることを論じるソーシャル・キャピタル（SC）論は，わが国においてもここ10年来盛んに論じられてきており，とりわけ，地域経済の活性化や新しい公共の担い手育成といった角度から期待されている．その代表的論者であり，人びとの結びつきtiesが社会を機能させる上で中核的な役割を果たすことを実証的に示したロバート・パトナムは，SCの類型化を試みるなかで，強い結束（strong ties）と内部志向性を特徴とした「結束型（bonding）のSC」と，異質な他者や集団を結びつけるアドホックな弱い紐帯（weak ties）や外部指向性をもった「橋渡し型（bridging）のSC」という2つの類型を比較するなかで，結束型のSCには内部志向ゆえの排他性や階層・属性を固定化する傾向，強い同調圧力などの諸問題から逃れがたい性格を持つことなどを指摘している．

専業主婦を中心に推進された生協運動が結果的に求心力を失った歴史から私たちが学ぶべき点は，パトナムの指摘にあるような過度の同質性ゆえに広がりを欠くといった限界性だけではなく，専業主婦達を結束させてきた組織文化が，労働市場におけるジェンダー格差の是正という社会構造（法制度）の変化によってあっけなく失われてしまったという事実，すなわち集団結束型の組織文化に対して，排他性や固定制，柔軟性の欠落といった批判を行うだけではなく，この組織文化が，より強固で構造的な社会条件の変化に対してあまりに脆弱であったという限界性に目を向けなければならない．この視

点は，生協運動における組合員の主体性発揮には改めて集団的組織文化を形成するような内的結束を取り戻すことが優先課題とされるのか，あるいは，組合員の多様化・分散化を反映した運動へと変容しなければならないかという問いに繋がる．

　パトナムは，SC に対する電子コミュニケーションの影響は，それ自体として対面での接触と同様の効果をもつ代替物とはなりえない，あくまで補完的な力を秘めたものだとしながら，SC への脅威となる特徴として「デジタル・デバイド」「対面的コミュニケーションとの情報量の差」「サイバーバルカン化」「受動的／プライベートな娯楽手段への頽落」の 4 つの問題を挙げている（パットナム 2006：209-17）．実際に，ソーシャル・メディアは，これまで知りようもなかった人びとの間に〈つながり〉を築くといった点で異質な意見の橋渡しに資するものではあるが，パトナムが危惧しているように，結局のところ，個人それぞれの情報リテラシーの高低や友人関係など，実社会における格差がさらに増幅されるおそれがある．情報や友人関係に富める者はより富み，乏しい者は新しい関係を作れないのであれば，格差の増幅は不可避であろう．また，関心の専門化による極限化されたネット・コミュニティの形成は，技術によって異分子を空間から完全に排除しようとする誘惑と背中合わせとなる．地理的な境界がないことは，つながり形成のハードルを下げるが，電子空間上ではフォーマルな規範が働きにくく，アドホックな仲間意識が——居住地域を同じくする地理的コミュニティ以上に——成員を野放図に選別してしまう可能性やコミュニティ内の同質性を亢進させる危険性が孕まれている*．

---

*　システムによる植民地化に抗して生活世界に立脚しつつコミュニケーション的合理性を称揚するハーバーマスの討議倫理学が結局のところ複雑性を縮減し行為の連接可能性を高める一種の社会的装置（システム）の導入を密輸入しているのとは対照的に，文脈を共有できないまま進行する非対面的なコミュニケーションは，異質性と向き合うどころかコンテクスト闘争の全面化か，異なる意見を排除しなければ成り立たない状況を発生させる危険性がある（北田 2010：160-61）．この意味で，パトナムの言うように，ソーシャル・メディアは対面コミュニティの代替的にはなりえず，あくまで補完的にしか位置づけられないものだと思われる．

本章のはじめに言及したように，財・サービスの生産―流通・交換―消費を介して人間的なつながりを広げ，人間的な経済社会を実現することが生協運動の中核であるなら，外部への志向性（広がり）はかならず必要となってくる．協同組合は，自助と協同，すなわち相互扶助を軸とした運動・組織形態――それ自体は組合員同士という閉鎖系を構成する――であるとともに，社会的セクターの代表的担い手として，協同組合運動の利益がより広くコミュニティに還元されることも使命とする．奉仕の主体と客体の区分が明確に存在する典型的な慈善的活動ではない，協同組合による社会貢献の方向性は，なるべく多くのコミュニティ成員が利益の共同主体になれるよう組合員を拡大していくことがその要となる．すなわち，メンバー間の紐帯の強化だけではなく，生協であればその主事業といえるモノの流通をふくめた経済活動によって，地理的・空間的にはもとより，時間的にも将来世代にまで目をむけたメンバーの拡大が望まれる．新しい社会的価値の生産においては，発見・発明とともに，組織目標に対する社会的コンセンサスの確立など価値の普及もまた大切な要素となってくるのだ．

　今日，多くの者が非自発的な場所としての地理的コミュニティに縛りつけられるかわりに，好みや目的，理念の共有によって新しいコミュニティを築き参加するようになっている（リトル 2010：98）．こうした地理的ではないコミュニティを創造するのにソーシャル・メディアが大きな力を与えていることは言うまでもない．しかし，ライフスタイルの多様化・分散化という社会的事実を前提に生まれた新しい・多様なコミュニティが必然的にメンバー同士の自由な関係を生み出すとは限らない．地域　空間を越えながらも，それが限られた同質的なメンバーの共同性を実現するにすぎないのであれば，ソーシャル・メディアは弱く広い紐帯ではなく，既存のコミュニティ以上に頑迷で狭隘な紐帯を形成するメディアとして利用される．ソーシャル・メディアを通じたコミュニケーションは，物理的に離れた人びととの間でのコミュニケーションを実現するツールとしては革新的であり，サイバースペースにおける情報動員のメディアとしては圧倒的に優れている一方で，パトナムの

いうように地理的に頻繁に交渉することができるフェイス・トゥ・フェイスのコミュニケーションの完全な代替とはならず，悲惨な結果を招く危険がある．協同組合運動においてもまた，ソーシャル・メディアの活用は組合員参加の向上に有効なツールとして活用されるべきものではあろうが，あくまでそれが補完的なものを越えて全面化してしまうことは回避されなければならないだろう．

8. 「協同組合らしさ」とはなんだろうか

　購買生協が大手流通資本と同じ土俵で競争できるように事業転換を図り，事業合併・事業連合を通じた規模の拡大や非能率業務の外部委託（アウトソーシング）による効率化へと舵を切っていく一方で，くりかえし「協同組合らしさ」が問われ続けてきた．生協が先駆的にニーズを掘り起こすことに成功した有機栽培や無農薬野菜の「産直」「産消提携」といった販売事業は，現在では大手スーパーはもとよりコンビニチェーンなどでも眼にする．ただし，これをもって〈生協の陳腐化〉を語ることはいささか先走りであり，〈生協商品の陳腐化〉と〈生協の陳腐化〉を同一視してはならない――この意味で，協同組合と民間企業のイコール・フッティングを求めること自体が物事を片側からしかみない議論といえる．

　少数者を対象とした上澄みの運動から商品価値の普及と一般化を経て市場が拡大するという流れは，生協にとって運動と事業との結節点であり，後者だけではマスを対象にした流行商品の提供や価格競争というチキンゲームに陥らざるをえない．市民生協における独創は，初期に発明された社会変革的な価値が，その時点では営利企業によって実現可能とは思われないような，形になるかどうかも不鮮明である段階で，生活者自身によって提案されてきたことにある．物言わぬ受動的存在として扱われることへの抗いを求める専業主婦としての結束をエネルギーに，顔のみえる範囲でのコミュニケーションやそこで生まれた疑問から発しながらも，地域という限界づけられたフェ

イス・トゥ・フェイスの声が，より広範囲に広がるニーズとなりえたことが成功の要因とされる．

　本来，協同組合とは，組合員の労働，生活あるいは経営の改善や工場，それに協同組合がよってたつコミュニティの「質の向上」に貢献することを通じて，社会全体を合理化し，新たな社会システムの枠組みを創りだす重要な機能を遂行するものである．それゆえ，協同組合の努力の成果が社会的に認知されるにしたがって，その社会の人びとはそれが社会の基準となるようなよりよい労働，生活，経営を教享受することになり，その結果，協同組合の努力は社会一般に還元されて，いわゆる「協同組合らしさ」が常に陳腐化していき，協同組合人は絶えず「新たな協同組合らしさ」を追い求めていかなければならなくなるのである（中川 2000：16）．

　生協もまた事業体である以上，その継続を図る上での業態や組織，経営の転換は必須となる．しかし，それはまた「協同組合らしさ」とは何であるのかについて，運動の原点や歴史から学ぶなかで協同組合の社会的ミッションを再確認することと切り離してはならないだろう．中川の問いは，先にみたような〈生協商品の陳腐化〉ではなく運動体としての〈生協の陳腐化〉まで射程を広げる，踏み込んだものである．協同組合が生みだしたモノが社会に浸透し，誰もが手にいれることができるようになることは，一般化されるまでの試行錯誤の歴史が記憶され，後進者らがその源を辿ることができるのであれば決して否定されるべきではない．生協が社会に向けて提案してきた個々の価値や運動のあり方が，経済社会に浸透し，誰もがそれが当然であると思えるようになることはむしろ喜ぶべき事態であろう．中川雄一郎の言うように，この意味での「協同組合らしさ」の陳腐化は歓迎しつつ，一方で「新たな生協らしさ」を追い求めることが協同組合の価値ではないだろうか．すなわち「生協らしさ」というものは，すでに産み落とされたアプリオリに

存在するものではなく,「コミュニティに根ざした,人々の社会生活の質的向上」(中川 2000:17) を求めて,次々に新しい価値,コミュニティ志向・くらし志向の価値を提案しつづけることが協同組合固有の価値であり,多様な方法でそれを提案・実践(実験)していくことが組織・運動体としての「生協らしさ」といえる.すでに目に見える社会的ニーズを,より多くの者が享受されるように普及させることも大切ではあるが,これのみが亢進すると顧客主義に陥り,生活者自身の創造性を根こぎにしてしまう.価値創出の進取性を組織固有の価値とすること,これが生協の追求してきたものであろう.

9. プロシューマーの再興

生産者と消費者の距離感の変容というテーマに戻ろう.情報社会に時期を限定するならば,この変化の萌芽は IT 企業,とりわけソフトウェア業界において生まれ,流通企業はもとより,製造業界に至るまで,情報技術を活用した顧客との新しい関係のあり方が模索されるようになった.なかでも,「顧客満足」という概念の変貌が象徴的に示しているように,顧客ニーズに敏感に反応し,時代のトレンドを踏まえた商品を供給するこれまでの製造業,満足・納得できるモノ(商品)を消費者の手に届ける流通業という理解に変化が生じてきている.情報社会において私たちが眼にしているのは,作る者・使う者・繋ぐ者という三者の役割がボーダレスになった状況であり,それを実現する手段が,生産者と消費者がともに参入できる共通のプラットフォームという情報インフラである.かつて,アルビン・トフラーは,1980年に出版された『第三の波』において,生産者と消費者の垣根を越えた融合現象が生まれつつあることを「プロシューマー(生産=消費者)」という言葉を用いて語ったが,情報技術は彼の未来予測を現実にしつつある.彼の診断から学ぶべきことは,プロシューマーが,情報技術によって新しく生まれたものではなく,〈近代〉という特定の時期,特定の経済社会の下で一時的

に消失していたものであるという指摘であろう．

> 経済には2つの部門がある，と考えた方がわかり易い．自分のため，あるいは家族や地域社会のために行う無給の仕事から成り立つのがAセクター．一方，Bセクターの商品やサービスの生産は，すべて市場を通して交換される．…〔産業社会においては〕交換用財貨やサービスの生産は急成長し，Aセクターはその存在すら忘れられた．「経済」という言葉は，「市場目的以外の生産形態は除く」とまで定義され，ここにプロシューマーは日陰の存在になり果てた（トフラー 1982：354）．

くらしや地域の固有性という性格ゆえに，急激な拡大・成長を志向する経済とはそりの合わない――主として再生産領域を中心とした――領域がAセクター（ソーシャル・セクター）として語られる．財の交換を通じて生産者と消費者に一時的な接触しか与えない市場交換は，取引される財・サービスがもつ特定の性格のために妥当性をもつが，それ自体は「経済」と同義ではない．消費者が――生産者と離れて消費者自身が行う――利用という局面だけではなく，生産現場とつながることで，財やサービスがどう生まれて自らの手元へと運ばれるのかを理解する．お互いの直接的・繰り返しの関与がライフスタイルを変化させていく．トフラーの議論は，主流の経済がプロシューマー経済へと移行していく脱市場化や市場の役割の変化を語るが，その兆しとして挙げられているものは，医療における自助（セルフ・ヘルプ）運動や日曜大工のイメージで流通しているDIY（ドゥ・イット・ユアセルフ）などであった．

実際のところ，未来学者であるトフラーの予測は，80年代には裏切られたが，DIY文化が情報通信分野において最も浸透したことで彼の議論は再び注目を浴びることになった．Appleのスティーブ・ジョブズや，Googleのエリック・シュミットを魅了した雑誌『Whole Earth Catalog』は，DIY文化を体現しつつ，次世代の西海岸のコンピュータ文化・ネットワーク文化

を開花させる原点となる（池田 2011）．初期インターネット時代，つねに自由や透明性が熱烈に語られる傾向にあったのは，DIY 文化の嫡流であったことが影響している．この意味で，90 年代以降の大きな転換点とされる IT 革命によって生まれた多様な情報通信時技術の発達とそのパーソナル化は，プロシューマー時代の到来を準備するものであった．誰もが必要な情報にアクセスでき，それによって自分自身のライフスタイルを創出していこうという理念は，市場交換に限定されない経済社会のあり方，ソーシャル・セクター経済の復興を可能性として内包するものであった．

10. 情報のイノベーションからつながりのイノベーションへ

　私たちの経験している 2000 年代中盤以降のソーシャル・メディアの興隆は，さらに新しいステップへ踏み出している．自由で創造的なツールとして情報通信端末が活用されながらも，地域のコミュニティや日々のくらしとは隔たりを感じさせるあくまで電子空間上の革命，〈情報のイノベーション〉に過ぎなかったものが，2000 年代の波によって，包括的なライフスタイルに波及する〈つながりのイノベーション〉の追求へと転換する．
　企業と顧客との関係の変化——E コマースからソーシャル・コマースへの流れ——は，まさにこの 90 年代と 2000 年代，とりわけ 2010 年代の企業戦略の変革を導いた．つながりのノベーションを追求する情報技術の活用によって企業が実現しようとしているのは，商品を届ける〈対象としての〉顧客ではなく，商品開発から企業 PR，企業ブランドの形成など様々な側面で企業価値の向上に貢献する〈パートナー＝消費者〉の育成である*．
　「消費者の組織化」から「消費の組織化」という 90 年代の流れは，大手流通資本と同じ土壌で競争する上で必要な一歩だったが，2010 年代の情報技術は，競争相手の戦略自体を，生産・流通の現場にコミットしていく貢献消

---

　* 事例については，本田・池田（2012）などに詳しい．

費者，すなわちプロシューマーの育成へと変容させた．しかしながら，これは必ずしも理想的な変革ではない．本来は市場を介さないからこそ価格で測れない価値について自覚的であった消費者が，改めて市場システムへと回収されてしまう危険と背中合わせでもある．自発的につながりあうことで拡大したＡセクターの経済——市場価値とは本来ソリの合わなかったローカルな人間関係によって維持される〈共生の経済〉——は，情報化によって自らのプレゼンスが大きくなるにしたがって，Ｂセクターによる新しい形での簒奪が再開される．誰のものとも特定できないはずの〈人びとの協同が生みだす価値〉が，特定の誰か（資本）のものとして回収されていく動きも見られる（ネグリ＝ハート 2011）．

こうしたせめぎあいのなかで，喫緊の課題は，生協運動や個々の組合員自身が，狭義の利用＝参加論の呪縛から自らをいかに解き放っていくのかという点にある．日本型生協のトーン・ダウンの主要因として中川（2000）の指摘する「大規模化にともなう組合員参加の希釈化」，「教育軽視」，「協同組合における雇用者と従業員との関係」の３点は，現在も解を見いだせていない．次に引用する同時期に登場した「ビジョナリー・カンパニー」論の流行からも分かるように，金銭では測れない核となる価値観をもった企業でなければ生き残れないことが常識になってきている．株主よりも顧客や従業員，さらには地域社会に優先して奉仕することが，企業が長期間生き残るための生命線である．「賢く，何でも要領よく狐は，……短い足でちょこちょこ歩き，餌を探し，巣を守るだけの単純な生活を送っている．狐はハリネズミを仕留めようとするが，いつも失敗する．……狐はたくさんのことを知っているが，針鼠はたったひとつ，肝心要の点を知っている」（コリンズ 1995）．千変万化する時代に適用する器用さではなく，愚昧にみえても最も大切な価値を生活者や地域社会などと共有していくことが事業体の持続可能性における試金石である．

中川（2000）の議論を企業に敷衍するなら，貢献する顧客を増加させ，彼らのエンゲージメントを高めていく，そのための教育，そのためのステーク

ホルダー間の関係の再構築が求められている．こうした視座を実現させる〈つながりのイノベーション〉は，それぞれの企業ごとにヴィジョンや価値観は多様でありつつも，価格競争によるチキンゲームから撤退し，顧客との新しい関係の構築に大きな期待を寄せるものである．

　企業の動きを一律に歓迎すべきであろうか．80年代までの日本型生協の成功は，一面ではAセクター経済に豊富な人材を供給する労働市場の歪んだ構造と共軛的であった．だからこそ，Bセクターへの女子労働力の実質的な編入が実現された途端，その条件は容易に崩れてしまった．職場と家庭以外の第三の場所，例えばコミュニティなどに投じられる自由時間の多寡が組合員参加の重要な条件であるが，貢献消費者の育成・拡大に力を入れる今日の企業は，情報技術を活用することで，細切れの時間であろうと消費者の知や力能を自らの資産として採り入れようとすることに余念がない*．顧客参加が生みだした価値が，企業自身のものとして囲い込まれ，新しい収奪を生むならば，AセクターとBセクターの仕切り直しは，新たに歪んだ結合を生み出すだけであろう．実際に行われている，商品開発に採用されたアイデアを提示した特定の消費者に対価として報酬を渡すシステムなどは，個々の消費者が望むかどうかとは別に，企業利益とそれに直接結びつくアイデア（ノード）のみをネットワークから切り出し，報酬を介した取引（Bセクター）へと再編入するものである．つながりのイノベーションを通じて得られた成果を，個々の局面において私的利益として区分けすることは可能だが，あくまでそれは多くの消費者のコミットメントとその協同が生みだした価値

---

*　ソーシャル・マーケティングの活用の一方で，近年注目されているものに，200頁の注でも言及したビッグデータがある．前者が口コミなど消費者の行動・行為のネットワークを丸ごと商品の生産・流通過程に取り込むことに狙いがある一方で，後者は個別の消費者の嗜好等を購買履歴などを通じて大量に寄せ集めることで潜在ニーズを掘り起こすものである．前者が自覚的な対話空間を資本へと包摂させる危険をともなう一方で，後者は社会成員の欲望の履歴を集合的無意識として形象化する．すなわち，後者は，本人たちが自覚していない情念を直截に社会的なものへと接続させるという意味での自動化された〈つながりのイノベーション〉だと言えよう．これらが双方ともに問題含みであることは，東（2011）などを参照されたい．

であり，より広く社会へと還元される方式へと転換されるべきであろう．

11. 消費者の連帯と生協運動の歴史

　ティム・オライリーが「Web 2.0」の概念とともに提唱した，万人が情報の発信者となり不特定多数の人間による協働の成果が社会に大きな影響を与える時代が実現した．これは，単なる商品流通における「中抜き現象」を特徴としてITが語られた90年代中盤とは大きく異なっている．中抜きは，製造業と小売店舗や消費者を直接繋ぐことで流通チャンネルを変化させるビジネスモデルの革新ではあったが，商品を購入するチャンネルを増やしたに過ぎず，購買行動に与えるインパクトはそう大きくはなかった．
　Web 2.0の技術は，不特定多数の消費者の協働を実現する．商品を利用するユーザーがボランタリーに提供した情報やアイデアの集積が，第三者の購買行動に影響を与える．情報交換が繰り返されることによって集合知が形成され，価格以外の評価尺度の影響力を高める．消費者同士のネットワークが経済社会に対してインパクトを与えるという特徴は，かつて消費者運動とその中で牽引役であった生協運動が実現しようとしてきたものであり，両者が重なって見える．
　購買生協は，生産および流通・小売業者に対して消費者が圧倒的に脆弱な力の不均衡が見られる構造への反措定として生まれた．わが国においては，ロッチデール組合を紹介した馬場武義による郵便報知新聞の記事「協力商社創立ノ議」以来，実験的な購買生協設立の波が何度か見られたが，企業や官庁，労組などと一体ではない自主的組織として市民を担い手とした生協が発展をみたのは第一次世界大戦後の時期となる．大正デモクラシーの興隆と歩調をあわせながら，物価高騰の中で暴利を貪る小売業者からの生活防衛という同時代の経済構造を反映しつつ，大正後期・昭和初期に相次いで消費組合が設立される．賀川豊彦の指導による神戸消費組合や灘購買組合は，この時期に奸商征伐規制同盟会の結成と前後して設立されたものであり，食品や日

用品が物価高騰や不景気などに左右されないための消費者自身の自衛的団体であった．敗戦の焼け跡の中でも，食糧・生活物資を国民に行き届かせる上で——あくまで買い出し生協という特殊な形ではあったが——組合数が激増をみた．

生協運動の目的は社会構造を背景にして幾度かの変転を経て現在に至っている．おおまかにいえば，1) 不等価交換や粗悪品の制限や生活物資の確保を目的とした生活者の団結による自主防衛（初期の生協運動）から，2) 大衆社会化の進行や公害・環境問題への意識の高まりなどを背景に，ライフスタイルの変化と結びついた安全・安心な生活提案・実践の運動を経て，3) 医療・福祉といった地域社会に生まれる多様なニーズをとらえ，地域の協同化によってローカルなコミュニティの再興を図る運動，あるいはフェアトレード商品のようなグローバルな公正さの追求へと，3つの段階を経てきている（田中 1998）．直面する生活課題自体は変化しながらも，生活者自身の連帯によって課題への解決策を見出そうという姿勢は一貫してきた．

班を基礎とした共同購入もまた，生活者自身の連帯を実現する方法であった．生協は「人と人との関わりのなかで営まれる事業であり，信頼と共感をもとにしたコミュニケーションが1人ひとりの組合員と交わされるところに最大の特徴」がある．①班におけるコミュニケーションが活発であるほど一人あたり商品利用が高くなる，②組合員としての加入期間が長くなるほど，利用高が上がる，③配達担当者によって供給に多くの差がでる（岡村 2008：16）．これらはつながりのイノベーションが価値の創出に大きく寄与してきたことを雄弁に語る．班活動が対話のプラットフォームとして機能することと組合員各人の購買行動が密接に結びつき，TVコマーシャルなどでは得られない信頼を醸成してきた．

班活動において組合員相互がおしゃべりを重ねる，その話題は共同購入に尽きるものではない．相互理解を促進させ，様々な話題に話が及び，必然的にくらしに関わる意見を共有することに結びつく．配達担当者は，こうした班で交わされた話題や要望に気をとめ，彼ら自身が班に対して何かできるこ

とはないかと模索する中で，コミュニケーションの連鎖を他班や生協全体へと広げていく．

今日，多くの企業が導入を図っているソーシャル・マーケティングの手法では，商品や企業のブランドへの共感を高めるために，消費者同士の口コミの影響力を再認識したバイラル・マーケティングの導入やSNSにおける評判システムの影響力を活用しようという動きが高まっている．企業はソーシャル・メディアを，「消費者の組織化」を実現するためのツールとしてさらに活用していくであろう．共感や信頼といったソフトな関係，安心して購入できる，商品のブランドや生産者に対する共感をいかに生みだすのか．

ソーシャル・メディアは，班活動に参加できるような環境をもたない人たち，仕事以外の生活に投じる時間的ゆとりがなく，結果的に組合員活動から足を遠のかせた人たちが対話できる場を提供するという点で期待がされている．すでに各生協でも，組合員の対話（さらには参加）を促進する目的で，HPからブログ，CMS，Twitter，Facebookといった環境を導入している．一方で，対話のプラットフォームができても，話題があらゆる方向へと膨らんでいくような班活動がもっていた仕組みが用意されているとは限らない．特定の目的以外に話題が膨らんでいくかどうかは，参加者同士の間で情報の〈利用〉を超えた関係の構築にかかっている．生活者同士の連帯という生協運動らしさを引き継ぐためには，ソーシャル・メディアは，これまでの組合員間のコミュニケーションを代替するものではなく，フェイス・トゥ・フェイスの関係を促進させるための補完的なツールとして活用されることが求められる．

12. つながりのイノベーションの原点としての生協運動

購買生協は，個々の組合員に良質・低廉な商品が提供されるだけではなく，組合員同士のコミュニケーションを活性化させ，さらに地域や社会における新しい価値の創出に展開していく役割を担ってきた．田中秀樹は，このよう

な購買生協という存在の独自の意義を〈「商品を求める協同」ではなく「商品を介した協同」〉という形で要約し，ちばコープの「声を聴く」実践を例にしながら21世紀型生協の可能性について論じている．ここで言われている「声を聴く」は，単純に商品ニーズを収集することではない．声を聴く実践の目的は，「くらしを創り豊かにするために〈くらしの関係づくりの場〉を増やし，豊かな他者関係を含む生活をふくらませていくこと」にある（田中2000：114）．商品開発に参加し，その試行錯誤のプロセスにおいて生まれたエピソード，思い出が共感をもって広がっていく．関係づくりの場こそが，組合員の協同を実質化していく．これまでみてきたように，企業もまた消費者同士，そして消費者と生産者が新しい関係を構築する場の設計を重視している．日本における20年弱あまりの情報社会の変容過程においても，コンテンツを発信することで興味を惹きつけようとする「メディアの時代」から，優良なコンテンツを蓄積し，消費者の購買行動（商品選択）を支援する「ツールの時代」を経て，消費者の協力・協働のもとで新しい価値を共創していく「場の時代」へと成熟してきている（武田2011：156-62）．関係づくりの場を創るちばコープの取組は，新たな形での協同実践の基盤づくりに対して示唆的な実例となっている．とりわけ，情報技術によって代替できるものと，〈代替してはならないもの〉をしっかりと検討してくことが大切となる．

> 協同活動は，基本的にタテにつながる上下の関係でなく，ヨコに広がる対等な連帯のネットワークである．そこでは，要求を共通にする人々が，自発的・意識的に集まって，自分たちが行動することによって要求を実現する（鈴木・中嶋1995：52）．

タテとヨコというこの隠喩は，個人間のネットワーク化が容易に実現できる時代において，改めて組織運営の原理として再考する必要がある．社会に価値を広め共有していくためには，個々の組合員が対等で水平的な関係にあ

ろうとも，ツリー型の意見集約を必要とする．民主的な手続きを通じた総代や理事の選出によって，小さな班で共有された声を事業体の方針を定める意思決定の場へと送り届ける．ヨコあるいはネットワークは，そうした声＝意見を異なる場へと繋げていくものであり，より異質な意見との接触の機会を提供してくれる．引用文ではヨコの関係が強調されたが，生協運動の強みは，ボトムアップというタテのベクトルの視点からも再認識されるべきであろう．タテとヨコの比喩は，どちらかを選択せよと迫るものではなく，とりわけ現代においてはタテの力とヨコの力を相乗性のある形で接合させていくことの大切さのなかで語られるほうがよいのではないだろうか．

　先にパトナムに言及しながら，結合型と横断型のソーシャル・キャピタル双方が性格を異にしながらも，人びとの間に自発的な協同を実現させるものだと述べてきた．市民生協の時代に濃厚であった結合型の文化を基盤に築かれたつながりは，今日のソーシャル・メディアによって再現できるとは限らない．だからこそ，一方で〈つながりのイノベーション〉を採り入れながらも，その限界に自覚的であるような協同組合運動の展開が求められる．その方法のヒントはおそらく先に引用した田中秀樹の「大きな協同組合の中に，小さな協同・協同組合をつくる」という協同組合活性化の展望にあるのではないだろうか*．

　膨大なコミュニケーションの集積に立脚した集合知に注目が集まる一方で，コミュニティとして活発な議論が交わされる範囲は 20 人以内の規模であるという実証結果もある（武田 2011）．革新的な情報技術という基盤があっても，対話の空間はやはり小さな規模でこそ活性される．逆説的ではあるが，地域や環境を同じくする限定された者同士のコミュニケーションにおいて発見される違和こそが会話の密度と広がりを増す．情報技術の活用によって，参加へのハードルを下げることは，新奇な情報に耳を傾ける機会を増やすし，地理的ではない〈目的によってつながる〉ネット・コミュニティも生まれて

　＊　2013 年 3 月に先述のちばコープを含む大型の組織合同（コープみらい）を目にしている私たちにとっては，きわめてリアリティのある問いだと思われる．

くるだろう．これをアドホックなままにしない方途を探り，民主的な意見集約へと結びつけていくことが今日の生協に求められている．協同のなかにさらに小さな協同を組織していくなかで，その小さな協同が地域や組織を横断してつながりを作り上げることもある．ツリー型組織の間を横断するような小さな協同をいくつも創りあげていくことで，協同組合間あるいは協同組合とNPOや社会的企業などの団体に所属する者たちの連携が自然に生まれてくる．つながる場を何重にも何層にも作ること，そして私たち1人ひとりの関わり方も，ひとつではなく，複数の場に属することが，全体としての活動を閉塞や停滞に陥らせずに新陳代謝のある運動体を実現させるのではないだろうか．

おわりに：残された課題と展望

情報技術を通じて消費者のつながり方は多様かつ簡単になる．同時に，そのつながりの場＝プラットフォームの運営を誰が，どのように行うのかが今後大きな問題といえる．

> かつての〈トヨタ・モデル〉が，市場のニーズをいち早く察知し，生産を消費に従わせることによって旧来のフォーディズム的論理を逆転させるものであったとするならば，現在，主流となっている〈グーグル・モデル〉は，消費者じたいを生産者として働かせながら，無数の消費者やユーザーたちが〈フリー労働〉を通じて生み出す価値を捕獲する装置である，と言えるだろう（水嶋2011）．

FacebookやTwitterなどのSNSは，新しい社交空間の形成や自発的な市民の協同を実現するツール（つながりのメディア）として有用であるが，今日では，ソーシャル・ビジネスに代表される「新しい公共」を切り拓く試みと交差している．同時に，それは1995年を画期としたインターネットの

普及が，阪神淡路大震災におけるボランティア元年と結びつけられ万人参加の電子民主主義の夢として語られた 20 年前の状況（テクノユーフォリア）とは異なったリアリティをもって私たちに迫ってきている．ソーシャル・メディアは諸個人のアイデンティティをノードとして繋ぎつつ，自発的な社会的生産や協働を通して〈共〉の富が創出される場でもある．共生やケア，そして協同もまたこの〈共〉の領域を活性化させる．私たちが直面している危機は，こうした本来的に共の領域における連携によって築かれた様々な資源や富が，ふたたび私たちの外に吸い上げられようとしている事態である．

　1 人ひとりの声が小さくとも人びとがネットワークでつながることによって巨大な力となり社会を変えられる．こうした楽観論が語られる影で，ネット空間が決して民主的でも自由な空間でもないことへの言及は少ない．集合知の形成はそれまでのマス・メディアとは別のかたちで世論を形成し社会変革へと導く可能性をもっているが，その先にある，それぞれの現場でいかなる実践に歩みだすのかが問われるべき課題であろう．

　かつて，自由な場として表象されていたネット空間は，2000 年代から 2010 年代にかけて大きく変容してきている．クリス・アンダーソン『フリー』(2009) が語るように，スマートフォンやタブレットなどの普及による情報端末の多様化と平行して，インターネットの世界にクローズドな空間を作っていこうとする動きが強くなった．ネット草創期の，誰でも自由に振る舞い自由に情報を取得する「フリー」という理念から離れ，OS 間の互換性を犠牲にしてでもネット世界の中に独立した生態系を築こうとする圧力が強まっている．この製品の差別化戦略により，2000 年代後半以降，ネット空間の細分化・断片化が進んできた．

　一方で Facebook のようなつながりのプラットフォームもまた，メンバーとして承認されることで，相互参照の利を得ることができる構造を基盤としており，「クローズドな中でのオープンネス」といった状況が見られる．クローズにすればするほどその内部でのつながりは強化され（互いに心を開き合う），コミュニケーションの密度は高まる．それゆえに，オープンな場

での情報共有は，より限定的になってしまう．電子コミュニティの中心が，匿名性を担保された場から顕名性を前提とするものへと移行するなかで，ほんのすこし前まで喧伝されていた大文字のパブリックや電子民主主義の夢は消失し，これと相前後するように群生してきたのが，電子コミュニティにおけるミニ・パブリックスである．今後の生協運動には，オープンで民主主義的な運営を目指す縦軸と，そのなかに活性化された多様なミニ・パブリックス（コミュニティ）を抱え込む横断性（横軸）との組み合わせが求められる．もし生協がこの途を開拓できるなら，「新しい公共」にとって独特の位置を占めることになるだろう．今後到来するであろう「新しい協同組合らしさ」がいかなる姿であるかは不明だが，〈つながりのイノベーション〉を活用することで，これまで以上にくらしとコミュニティの質の向上にさらに寄与していく生協へと進化していくことが期待されるし，そのつながりのあり方が複線的となることが生協運動の歴史に学び，それを引き継ぐことにもなるだろう．

参考文献
東浩紀（2011）『一般意志2.0―ルソー，フロイト，グーグル―』講談社．
池田純一（2011）『ウェブ・ソーシャル・アメリカ〈全球時代〉の構想力』講談社．
岩根邦雄（2012）『生活クラブという生き方―社会運動を事業にする思想』太田出版．
大窪一志（1994）『日本型生協の組織像―改革のトレンドとキーワード―』コープ出版．
大高研道（2013）「労働者協同組合の展開過程と今日的特徴」藤井敦史・原田晃樹・大高研道編『闘う社会的企業―コミュニティ・エンパワーメントの担い手』勁草書房．
岡村信秀（2008）『生協と地域コミュニティ―協同のネットワーク―』日本経済評論社．
賀川豊彦（2009）『友愛の政治経済学』コープ出版．
兼子厚之（1992）「新たな生協運動発展の地平をめざして」生協総合研究所編『協同組合の新世紀―生協運動の新たな発展をもとめて―』コープ出版．
北田暁大（2010）「ディスクルス（倫理）の構造転換」東浩紀・濱野智史編『ised情報社会の倫理と設計―倫理篇』河出書房新社．
コリンズ，J.（1995）『ビジョナリー・カンパニー―時代を超える生存の原則―』日

経 BP 社．
鈴木文熹・中嶋信編（1995）『協同組合運動の転換』青木書店．
武田隆（2011）『ソーシャル・メディア進化論』ダイヤモンド社．
田中秀樹（1998）『消費者の生協からの転換』日本経済評論社．
田中秀樹（2000）「生協における協同の変化と可能性」21 世紀生協理論研究会編『現代生協改革の展望―古い協同から新しい協同へ―』大月書店．
高橋晴雄編（2001）『発想の転換　生協―暮らし・仕事・コミュニティ―』同時代社．
トフラー，A.（1982）徳岡孝夫監訳『第三の波』中公文庫．
中川雄一郎（2000）『生協は 21 世紀に生き残れるのか―コミュニティと福祉社会のために―』大月書店．
ネグリ，A., M. ハート（2012）水島一憲訳『コモンウェルス』（上・下）NHK 出版．
パットナム，R. D.（2006）柴内康文訳『孤独なボウリング―米国コミュニティの崩壊と再生―』柏書房．
本田哲也・池田紀行（2012）『ソーシャルインフルエンス戦略 PR×ソーシャルメディアの設計図』アスキー新書．
水島一憲（2011）「そこに一緒に存在すること―ポストメディア時代の政治的情動と一般的感情―」『現代思想』Vol. 41-9, 青土社．
ランサム，D.（2004）市橋秀夫訳『フェア・トレードとは何か』青土社．
リトル，A.（2010）福士正博訳『コミュニティの政治学』日本経済評論社．
若林靖永（2003）『顧客志向のマス・マーケティング』同文舘出版．
Ketilson, Lou Hammond（2010）"The Future of Co-operatives" Center For The Study of Co-operatives.

終章
未来へのメッセージ
市場，民主主義，そしてシチズンシップ

1. レイドロー報告の真髄

(1) レイドローの「演説」と「4つの優先分野」

　1980年10月に開催された「第27回ICAモスクワ大会」において提案・採択された「レイドロー報告」(『西暦2000年における協同組合』 *Co-operatives in the Year 2000*) が日本の協同組合研究者や協同組合人に大きな影響を与えたことは紛れもない事実であった．翌1981年に「日本協同組合学会」が創立されたことがその証左である．しかし他方で，その同じレイドロー報告が，ヨーロッパ諸国の一部を別にして他の国々の協同組合研究者や協同組合人を強く引きつけるまでに至らなかった，とも言われている．なぜ，レイドロー報告は，日本やカナダそれにイタリアなどの協同組合研究者や協同組合人を引きつけたのに，他の国々では引きつけるに至らなかったのか．その理由の一部をわれわれは，A.F.レイドロー自身による報告概要の説明演説[1]に見ることができる．

　レイドローはその演説のなかで彼の報告に対する「3つの批判」に答え

のであるが，この「3つの批判」がレイドロー報告に対する特に東ヨーロッパ諸国と発展途上諸国の協同組合研究者や協同組合人の興醒ましの要因であることを暗示している．それは「3つの批判」に対する次のような彼のコメントに見られる．

　第1の批判は，レイドロー報告は「余りに悲観的で，協同組合運動の弱点や欠点だけを強調しすぎている」，という批判である．この批判に対しレイドローはこうコメントしている．「協同組合人は失敗や弱点に目を瞑ることがあってはならない．……もしこの大会で（私が）楽観論を展開すれば，あなた方は協同組合の弱点に気づかないまま帰ることになるだろう．われわれは常に，（協同組合の）将来の可能性を検討する必要があるのだから，協同組合の健康診断を実施して早期に病気を発見し，（協同組合を）健康な方向へ導かなければならないのである」．これは，レイドロー報告の「3つの危機」，とりわけ「イデオロギーの危機」の指摘であって，彼の報告全体の基調に関わるコメントである．

　第2の批判は，「協同組合には消費者協同組合（生協），農業協同組合（農協），漁業協同組合（漁協），住宅協同組合，協同組合保険，協同組合銀行といった多種多様な組織が存在するにもかかわらず，これらの協同組合について十分詳細に論究されていない」，という批判である．この批判に対して彼は次のようにコメントしている．「大会の討議資料としてのこの報告書は，各分野の協同組合を深く論究するかわりに，全世界的な視野をもって，すなわち，鳥瞰図的に協同組合を観察するよう心がけている．ただし，特別に考慮した分野がある．生協である．なぜ，生協なのか，その理由は3つある」．すなわち，①生協はICA会員のコアであり，したがって，好むと好まざるとにかかわらず，生協間の協力・協同は最も発展する可能性があると考えられる．②とはいえ，現在の生協は，あたかも山の頂上に登りつめたかのようで，発展が見られない．インフレーションをベースにした伸びを期待しており，市場における生協の役割に基づいた組合員サービスに目を向けていないのではないかと思える．③だが，そうであっても，生協は他の各種協同組合

の基礎になり得る，と私は考えている．「生協の組合員であることは，彼らが協同組合保険や協同組合銀行など各種協同組合を包含する協同組合システムの一部を利用することが可能となることでもある．その意味で，生協が発展しなければ，その他の協同組合運動のバァイタリティも失われてしまう可能性がある」．これは，生協運動の「新たな復権」とでも言うべき期待を込めたコメントであって，特に，レイドロー報告の第V章「将来の選択」の「4つの優先分野」（「第1優先分野：世界の飢えを満たす協同組合」・「第2優先分野：生産的労働のための協同組合」・「第3優先分野：持続可能な社会のための協同組合」・「第4優先分野：協同組合コミュニティの建設」）のなかの「第3優先分野」に関係するコメントでもある．

　第3の批判は，レイドロー報告が「西側社会の協同組合を中心としており，東ヨーロッパ社会や第三世界の協同組合の実情を反映していない」，という批判である．この批判に対してレイドローはこうコメントしている．「それはその通りである．西側社会で生まれ育った者として私は，確かに西側諸国の資本主義の行き過ぎに対し批判してきたが，しかし同時に東ヨーロッパでの国家による協同組合への統制や管理に対しても批判してきた．私は，これらの国々において協同組合運動を真に民衆の自主的な運動として発展させ得るような自由が保障されるよう願うものである．この保障が得られるのであれば，私は東ヨーロッパ諸国の協同組合をより高く評価するだろう」．さらにレイドローは，「第三世界の協同組合」ではなく，「第三世界の政府」を批判しなければならないと言う．なぜなら，「第三世界には協同組合を乗っ取ってしまおうとする政府が存在するからである」．

　「3つの批判」に対するこれらのコメントは，協同組合の民主的経営のあり方，もっと言えば，協同組合民主主義についてのコメントであり，1960年の第21回ICAローザンヌ大会でスウェーデン協同組合連合会のM.ボノーによって提案され，1963年の第22回ボーンマス大会（会長はM.ボノー）で本格的に討議された協同組合の「構造改革路線」への移行を主張する「ボノー報告」（『変化する世界における協同組合』*Co-operation in Changing World*）

と，この報告に基づいて1966年の第23回ICAウィーン大会で決定された「1966年原則」とに対する批判でもあった．

　レイドローは，この演説において，「3つの批判」に対するコメントの他に，「協同組合の将来に関わる2つの危惧」に言及している．1つは，協同組合の民主的特質が「組合員参加の弱体化」に伴って希薄化していく，という危惧である．これは，組合員参加の弱体化によって意思決定のプロセスが経営担当者(マネジメント)に支配されてしまうことになり，その結果，意思決定機能が連合組織に，とりわけ中央組織に集中され，「中央集権的意思決定」のプロセスがつくりだされていくことを意味する．そこでレイドローは，協同組合運動が「真に民衆の運動であるとの意識と姿とを取り戻す」ためには，組合員参加を拡充することにより意思決定機能を「分権化」しなければならず，またそのために協同組合人の間で「協同組合運動は教育運動でもある」ことが認識されなければならないと強調し，「教育を通じて協同組合の民主的性格を維持する努力を怠るなら，協同組合運動は消滅するしかないのだ」と言い切った．

　もう1つは，「協同組合と政府との関係」に関わる危惧である．レイドローは，「国家は，人の頭を数えることはできるが，人間を知らない」と政府を批判したILO（国際労働機関）のジョルジュ・フォーケの言葉を引用して，「政府は協同組合に自主性を与え，たとえ協同組合が誤りを犯したとしても，協同組合に深く介入すべきではない」，と政府権力のあり様を批判してこう付け加えた．個人でも協同組合組織でも「成長のプロセス」には試行錯誤が付きものであって，「協同組合の真の自立・自律」もそれらの試行錯誤を通じてなされていくのである，と．レイドローのこの危惧は，特に「第三世界の政府」に対する批判でもあった．レイドローは，第三世界では協同組合はしばしば政府の「下請け機関」や「天下り機関」になり下がってしまい，真に自立・自律した「市民の組織的運動体」になり得ていないことに大きな危惧を覚えていたのである．

　レイドロー報告は，こうして，このような演説を以て大会参加者にレイド

ロー自身の「イデオロギー的立場」，すなわち，「主体的選択に基づく行為性向」としてのエートス（心的態度）をある程度明らかにしておいた．したがって，彼は最後にレイドロー報告の「4つの優先分野」に言及し，協同組合運動にとってのこれらの優先分野の意味を簡潔に示すのである．

レイドローはさらに，その演説で，彼の報告を作成する最終プロセスである1980年初めに「4つの優先分野」の設定を決定した，と述べているのであるが，しかし彼は，そこでは「4つの優先分野」を提案する経済的，社会的な背景や理由について具体的に触れていない．とはいえ，彼は次のように主張することによって[2]，協同組合人に，世界の協同組合運動が現に直面している諸問題や諸課題を明確に理解し認識するよう求め，またそうすることでアジア，アフリカ，ラテンアメリカなど発展途上諸国の人びと——とりわけ，経済-社会的に弱い立場の人びと——が現に置かれている状況を理解し認識するよう訴えることで協同組合が「正気の島」でなければならないことを強調したのである．「4つの優先分野」は，それ故，正気の島としての協同組合が取組む全人類的な問題であり課題でもあるのだ，とレイドローは協同組合人に訴えたのである．

　最後に強調したいことは，これから20年もの長期にわたる協同組合運動の計画に関わる第1幕の幕開けが本大会の討議である，ということである．これより20年の協同組合の明確な計画をわれわれ協同組合人自身が作成しない限り，われわれは協同組合以外の人たちに追い越されてしまい，取り返しのつかないことになってしまうだろう．われわれは外部の専門家や機関から助言を得ることもできよう．しかし，最も重要なことは，協同組合人が自ら計画を作成することなのである．われわれは，世界の人類が困難な問題に直面している一大転換期にこの大会を開催しているのであるが，このような転換期はまた——協同組合民主主義を含めた——民主主義の危機の時代でもあるのだ．一言で言えば，今われわれは世界の転換期に直面しているのであって，問題は，われわれは

どこに向かおうとしているのか，ということである．ICA もまた転換期を迎えているのであるが，率直に申して，私には現在の ICA はその能力と影響力を欠いているように思えるのであるが，世界の協同組合が今後いかなる組織と能力をもっていかなる方向に進んでいくのか，私はそれをあなた方の決意に委ねる外ないのである．

見られるように，レイドローは，人類が直面している経済的，社会的な危機的状況の下で協同組合の事業と運動はどうあるべきかを問うているのであるが，同時に彼は「最も重要なことは，協同組合人が自ら計画を作成することなのである」と主張し，また「世界の協同組合が今後いかなる組織と能力をもっていかなる方向に進んでいくのか，私はそれをあなた方の決意に委ねる外ない」と強調して，協同組合人の「協同組合アイデンティティ」を問うたのである．「人類的な危機のただ中で協同組合の事業と運動が果たすべき経済的，社会的な機能と役割は何か」とのレイドローの問いかけは鋭いものであった．

じつは，レイドローは，この問いかけの理論的裏づけを持っていた．彼は既に 1974 年のミズーリ大学大学院協同組合研究所で行われた「協同組合セクター」と題する講演のなかで，飢餓・飢饉，貧困，世界的規模のインフレーション，通貨危機，資源紛争，民族紛争など「世界が抱えている重大な未解決の経済問題」について言及し，その解決方法として，(1)地球の諸資源を分け合う方法，(2)誰が何を所有するべきかという方法，(3)土地の果実（食料）と工業製品を分け合う方法，(4)各人が必要な部分を公正に取得できるシステムを整える方法，という 4 つの方法を提示していた[3]．

彼の問題意識は，協同組合の事業と運動それ自体の改革・改善というよりもむしろ，協同組合の事業と運動が世界的な危機の根源であるこれら「世界の未解決の経済問題」を解決するための「4 つの方法」にいかに貢献し得る能力を身につけることができるのか，ということにあった．そのことは，この講演の演題「協同組合セクター」が示唆している．彼は，世界の協同組合

が強力な協同組合セクターを構築し，政府セクター（第1・公的セクター）と資本主義的大企業を中心とする企業セクター（第2・私的セクター）に対抗し得る「拮抗力」（countervailing power）を擁する程の「第3セクターのコア」となる可能性を構想していたのである．レイドロー報告で提起された「4つの優先分野」はまさに彼のこの構想に基礎を置いていたのである．

　われわれはレイドロー報告を意味づける際に「3つの危機」（信頼性の危機，経営の危機，そしてイデオロギーの危機）に大きな注意を向け，協同組合の事業と運動それ自体の内部的な改革や改善に焦点を当てて「4つの優先分野」へと論を進めがちになる．だがじつは，レイドロー報告は，協同組合の事業と運動の内省的発意とそれに伴う行為・活動と同時に，協同組合の事業と運動がその基礎に置いている――「権利と責任が相補い合い」かつ「熟議することによって自らの未来を創造する」――民主主義の潜在能力を引き出し，協同組合セクターとして「世界の未解決の経済問題」の解決に向けてその実践的能力を発揮させる創造的な行為・活動を「4つの優先分野」において追求することを本旨としているのである．したがって，この点を明確に理解し認識することが肝要なのである．要するに，3つの危機，とりわけイデオロギーの危機の理解と認識は「4つの優先分野」を明確に理解し認識するための前提条件なのである．レイドロー報告の「4つの優先分野」は――「世界の未解決の経済問題」と「4つの方法」と重なる――レイドローの最も重要な問題意識を表現しているのであって，その意味で，「4つの優先分野」こそ「レイドロー報告の最も重要な部分」であると強調したイアン・マクファーソンの指摘は，まさに正鵠を射ているのである[4]．

(2) レイドロー報告の「未来への示唆」

　レイドロー報告の第III章「協同組合：理論と実践」の最後に「9. 未来への示唆」が簡潔に8項目にわたって述べられている．これら8項目にわたる協同組合の事業と運動に関わる「未来への示唆」は含蓄に富んでいる．

　(1) 協同組合運動にとって重要であり，また実際に避けてはならないこと，

それは協同組合の事業活動の基本的概念，イデオロギーそして道徳的主張を明らかにし，公表することである．

(2) 協同組合原則は，運営原則ではなく，(事業と運動の) 基本的な指針の表明として定式化され，すべての種類の協同組合に適用される最小必要条件として設定されなければならない．

(3) 将来，地域コミュニティのレベルでは，多目的タイプに重点を置いたあらゆる規模の多種多様な協同組合が必要とされるだろう．

(4) 協同組合システムのあらゆる側面とレベルにおいて協同組合の民主的性格が確保されなければならない．

(5) 経済的に効率がよいだけでなく社会的に影響を及ぼす協同組合こそ，新しい時代に最もよく受け容れられるであろう．

(6) 協同組合と国家の間の相互作用は将来大いに増大し，強まるだろうと予測することができる．

(7) 協同組合組織の未来の発展は，各国の経済において結合力のあるセクターを確立することによってはじめて保障される．

(8) 未来のグローバルな協同組合運動においては，幅広いイデオロギーを許容する余地がなければならない．

(1)，(4)，(5)，そして(8)の項目は，協同組合の事業と運動にとって，近代協同組合の創始である「ロッチデール公正先駆者組合」の誕生以来21世紀の現在まで，最も重要な構成要素として常に求められてきた理念であり，また近代株式会社法に基づいた企業も政府や他の公的機関による公企業も存在していなかった時代から継承されてきた協同組合独自の理念でもある．その意味で，これらの項目は，われわれの次の諸世代が担う未来にあっても，協同組合の事業と運動に埋め込まれ継承されることによって「事業体であり運動体でもある」という協同組合の特徴的性格を多くの人たちに知らせ，可視化させ，さらには協同組合の経済-社会的な存在意義を組合員および職員 (従業員) など協同組合人やステークホルダーに自覚させ，かくして民主主義に基礎を置く事業体と運動体としての普遍性を実体化させていく，という

永続的な実践活動を求めているのである．それ故，協同組合の概念，イデオロギー，道徳性(モラリティ)それに民主主義は，市場メカニズムに基づいて事業を展開する協同組合にとっては，自らの市場構造をより健全化させる中心軸であるだけでなく，市場経済に基づくより健全な社会秩序を，すなわち，市場と民主主義のより適切なバランスを社会的に，またグローバルに形成するための諸条件を再生産することにも貢献する中心軸なのである．

周知のように，現代世界において，市場は，社会秩序の枠組みを構成する1つの重要な要素であるが，しかし，しばしば「互酬性の価値」や「助け合いの価値」などを軽視あるいは無視したり，市場にアクセスできない人たちの存在を軽視あるいは無視したりする傾向がある．これでは，市場に基づくより健全な社会秩序を成功裡に形成することは難しい．アマルティア・センは，「民主主義と市場」の関係を次のように主張して[5]，協同組合の「市場構造の健全化」についての適切なヒントをわれわれに与えている．

　市場メカニズムが大きな成功をおさめることができるのは，市場によって提供される機会をすべての人たちが合理的に分かち合う条件が整備されている場合のみです．それを可能にするためには，基礎教育の確立，最低限の医療施設の整備，それから土地資源が農業従事者にとって欠かせないものであるように，あらゆる経済活動のために不可欠な資源を広範に分ち合い，自由に利用できることが実現されなければなりません．

　学校教育，医療，土地改革などの充実のためには，さらに適正な公共政策も必要とされます．市場の機能をもっと活発化させるために「経済改革」が至上命令とされるような事態においてさえも，社会的チャンスの創出をはかることはきわめて重要です．このような単なる市場の育成という目的を超えたところで，確実な効果の期待できる慎重な公共活動が必要とされるのです．

アマルティア・センが強調するように，市場は——例えば，学校教育を受

ける権利の行使がその責任の履行となるように──「権利の行使が責任の履行となる」という意味で「権利と責任の相補的関係」を承認するような社会的枠組みと大いに関係するのである．すべての人びとにとって「市場メカニズムを通じて相互に交流し，相互の利益に結びつく活動の基礎」を創り出すことが可能であれば，協同組合の市場構造をそのように整備することは協同組合の社会的影響力をより一層拡大することにつながるだろう．

　民主主義を基礎とする市民社会においてわれわれが──「上意下達の承認受諾関係」を拒否する──「参加の倫理」を自らの生活規範とするよう努力するのは，われわれの「労働と生活の質」と「地域コミュニティの質」の向上をもたらす民主的な新しい社会秩序を創り出し，改善していくことに貢献するためである．われわれは，そうすることで，われわれの自治と権利と責任を支える参加の倫理を基礎に市民同士の関係をより深く，より厚くしていくことができるのである．われわれはこれをヒューマン・ガバナンス（「人間的な統治」）と呼んでいる．その意味で，市場もまたこのヒューマン・ガバナンスの重要な構成概念の１つを成すのである．なぜなら，アマルティア・センの先の主張に見られるように，民主主義には「平等な参加の権利」という理念が必ず伴うからである．それは，協同組合の事業と運動が関わる「市場」も同様である．

　協同組合の事業にもし強みがあるとすれば，それは，協同組合の事業と運動が組合員や職員と他のステークホルダーをして「協力し協同することで安定した生活を営むことができる」という人間の本来的関係を経験させ，自覚させる機会を提供することが可能であり，また協同組合民主主義の理念に基づいた事業と運動のなかに民主的秩序を，すなわち，民主的な制度・システムとそれらに即して機能するメカニズムとを創り出し，それを維持するという協同組合ガバナンスに彼・彼女たちが参加する機会を提供することが可能である，ということである．これらのことを通じて組合員や職員そして他のステークホルダーは協同組合アイデンティティに確信を覚えるのである．協同組合のこのようなアプローチこそ協同組合における一連の「教育の過程」

に他ならないことをわれわれは自覚しなければならない．

　協同組合の事業に別の強みがあるとすれば，それは，市場は「人びとがお互いに信頼し合ってはじめて十分に機能する」ことを組合員や職員それに他のステークホルダーに意識化させ，熟知させ得ることである．これによって協同組合は，その事業と運動を通じて彼・彼女たちに「相互信頼」の必要性を自覚させ，「市場と民主主義のより適切なバランス」を実質化させることができるのである．「市場参加者たちの間に信頼と公正な行為(フェアプレー)という意識が埋め込まれないのであれば，取引きコストが非常に高くつく」[6]ことは誰もが知るところであるが，このことこそ，われわれが社会生活を営むのに必要な生活意識や生活規範として，したがってまた，われわれの社会意識や社会的規範として実質化されるべきことなのである．

　協同組合の事業と運動のヒューマン・ガバナンスはまた，協同組合の拠って立つ視点を，「単なる量的尺度から，われわれが呼吸する空気の質，自然の美しさ，新鮮で良質な食料品の生産と味わい」といったより人間的な奥行きと厚みのある質的評価へと変えていくことを可能にする[7]．そのことは，市場原理至上主義の単なる金銭的尺度に対する異議申し立てにもなる．こうして，協同組合のヒューマン・ガバナンスは，協同組合の市場構造を特別なものから社会的に普遍的なものへと広げていくのである．われわれはこれを「弾みの概念」と呼んでいる．そしてこの「弾みの概念」はやがて協同組合の事業と運動をしてより良いより適切な社会的枠組みを創り出していく諸条件を生み出すのに貢献するのである．

　(2)の項目は，経済効率のために資源の集中利用を強化させ，その結果，協同組合の基礎である組合員の参加を弱体化させてしまい，したがってまた，「構造的な民主主義の弱体化」をもたらしてしまったM. ボノーの「構造改革路線」と，第23回ICAウィーン大会で採択された「ICA 6原則」(「1966年原則」)とに対するレイドローによる批判である．この批判は1995年のICA 100周年記念マンチェスター大会で採択された「協同組合のアイデンティティに関するICA声明」(定義・価値・原則)によって継承された．とり

わけ「協同組合の定義」は，1895年のICA創立から数えて100年にして初めてすべての種類の協同組合に共通する定義となった．

(3)の項目は，日本の総合農業協同組合の多目的事業を参考にして提案されたレイドロー報告の「第4優先分野：協同組合コミュニティの建設」と関連する示唆であるが，同時に協同組合の多様性に基づいた，公的セクター（第1セクター）と私的資本主義企業セクター（第2セクター）に対する──「拮抗力」を擁する──第3セクターのコアとしての協同組合セクターの潜在能力を多様な地域コミュニティで実現させようとする協同組合の「鳥瞰図的コンセプト」の重要な部分の1つである．それは後に新たなICA第7原則「地域コミュニティへの関与」を生み出す基礎となった．1995年の「ICA声明のバックグラウンド・ペーパー」は，「協同組合は地域コミュニティの経済的，社会的，文化的な発展が確実に持続するよう特別の責任を負う」ことを強調している[8]．

(6)の項目は，既に「レイドロー報告の説明演説」で言及したように，当時の東ヨーロッパの社会主義諸国と発展途上諸国における国家（政府）と協同組合との関係についての問題である．この問題はレイドロー報告では第III章「協同組合：理論と実践」の「6．協同組合と国家」でさらに詳しく論及されている．レイドロー報告は，「これは簡単に答えが出そうもない問題」であり，また「教条的な所説は注意深く検討される必要がある」と述べながらも，「理論と実践の全般的問題を振り返り」，次のことを強調している[9]．すなわち，協同組合と国家との関係の問題は，1904年に「協同組合は政府からの援助を受け入れるべきか否か」の問題と「援助の受け入れが協同組合の政策と目的に影響を及ぼす危険性」の問題とについて議論したICAブダペスト大会以来主要な議題の1つとなってきた．この問題は，①経済全般と企業活動に対する中央統制を行使する政府の力の増大，②協同組合を急速な経済発展の道具として使う新興独立国および貧困国における政府の取組み，そして③協同組合がその成長と多様な形態の拡大によって発展した諸国の国民経済の多くの部門に関与していることから複雑かつ論争的なものになって

きていることを踏まえると,「協同組合と国家との接点は今後 20 年の間にこれまで以上に増大するであろう」ことが予想されるので,協同組合は政府との間で公正かつ「相互補完的な事業と公共サービスの協働に関わる取決め」を目指すべきであり,したがって,ICA にとって「協同組合と国家の関係,取決め,手続きに関して政府を支援し,政府に助言を与える」こと等々が重要な課題となる,ということである.

じつは,この問題は,次の「7. 協同組合セクター」と関連づけられて論じられているのである.したがって,上記の「9. 未来への示唆」の(7)は,レイドロー報告の説明演説で彼自身が示した「世界の未解決の経済問題」を解決するための「4 つの方法」を踏まえて,「協同組合セクターの構築」を世界の協同組合人に訴えたものである[10].①公的セクター,私的セクターおよび協同組合セクターのいずれを取っても,これまで単独ではすべての経済問題を解決し得なかったのであるから,「3 者が相並んで活動し,相互に補完する」ことによって「人間の力で可能な最良のものを達成する」ことが求められること,②公企業,協同組合企業そして私企業にはそれぞれ,最も適切に任され得る一定の経済部門が存在すること,そして③相互補完的な役割と機能を有する協同組合と政府が「最も効率的かつ満足のいく方法で,基本的な公共サービスを提供すること」が可能になるのであれば,協同組合セクターの重要性を協同組合人も他の人たちも理解し認識するようになるであろうことをレイドロー報告は示唆したのである.

2. 協同のアプローチ

(1) 3 つのコーポレート・ガバナンス論

レイドロー報告が世界の協同組合人に放った協同組合の事業と運動の「未来への示唆」は,現に世界で生起しているさまざまな経済的,社会的な困難や危機の克服に役立つ諸条件の再生産に寄与するソーシャル・ミッションを協同組合が遂行しようとするのであれば,協同組合それ自体がその経済-社

会的な機能を高め，より広い範囲に及ぶ影響力を擁する実体として自らを具体的に創り上げ，その実際の能力を多くの人びとに認識してもらえるよう求めた彼自身の意思表示でもある．その意味で，「4つの優先分野」はまさにそのための重要かつ具体的な――世界の協同組合人に向けての――活動提起であったと言えよう．

レイドロー報告によるこの活動提起は，「レイドロー報告」に通底している民主主義を軸に展開される――「経済的目的と社会的目的の遂行」あるいは「事業体であり運動体でもある」という――「協同組合の本質論」と，（「世界の未解決の経済問題」を解決する「4つの方法」を踏まえた）「協同組合セクター論」とによって「協同組合の共益性」のみならず「協同組合の公益性」をもまた実質化させ，以て協同組合の事業と運動の一層の有意性を可視化させようとするものであった．レイドロー報告はこう主張している．「これから先，協同組合の成長と存続は，おそらく，協同組合であると確認される確かな特徴的性格をいかにして誠実に遵守するかという点にかなりの程度左右されることになるだろう」[11]，と．レイドロー報告のこの主張は，少なくとも西暦2000年までの間に，協同組合を他の事業体と区別する協同組合の「ある確かな特徴的性格」が加わる可能性をわれわれに予期させた．しかもそれは，既に論及した第Ⅲ章「未来への示唆」のうちの(4)，(5)，そして(8)を通じて，協同組合の未来の事業と運動の発展を支える枠組みを構築するための必要条件であることをわれわれをして認識させるものであった．かくして，レイドロー報告の「予言」があたかも的中したかのように，世紀の転換期に「協同組合のヒューマン・ガバナンス論」として「ステークホルダー論」が現れ，協同組合研究者や協同組合人の間で議論の的となっていったのである．

周知のように，1990年代後半以降，日本でも「コーポレート・ガバナンス」（企業統治）や「企業の社会的責任」（CSR）がしきりに言われるようになった．90年代初期におけるバブル経済の崩壊に伴って企業の不祥事が相次いだことから，商法の改正によって主に大企業に「社外監査」と「監査役

会」の制度が導入されるようになり，また「株主代表訴訟」の負担が軽減され，株主が「取締り役会」を訴えることが容易になったことから，経営陣は企業におけるコーポレート・ガバナンスを意識せざるを得なくなった．しかしながら，日本の経団連のような経営者団体にはコーポレート・ガバナンスを不祥事対策や違反行為対策に矮小化して考える傾向があった．この点はCSR についても言えることであって，大企業経営陣が CSR を単なる「コンプライアンス」（法令遵守）に矮小化してしまう傾向とよく似ている．このような状況が生じるのは，経営陣が CSR を「企業競争力につながる企業行動」だと単純にみなしてしまうことに起因している．そうではなく，企業行動にとってコンプライアンスは，「ルールを遵守する」という当然の，したがって，最低限の守るべき規範にすぎないのだから，「企業利益に優先する規範」であることを経営陣は正しく理解しなければならない．例えば，OECD（経済協力開発機構）が 2000 年に改定した「多国籍企業ガイドライン」は，①情報開示（企業業績や所有権等の情報公開，環境報告），②雇用・労使関係（児童労働・強制労働および差別の禁止，労働者の権利，建設的交渉権），③環境（健康・安全，環境保護，環境管理システム，予防措置），④贈賄の防止，⑤消費者利益（公正な販売・宣伝慣行，プライバシーの尊重，物品とサービスの安全性と品質の保証）など社会の持続可能な発展という課題に多国籍企業が取組むよう求めているし，また国連も 1999 年に「グローバル・コンパクト（10 原則）」を提唱し*，企業が「人権・労働・環境」の領域で貢献するよう強く求めた．これらの事実は，じつは，CSR が「人びとの生活と労働の質」と「地域コミュニティの質」の向上にナショナルなあるいはグローバルな影響力を及ぼし得ることを明らかにするものでもあった．

---

* グローバル・コンパクトの 10 原則は次のものである．
企業は，
①その影響の及ぶ範囲内で国際的に宣言されている人権の擁護を支持し，尊重する，
②人権侵害に加担しない，
③労働組合結成の自由と団体交渉権を実効あるものにする，
④あらゆる種類の強制労働を排除する，

そのような観点に立てば，CSR やコーポレート・ガバナンスに基づく企業（事業）行動は，ナショナルな規模であれグローバルな規模であれ，単に「競争力につながる」コンプライアンスやガバナンスの意識に止まっていたり，リスクマネジメントの意識に偏っていたりしてはならず，より高い認識の次元に至らなければならないのである．その意味で，協同組合の事業と運動が果たす経済-社会的役割は決して小さなものではない．なぜなら，協同組合は世界のほとんどすべての国や地域で機能しており，また特に先進諸国の協同組合は比較的大規模な「非営利組織の企業」として——その影響力の及ぶ範囲には差異があるにしても——経済的，社会的あるいは政治的に一定の影響力を国の内外に及ぼし得ることから，協同組合が非営利組織の事業体としての特徴的性格に従って事業行動を展開するのであれば，CSR を——「社会の持続可能性」ではなく——単に「企業の持続可能性」とみなして企業利益を何よりも優先させようとする営利企業に影響を与えることが可能だからである[12]．

こうして，世紀の転換期になると CSR やコーポレート・ガバナンスに基づく協同組合の事業（企業）行動を論究する要求が協同組合の内部から出てくるようになった．例えば，1998 年 2 月に生協総合研究所はイギリスの著名な協同組合研究者のロジャー・スピアを招聘して「協同組合におけるコーポレート・ガバナンスと社会評価」のセミナーを開催した．そのセミナーでスピアは協同組合のコーポレート・ガバナンスに関わる次の 3 つのモデルを取り上げた．(1)「主権者―代理人理論」，(2)「ガバナンス受託モデル」，(3)「ステークホルダー・モデル」，である．そして彼は，これら 3 つのうち，(3)ステークホルダー・モデルがその適用性と可能性において他の 2 つより

---

⑤児童労働を実効的に廃止する，
⑥雇用と職業に関する差別を排除する，
⑦環境問題の予防的なアプローチを支持する，
⑧環境に対して一層の責任を担うためのイニシアティヴを執る，
⑨環境を保護するための技術の開発と普及を促進する，
⑩強要と賄賂を含むあらゆる形態の腐敗を防止するために取り組む．

も優れている，と結論づけた[13]．簡潔に説明を加えておこう．

(1) 主権者―代理人理論：このモデルは，（資産への権利を有する）主権者(オーナー)であり所有者でもある組合員が自らの利益を代理人に効果的に守らせるために，どのようにして代理人としてのマネジャー（経営執行理事）など理事会メンバーを指揮・管理(コントロール)するのか，という「合理的選択の理論」でもある．この理論では，主権者は所有者として，①協同組合組織をコントロールする権利，②利潤（剰余）を処分する権利，③前記2つの権利を委譲する権利，という3つの権利を有しているので，主権者はそれらの権利に基づいて理事会メンバーを選抜し，コントロールすることで「報酬の構造」を設定する．しかしながら，主権者である組合員は，現実には代理人であるマネジャーなど理事会メンバーの一部しか監督できず，また情報についても，量的に適切で内容的に正確に理解できる情報へのアクセスが可能でなければ，代理人である理事会メンバーが「責任逃れ」や「日和見的な態度」に終始する可能性は否定できない．確かに，主権者である組合員は協同組合の「資本」の所有者であるが，しかし，その資本は「組合員の出資金」であることから，基本的に「公開取引き」の対象にはならず，大多数の組合員の関心は，利潤（剰余）にではなく，「より安い価格やより高い品質」（生協）あるいは「より高い報酬やより良い労働条件」（ワーカーズコープ）に向けられることになる．要するに，このモデルは「最終的に行動するのは個人のみである」とする「個人主義」，また「個人の行動は最適な選択の結果である」とする「最適主義」，そして「個人が果たす有益な機能や行動は完全にその人自身の利益に関係する」とする「自己への配慮」という志向に基づく「個人主義的アプローチ」に拠っているのである．それ故，このモデルには「ステークホルダー（利害関係者）の要求を軽視しかつ所有権を特別視する」傾向と，「経済的な要素を重視し，互恵的な社会的利益や信頼，さらには起業へのイデオロギー的支援といった非経済的要素を無視する」傾向とが見られることへの批判がある．このような性向のガバナンス・

モデルは協同組合ガバナンスには不適切である．

(2) ガバナンス受託モデル：このモデルは「主権者—代理人理論」の批判から生まれたモデルである．この受託者モデルは，「株主——協同組合では組合員——は実際には企業（協同組合の事業）をコントロールしているのではない」との経験的証拠に基づけば，株主（組合員）に与えられる所有権は極めて限られる，とするものである．このような観点から，このモデルにおいては，協同組合の所有者である組合員は，精々のところ，①情報へのアクセス権，②建物あるいは資産の使用権，③非所有者（非組合員）を排除する権利，④意思決定の権利，⑤損失や資産の売却と買収に参画する権利，を有するにすぎない．したがって，このモデルにおいては「協同組合の事業体を支配する際に最も重要な要素は——とりわけ組合員の諸権利が弱体化している場合には——所有権ではない」ことになり，そこで次の2点が強調されることになる．

(a) 受託者の責任は，協同組合の出資価値よりも資産価値を保持することにある．資産には技術，長期にわたる信頼関係によって培われた顧客（組合員）の評判，取引き業者（供給者）の評判，それに地域コミュニティにおける評判などが含まれることから，受託者の責任は，経済的利益のみならず社会的利益や文化，歴史，自然環境といった資源的利益などに対する責任にも及ぶ．

(b) 受託者モデルにおいては，マネジャー（経営執行理事）は，出資者（組合員）の利益を優先させるのではなく，現存する他のステークホルダー（職員や供給者）の利益とのバランスを図り，かつ現在と未来のステークホルダーの利益を比較考量しなければならない．

このように，このモデルにはマネジャーに長期的な視点を持たせる効果を生み出すなどの長所はあるが，同時に次のような弱点もある．第1の弱点は，経営者（理事会）の権力をチェックし，経営バランスを図っていく重要性が過小評価されやすいこと，第2は，必要以上にマネジャーの権限に依存する傾向があること，そして第3の弱点は，「契約的企

業観」が稀薄になることから，資産としての「コアの技術」や「組織への信頼」を強調することでステークホルダーとの関係に特別に注意を払うようになり，その結果，「取引き費用理論」*を軽視しがちになることである．
(3) ステークホルダー・モデル：このモデルは，資産としての「組織形成の重要な技術」と「組織への信頼」，それに「要(かなめ)となるステークホルダーのあり方」に注意を払い，協同組合の事業体とステークホルダー（組合員，職員，供給者，生産者，地域コミュニティなどの利害関係者）の契約的関係を発展させる．確かに，このモデルは，ステークホルダーの経済的な役割を軽視する傾向があるが，その点は容易に修正することができる．このモデルはまた，協同組合事業の戦略と契約的関係とを結びつけている点で，ステークホルダー間の適切な関係を考える基礎となり得る．というのは，市場，事業連合組織(コンソーシアム)，企業合同などに関わる多様な議論を通じてさまざまなグループのステークホルダー間の関係がより可視化されるからである．その点で，ステークホルダー・アプローチの最も優れている側面は，さまざまなステークホルダー・グループを相互関係的に位置づけることができ，したがって，各々のグループの要求に応えられるようにガバナンスを改善することができることである．

(2) 協同組合のコーポレート・ガバナンス：マルチステークホルダー・モデルの視点

①協同組合のコーポレート・ガバナンスとシチズンシップ

これら3つのガバナンス・モデルを比較して，ロジャー・スピアは次のように論じる．「主権者—代理人理論」は，協同組合のあるステークホルダ

---

* 「取引き費用理論」は，例えば，市場，企業間あるいは協同組合の事業間においてさまざまな取引き形態を比較し，最も効率的な取引きを行うための選択や決定を導き出す理論である．取引き費用には取引きそれ自体にかかる費用や取引きを監視する費用などが含まれる．

ー・グループ（例えば，組合員）を優先するという点で「組合員に基礎を置く」協同組合にとっては魅力的な特徴を備えているが，他のステークホルダー・グループ（例えば，職員や供給者）の権利を軽視あるいは無視してしまう．また「ガバナンス受託者モデル」も「組合員に基礎を置く」協同組合にとっては共感できる経営モデルではあるが，しかしながら，このモデルは，必要以上にマネジャーに依存する傾向が強くなるために，「契約的企業観」が稀薄になってしまう弱点を解消することができない．それに対して，「ステークホルダー・モデル」は，前の2つのモデルの優れた側面を採り入れて「契約的企業観」をより洗練化させることによって協同組合の「事業戦略」と「契約関係」とをスムーズに結びつけ，ステークホルダー・グループ間の適切な関係をガバナンスのなかに埋め込むことができるのである．

そこで次に，スピアのこのような見解を理解した上で，ステークホルダーの範囲をさらに広げた「マルチステークホルダー」に基づくガバナンス・モデルこそ「協同組合のガバナンス・モデル」に最も適的であるとする理由に論及しよう．

協同組合のコーポレート・ガバナンスの基本としてのマルチステークホルダー論は，協同組合の事業活動がシチズンシップを基礎として展開されることを特徴とする．換言すれば，マルチステークホルダー論では，協同組合の事業活動はシチズンシップに基礎を置いている社会的活動であることが，したがってまた，その事業活動のすべてのプロセスに対してシチズンシップに基づく社会的責任が想定されている．このことは，協同組合は，その事業活動において市民社会が本来的にもっている市民の行為や活動や生活全般の基準——それは人種・民族，階級，宗教，ジェンダーそれに独自のアイデンティティによってあらかじめ決定されてはならない基準であり，したがって，客観的に平等かつ平易な基準である——を支持し尊重しなければならないことを意味する．その基準がシチズンシップのコアとしての「自治」・「(平等な)権利」・「(自発的)責任」・「参加」である．

自治はすべての市民活動の根本である．換言すれば，シチズンシップは，

「人びとを自治能力のある個人，あるいは自己統治（セルフ・ガバナンス）のできる個人として承認する」ことをその起点とするのであり，その意味で，「自治と権利」の相補関係的理念であり，したがって，社会的価値体系でもある．

市民社会にあっては，市民であるすべての個人は，その権利を行使し実現するのに必要な制度的枠組みを要求し，それを維持しかつ改善するために各人の役割を果たすことが前提とされる．そしてこのことは，シチズンシップには「権利と責任」の双方を伴うこと，また「自治と権利と責任」は「参加」によって支えられることを意味する．要するに，シチズンシップは，自治能力のある個人1人ひとりが権利と責任の双方を尊重する価値体系であり，権利と責任が相補い合う市民的倫理であり，したがって，自治と権利と責任が参加によって支えられる人間的な統治（ヒューマン・ガバナンス）の基礎を成す社会的理念なのである．

このように，市民は，個人としてもグループとしても，権利を行使し，責任を履行することによってシチズンシップに必要な諸条件を再生産するのである．それ故にこそ，シチズンシップは社会的に能動的なアイデンティティとなり，それによって市民は創造的行為の主体として，変化する自らのニーズとコミュニティのニーズの双方に対応する新たな権利と責任を確認し，新たな制度を構築するのである．こうして市民は，自らの「責任履行能力」を高めることによってシチズンシップをより能動的なステータスとして承認するのである．

こうして，協同組合のコーポレート・ガバナンスそれ自体がシチズンシップのコアである市民の「自治・権利・責任・参加」という社会的価値体系を基礎とすることから，協同組合はその価値体系を事業のなかにどう採り込み実質化させるのか，そのプロセスを可視化させていくことで「協同組合のコーポレート・ガバナンス」の実体を組合員をはじめとするステークホルダーに知らせかつ認識してもらうことが可能となるのである．

②協同組合の定義とステークホルダー論

協同組合のコーポレート・ガバナンスを考察する際に「協同組合の定義」

を理解しておくことは重要である．協同組合の定義から協同組合の形式，機能，実体を，すなわち，協同組合の本質を明確に捉えることができるからである．1995年に承認された「協同組合のアイデンティティに関するICA声明」は協同組合を次のように定義している[14]．

　協同組合は，人びとの自治的組織(アソシエーション)であり，自発的に手を結んだ人びとが共同で所有し民主的に管理する事業体(エンタープライズ)を通じて，共通の経済的，社会的，文化的なニーズと願いをかなえることを目的とする．

　見られるように，この定義では，協同組合は，①自発的に手を結んだ人びと（persons）の自治的組織(アソシエーション)であり，②人びとの共通する経済的，社会的，文化的なニーズ（needs）を満たしかつ願い（aspiration）をかなえることを目的とする，③共同所有の事業体（a jointly-owned enterprise）でありかつ民主的に管理される事業体（democratically controlled enterprise）である，という形式と機能を有する実体であることが明示されている．したがって，この定義で注意すべき点は，協同組合は「人びとの自治的組織」であるという点と，「人びとの共通する経済的，社会的，文化的ニーズと願いをかなえる」という点である．すなわち，「人びと」であって「組合員」（memberあるいはmembership）と限定していないこと，これである．「人びと」persons は people とほぼ同じ意味合いであるが，people は集団，職業，階級などに属している人びとを意味するし，また the people は選挙権を有する市民としての国民を意味するので，普遍的人格権を有する人間を含意する persons が用いられたと考えられる．その点で，ICA第7原則「コミュニティへの関与」は，この定義から，組合員のみならず，組合員が生活しかつ協同組合の事業と運動が拠って立つ地域コミュニティの「経済的，社会的，文化的なニーズを満たし，願いをかなえる」こともまた含意していることをわれわれは想像することができるのであり，それ故にまた，われわれは協同組合のステークホルダーとしては，組合員中心の「シングルステークホルダー」

ではなく，もっと幅広い「マルチステークホルダー」を想像することができるのである．

さて，協同組合のステークホルダーであるが，ステークホルダーは一般に「ある企業（協同組合）の事業活動に利害関係をもつか，直接間接にその事業活動によって影響されるさまざまな関係者」であり，「その企業（協同組合）に対して正当な請求権をもつ個人およびグループ」であるとされているので[15]，協同組合にあっては組合員，職員，理事会，連合組織，コンソーシアム，協同組合への財やサービスの供給者，地域コミュニティとその住民，協同組合と連携しているさまざまな非営利・協同組織それに自治体などがステークホルダーであるとみなしてよい＊．これらのステークホルダーは協同組合の事業活動に独自の期待や利害を持つのである．

ステークホルダー論の観点から言えば，協同組合の事業の「経済的，社会的目的は富と価値を創り出し，増大した富と価値をそのすべての基本的（第1次的）なステークホルダーに依怙贔屓(えこひいき)することなく分配することにある」ので，ある特定のステークホルダー・グループに奉仕するのではなく，職員，理事会，連合組織，コンソーシアムなど協同組合の事業に従事する人たちや組織やグループの「目的・目標をより効率的，効果的に追求する能力を高めることによって，すべてのステークホルダー・グループに奉仕する」，ということになる．換言すれば，協同組合の事業体は「そのすべてのステークホルダーのための手段」であるのだから，それらステークホルダーに対して事業活動に関わる情報を可能な限り開示しなければならないのである[16]．その点で，ステークホルダー論におけるマネジャー（理事会）と主権者―代理人

＊ ペストノは，企業一般のステークホルダーを「株主・債権者・マネジャー・従業員・顧客・供給者・地域コミュニティ，政府・一般の人たちを含む」としているが，日本の協同組合にあっては，一般に，「株主と債権者」は「出資者」・「債権者」としての組合員であり，また「マネジャー」は上級職員すなわち「従業員」であること，さらに「理事会」は主に組合員の代表や上級職員出身者によって構成されることを理解しておくべきである．なお，日本では，単位協同組合にとっては，地方レベルあるいは全国レベルの連合組織やコンソーシアム（事業連合組織）もステークホルダーに含まれるであろう．

理論におけるマネジャー（理事会）の位置づけが異なることに注意しなければならない．

　前者の理事会は，他のすべてのステークホルダーと接触しあるいは交渉し対話する唯一のステークホルダー・グループであり，かつ事業体としての協同組合の意思決定機関に対する直接的なコントロール権を有する唯一のグループであるので，すべての個々のステークホルダーやステークホルダー・グループに奉仕しようとする．それに対して後者の理事会は，主権者＝所有者＝組合員＝出資者（資本提供者）の利益にのみ奉仕すればよいのであるから，主権者＝組合員と代理人＝理事会は各々，事業体から異なる報酬（利益）を期待することになり，事業体の諸資源の利用をめぐって食い違いが生じる．例えば，出資者である組合員は「富の最大化」を要求し，他方の経営管理を担当する代理人である理事会は「自己の報酬の増大」や「仕事の安定」それに「事業体の成長率の最大化」を要求する[17]．

　こうして一般に，協同組合はその事業あるいは事業体の最適なガバナンス・モデルとしてステークホルダー・モデルを採用するのであるが，しかし，このモデルにあっても，理事会はすべての個々のステークホルダーやステークホルダー・グループに協同組合の事業活動について正確な情報を可能な限り提供しなければならない，という条件が不可欠になる．この条件を常にクリアーすることによってはじめて，協同組合の理事会は，すべての個々のステークホルダーやステークホルダー・グループの異なる利害の調整を可能にし，さまざまな利害の提携を促進する諸制度の創出を可能にするのである[18]．

　しかしながら，それでもなお現実には，協同組合のさまざまなステークホルダーやステークホルダー・グループの間には「権限の差異に関わる限度」をはじめいくつかの「限度」が存在するのであって，それらの限度によって「情報の非対称性」が生じ，しばしばステークホルダー間での情報の不均衡が重大な問題となる．したがって，このことを克服し，すべての基本的（第1次的）なステークホルダーやステークホルダー・グループの利益を守るために「マルチステークホルダー・モデル」を協同組合のコーポレート・ガバ

ナンスに適用することが求められることになる．

③協同組合とマルチステークホルダー論

V.A.ペストフは，協同組合のコーポレート・ガバナンスにマルチステークホルダー・モデルを適用するよう主張する，最も体系的にマルチステークホルダー・モデルを論究してきた協同組合研究者である．ペストフによると，ステークホルダーは「ある企業の活動に利害関係を持つか，直接間接にそれによって影響を受けるさまざまな関係者」であり，「その企業に対して正当な請求権を持つ個人ないしは集団(グループ)」である．であれば，協同組合の場合は，組合員，職員，理事会，連合組織，コンソーシアム，財やサービスの供給者，地域コミュニティとその住民，地方自治体，それに協同組合と連携している他の非営利・協同組織などであろう．だが，これらのステークホルダーが求める「利益」はさまざま異なる．例えば，職員は「高い賃金」を，生協の組合員は「安い価格と高い品質」を，供給者は「高い価格と信頼できる取引き」を，地域社会とその住民は「より良い環境と生活の質の向上」を，というようにである．しかもこれらのすべての利益が諸資源の利用を必要とするのであるから，すべてのステークホルダーは正確で公正な情報に基づいてさまざま異なる利害を調整し，さまざまな利害の提携を促進する諸制度を発展させなければならない[19]．かくしてペストフは，マルチステークホルダー論こそ協同組合のような非営利・協同組織のガバナンスに最も適切に当てはまる，と強調する．なぜなら，異なる利害を持つステークホルダーはそれぞれ，協同組合における諸決定に参加できるよう要求することを通じてマネジメントの機能を変革させていくからである．すなわち，「各種のステークホルダーの間での対立やコストをコントロールしたり，抑えたりするのではなく，相異なる利害を提携させ，衝突の解消を図る道を探り出すことが，マルチステークホルダー・モデルにおけるマネジャー（経営執行理事）の主要な役割となる」からである．このことがさらに広くかつ深く進行すれば，「マネジメントは最早，意思決定プロセスにおいてステークホルダーとして振る舞う

ことができなくなり」，その結果，「協同組合の他のステークホルダーも同列に置かれることになるだろう．支配とコントロールは共同決定に取って代わられ，調整は参加と関与に取って代わられるであろう」[20]，とペストフは主張する．

しかしながら，実際には，協同組合の世界では組合員による利益の独占を擁護する「単一(シングル)ステークホルダー」論が依然として影響力を行使している．事実，協同組合では組合員こそが排他的な権利を有しているのである．例えば，農業協同組合（農協）は農業生産者としての組合員の利益を，消費者協同組合（生協）は消費者としての組合員の利益を，そしてワーカーズコープは労働者(ワーカー)としての組合員の利益を最優先あるいは独占しようとする．「彼らはこの排他的な組合員の権利によって他の集団(グループ)が協同組合内で所有権を要求するのを退(しりぞ)ける」[21]のである．このように，農協，生協そしてワーカーズコープにあっては「1つのグループだけが他のステークホルダーを考慮することなしに組織のすべての重要な決定を下す権利を主張する」ことが可能となる．だが，これは，「他のグループの利益を少しでも公式に認めてしまうと，所有者（組合員）にとっては損失とみなされる」ので，ある人の利益が他の人の損失とみなされる「ゼロサム・モデル」・「ゼロサム・ゲーム」と同じことを意味する．要するに，シングルステークホルダー・モデルは，私的企業であろうと協同組合や他の非営利・協同組織であろうと，企業や事業組織による財あるいはサービスの生産と販売に貢献した労働者や（組合員以外の）他の人びとに対する「権限と便益の不公平な分配」という結果をもたらすことになる．

これに対して，「多様なステークホルダーの貢献，利益，参加の正式な権利」を承認する「マルチステークホルダー組織」に基礎を置いている協同組合や他の非営利・協同組織は，多種多様なステークホルダーを包摂するのであるから，「ある人の利得が企業の共同生産(ジョイント)に貢献する人たちの損失を自動的に意味することはない」．それ故，マルチステークホルダー組織は，「組織の原動力をゼロサム・ゲームからプラスサム・ゲームへと変えるための制度

とみなされる」，とペストフは論じるのである[22]．ペストフがそう論じているように，実際のところ，協同組合の発展は本来，さまざまなステークホルダーの貢献によって達成されるのであるから，マルチステークホルダー・モデルに基づいたヒューマン・ガバナンスとしての「協同組合のコーポレート・ガバナンス」が真に実践され得るのであれば，次のようなペストフの論点は確かに首肯されるであろう[23]．

　マルチステークホルダー組織は，私的企業，社会的企業，協同組合，ボランタリィ組織を再編するのに強力な民主主義的動機と経済的動機の双方を与えることができる．マルチステークホルダー組織は，すべてのステークホルダー・グループの権利を承認するのであるから，経済民主主義を促進する．マルチステークホルダー組織は，ある組織の財とサービスの生産に貢献するすべての主要なステークホルダーに正当性と影響力とを与える．したがって，マルチステークホルダー組織は，その内部の意思決定構造の点で，シングルステークホルダー組織よりもずっと公正で民主的である．そのことはやがて，多くのステークホルダーの視点からすれば，正当性をさらに高めることに寄与するであろうし，ひいては財とサービスの生産に寄与する多くのステークホルダー・グループのさらなる誠実さ(ロイアリティ)を生み出すことになろう．というのは，それらのステークホルダー・グループはすべて，現に正式に承認された組織のステークホルダーとなるからである．マルチステークホルダー組織にあっては，すべての主要なステークホルダー・グループはその内部の意思決定機関に参加することによって自らの利害関係を内部化し，かくして，さまざまなステークホルダー・グループの取引き費用を引き下げるようになるのである．

ペストフのこの論点は，ヒューマン・ガバナンスに基礎を置く「協同組合のコーポレート・ガバナンス」のモデルとしてマルチステークホルダー・モ

デルが最も適合的であることを強調している．すなわち，彼は，ステークホルダー・グループにとって協同組合の事業活動における意思決定への参加こそステークホルダーの利害関係を調整し，内部化するのに決定的に重要であることを明らかにしているのである．

　では，意思決定への参加を通じて——ステークホルダー・グループの間で——調整され，内部化される利害関係はどうすれば具現化され，実質化されるのか．それは，何よりも協同組合の「コーポレート・ガバナンスの透明性」が確保されることであろう．協同組合の「コーポレート・ガバナンスの透明性」とは，一言で言えば，協同組合に関わるさまざまな情報がすべてのステークホルダーに平等，公正そして正確に開示され，提示されてステークホルダーの協同組合への信頼を確かなものにすること，これである．ステークホルダー・グループ間におけるいわゆる「情報の非対称性」が協同組合の不祥事の最大の原因であることは多くの協同組合人の知るところであろう．これを要するに，協同組合における情報開示のあり様が協同組合の事業活動と経営管理のあり様のみならず，ステークホルダー・グループ間の利害関係にも決定的な影響を及ぼすことから，平等，公正そして正確な情報開示こそ，協同組合のコーポレート・ガバナンスにおいては第一義的な課題なのである．

　協同組合にとって，説明責任を含めた，平等，公正そして正確な情報開示は，最大多数を占めるステークホルダー・グループである組合員だけでなく協同組合の職員や供給者など他のステークホルダー・グループにも，さらには近い将来組合員となる彼・彼女たちにも，現に協同組合の事業と運動が果たしている経済-社会的役割とそれが目指す未来像とを広く理解し認識してもらうと同時に，協同組合が高いモラルに裏打ちされた理念と制度とに基づいて事業と運動を展開している有意味な社会的存在であることを承認してもらう重要な手段の1つである．一般に，株式会社をはじめとする営利企業はその経営内容の評価を市場に委ねて事後的に知るのに対して，協同組合——特に生協，農協それにワーカーズコープ——は，本来的に，それらの経営内容の評価を「内部化された市場」によって直接知ることが可能となる，とい

う協同組合の有利性をもっている．とはいえ，協同組合がこの有利性を活かすためには，組合員はじめとするステークホルダーの経済的参加による「市場の内部化」と，彼・彼女たちの「意思決定への参加」を基礎とする「協同組合の特徴的性格」とを結びつける「協同組合教育」を多種多様な方法で実践しなければならない．この教育は，協同組合とマルチステークホルダーとの間の相互作用をもたらし，またそうすることで両者の相互依存を高めることになる．こうして，協同組合の有利性を活かすためのさまざまな方法が事業を通じてなされる運動によって創り出されるのである．

　協同組合は，私たちが日々の生活のなかでお互いに協力し協同するさまざまな機会を提供することにより，教育や保健・医療など福祉を享受する権利，生態系・環境を保護するための規制，それに文化的資源を活かしていく条件や物質的資源を公正に分配する条件といった「基本的な社会の枠組み」を維持したり，あるいはまたシチズンシップのコアである「自治・権利・責任・参加」を基礎とするヒューマン・ガバナンス（人間的統治）が創り出す「新しい社会秩序」を形成したりするのに役立つ諸条件を（事業を通じて）再生産する，という社会役割を果たしているのです．協同組合によるこのような社会的役割の実践的プロセスを私たちは「協同組合運動」と呼んでいます[24]．

この引用文が示唆しているように，協同組合に内在する固有の有利性を真に具体化し，実質化していくためには，協同組合の事業を通じてその「社会的役割」を実践していく協同のプロセスに組合員をはじめとする多様なステークホルダーを包摂しかつ統合していくことが求められる．われわれはこれを「協同の倫理」と呼んでいる．協同組合教育は，その意味でも，この「協同の倫理」を社会的により深化させていく役割を担うのである．

(3) 協同組合とコミュニティ

　マルチステークホルダー論は，ステークホルダーとして，協同組合の組合員や職員といった人たちのグループだけでなく，協同組合の事業と運動が拠って立つ地域コミュニティをも包含している．イギリス近代協同組合の創始であるロッチデール公正先駆者組合の歴史を紐解くまでもなく，現代においてもなお協同組合と地域コミュニティは——時期や状況によってその濃淡があるとはいえ——相互依存の関係を保ち続けてきている．またイギリスの非営利・協同組織の事業体である社会的企業がその事業の目的として「雇用の創出」と「地域コミュニティの再生」を謳っているように[25]，協同組合のような非営利・協同組織もまた常に「地域コミュニティのニーズを満たす」ことを主要な事業的目的の一つだと位置づけている．例えば，スコットランドのコミュニティ・ビジネスを束ねているCBSは，1970年代後半以降に地域コミュニティで展開された——コミュニティ協同組合を含む——コミュニティ・ビジネスを「地域コミュニティによって設立され，地域コミュニティによって所有・管理され，地域コミュニティの人たちのために自立した仕事（雇用）の創出を目指し，かくして，地域コミュニティの発展のコアとなることを目指す事業体である」，と定義している．

　このように，協同組合や他の非営利・協同組織は，本来的に地域コミュニティと相互依存の関係にあり，したがって，地域コミュニティにおいて生活し労働している人びとのために「生活と労働の質の向上」を通じて「地域コミュニティの質の向上」を促しかつ実現する機能を遂行し，その役割を果たすのである．こうして，協同組合や他の非営利・協同組織は，地域コミュニティへの人びとの帰属意識を醸成し，生活世界において協力し協同することの自己意識を，相互に助け合うことの自己意識を，すなわち，社会包摂的な自己意識をつくりだすのである．ヘーゲルはこれを「承認の必要性」と呼び，「個人は自らが他者によって承認されることによってはじめて幸福に導かれる」と主張した．だが，ヘーゲルにとって「承認の必要性」は与えられるのではなく闘い取るのであり，この「承認を求める闘い」によってはじめて

「対等平等な人びとの間での相互の承認のための秩序」が創り出される，と彼は論じたのである．

しかしながら，他方でまた，そのまさに帰属意識を醸成する個々人の願望やニーズによって生み出される個人主義が地域コミュニティを破壊してしまう危険性を回避し，かつ地域コミュニティを適切に機能させるために──協力・協同，助け合い，互酬性，社会的包摂を基礎とした──次の7つの条件を個々の構成員1人ひとりが理解し自己意識化し，それを確たるものにしていかなければならない[26]．

(1) 積極的参加(コミットメント)の意識を高める：コミュニティの構成員は，コミュニティがその機能を有効に発揮できる活力(パワー)を持続させるよう努力する．

(2) 構成員間の利害を両立させ得る方法を熟知する：コミュニティにおいて異なる役割を担っているさまざまな人たちのアイデンティティや協力関係を理解するために，彼・彼女たちが何を考え，何を構想しているかを構成員同士が相互に可視できるようにする．

(3) 構成員は，コミュニティにおいて自分のニーズ，意見，判断を明確に主張する能力を高める．

(4) コミュニティにおいて生起する構成員間の対立や衝突が構成員によってオープンかつ建設的に取組まれる手順や手法を創り出す．

(5) 構成員間のコミュニケーション（対話・議論）のオープンチャンネルを維持する．

(6) 構成員間の相互の触れ合い（情報交換）や意思決定を容易にするシステムを促進する．

(7) より広い範囲の社会との関係をマネージングする．

これらの7つの条件は，地域コミュニティに限らず，個人と（国家のような）政治的コミュニティの間に位置する「中間組織」──あるいは「中間集団」──としての協同組合やアソシエーションのようなある特定の目的のために組織されたコミュニティにも適用することができる．この中間組織（中間集団）は「個人の利害関心や価値志向に応えるとともに，社会全体の秩序

を維持する機能をもつ」ことから,「地域などの再生にむけた協働を通じて人びとの間に形成される関係」をより深く, より厚く, より奥行きのあるものにしていく働きをするのであって[27], それ故にまた, この組織・集団を構成している個々人は対等平等な「構成員の資格(メンバーシップ)」を正式に享受するのである.このことは, 前に述べたように,「個人は一人ひとり人種・民族, 宗教, 階級, ジェンダー, あるいは他の独自のアイデンティティによってあらかじめ決定されることなく, 自分自身の生活について判断を下す能力のあることを承認する」シチズンシップを意味するのである. その点で, シチズンシップとコミュニティは密接な関係にあるのであって, シチズンシップ——あるいは「市民というステータス」——は常にわれわれに「より広いコミュニティに包含される『包摂の意識』を示唆する」のである[28].

こうして見てくると, シチズンシップ——あるいは「市民というステータス」——とは, ある個人が「コミュニティに貢献することが承認される」と同時に市民である彼や彼女に「個人の自治」が与えられ, そしてその自治が「権利を行使する人たちによる政治的媒介(エイジェンシィ)(行動)の承認を意味する一連の諸権利に反映される」ことを意味するのである. 換言すれば, シチズンシップと上意下達の承認受諾関係とを明確に区別すること——あるいは上意下達の承認受諾関係を拒否すること——それが「参加の倫理」なのだ, ということである. その意味でまた, シチズンシップは, 決して「受動的なステータス」ではなく,「能動的なステータス」なのである. 要するに, コミュニティの構成員である市民は「自治権を有する個人」であり, また「統治能力のある自律的な個人」であり, したがってまた,「自発的責任の意識を有する個人」であることによって, われわれは「安定した人間的なコミュニティ」としての協同組合を想像することができるのである. ここに,「自治・権利・責任・参加」というシチズンシップのコアを協同組合のヒューマン・ガバナンスの優れた基礎だとわれわれがみなす理由がある[29].

ガバナンスは一般に「社会秩序を創り出し, それを維持し, また物質的資源を分配し, 文化的資源を活かしていく, という人間本来の要求に関係す

る」[30]と前に述べておいたが，このことはコミュニティとしての協同組合のガバナンス――ヒューマン・ガバナンス――にも当てはまる．それ故，協同組合のガバナンスにはガバナンス一般と異なる諸点がある．それは何よりも，協同組合のガバナンスがシチズンシップの特徴を共有している点にある．すなわち，次のように表現することができる．

　シチズンシップは，すべての市民に「権利の行使」の意識だけでなく「責任の履行」の意識も育みかつ高めるよう促すことを通じてシチズンシップの確立と拡充とに必要な諸条件を再生産するよう求める．このことは市民の「個人的な行為と社会的な実践との相互依存」を彼ら市民に明白に意識させることを意味する．協同組合も同様であって，協同組合ガバナンスの最も重要な要素の１つは，組合員や職員それに供給者などのステークホルダーに彼らの「個人的行為の社会的文脈」を再確認させることである．この再確認によって市民である彼・彼女たちはコミュニティとしての協同組合と地域コミュニティとの関係を意識するのである．

では，コミュニティとしての協同組合は地域コミュニティとどのような関係にあるのだろうか．その１つのヒントは「地域コミュニティにおける市民の責任とは何か」である．じつは，それは「市民」の権利と責任の関係と「協同組合」のヒューマン・ガバナンスとを重ね合わせて考えることによって理解できる．すなわち，

　地域コミュニティで生活し労働する市民の「地域コミュニティに責任を負う」意識は，健全で活気に満ちた地域コミュニティが人びとの間に安全・安心の意識を生み出して，活発な経済的，社会的な活動を展開する意識を促し，健康管理(ヘルスケア)の施設を備え，教育の機会を常に用意し，その結果，適切な人口規模を維持する，という意識をより確かなものにしていくことである[31]．

これはレイドロー報告の第4優先分野「協同組合コミュニティの建設」を要約的に表現していると言ってよい．シチズンシップのコアである「自治・権利・責任・参加」を基礎とするヒューマン・ガバナンスの枠組みの持続可能性を追求する協同組合は，シチズンシップと同じように，機能的でダイナミックなアイデンティティを尊重する．換言すれば，市民としての協同組合の組合員と職員それに他のステークホルダーは「創意に富んだ行為者として自らのシチズンシップを表現する新たな方法を常に見いだそうとするので，市民とコミュニティの変化するニーズと願いに応えるための新たな権利，義務そして制度を組み立てる」[32] 共同の責任を履行するのである．その意味で，協同組合の理念は本来的に異議申し立て的なのである．

(4) 協同組合と社会関係資本（社会的資本）

シチズンシップと民主主義の密接な関係は，それが権利と責任を結び合わす「参加の倫理」を民主的で人間的なガバナンス・システムの中心軸に据えることから，協同組合の事業と運動にとって極めて重要な作用点となる．協同組合の事業と営利企業の事業との明確な相違はまさにそこにある．なぜなら，シチズンシップを協同組合の事業と運動のなかに採り込み，埋め込んでいくことは，制度やシステムの多元性を認識し，人びとのアイデンティティの多元性を考慮し，尊重することでもあるからだ．これは，人びとが「自己」をどう捉え，どう認識するか，ということと関係する．そこで，社会関係資本（社会的資本）の研究を通じてシチズンシップと民主主義との関係を追究してきたロバート・パトナムの「信頼・規範・社会ネットワーク」という社会関係資本に言及することで，シチズンシップと民主主義の関係について簡潔に論じることにしよう．

パトナムは「社会関係資本」についてこう説明している[33]．

> 信頼，規範，ネットワークのような社会関係資本の1つの特色は，通常は私的財である資本と違い，通常は公共財である．「全員がそこに埋

め込まれている社会構造の一属性としての社会関係資本は，社会関係資本から利益を得る誰かの私的財でもない」．あらゆる公共財と同じように，社会関係資本は私的行為の主体からは軽視されたり，十分に供給されなかったりする傾向にある．例えば，信頼してよい人物という私の評判は，私ばかりかあなたの利益にもなる．なぜなら，信頼を信じてよいのであれば，あなたも私も相互に利益を得られるよう協力できるからだ．だが，信頼に足る，という私の評判があなたに与える利益——反対に，信用できる相手ではないという私の評判があなたに課すコスト——を私が軽く見ると，私は信頼の形成にあまり力を注がなくなる．このことは，他の形態の資本と違って，社会関係資本はしばしば，他の社会的諸活動の副産物として生み出されなければならないことを意味するのである．

　見られるように，信頼や規範それにネットワークといった社会関係資本は，私的利益を獲得するために所有される「私的財」とみなされるのではなく，地域コミュニティや一般の人びとに社会的な利益をもたらす「公共財」とみなされるので，「私的行為の主体」からはしばしば軽視されたり，十分に供給されなかったりする．したがって，もし各人が「信頼」という公共財によって生みだされる社会的利益を軽視するのであれば，各人は「信頼」という公共財の形成に関心を注がないことになってしまう．それ故，社会関係資本は人びとの相互の協力を必要とする社会的諸活動の「副産物」として生み出されるのだと認識されなければならない，とパトナムは社会関係資本を説明している．

　パトナムによる社会関係資本のこのような説明から分かるように，彼は「信頼」を「社会関係資本の1つの本質的な構成要素」と考えており，それは，彼がイタリアの「市民的地域」を長期にわたって観察して得られた結論の1つであった．「イタリアの市民的地域においては，社会的信頼は長い間エートスの重要な鍵的要素であり，経済のダイナミズムや（地方）政府のパフォーマンスを支えてきた」との彼の主張がそのことを言い表している．パ

トナムにとって，社会的「信頼」はまさに，エートス，すなわち，「(市民の）主体的選択に基づく行為性向」（M. ウェーバー）としての「協力」・「協同」関係であり，またその「信頼」が市民同士の「協力」・「協同」関係をより円滑にすることによって，「協力・協同それ自体が信頼を育てる」，ということになるのである[34]．

パトナムはまた，「社会関係資本の構築は容易ではないが，社会関係資本は，民主主義が巧(うま)くいくための鍵となる重要な要素である」[35]と言う．彼のこの主張は，「社会関係資本と民主主義は相互作用的（相互協力的）である」と言わんとしているようである．そうだとすれば，それでは，パトナムの民主主義の定義はどのようなものであるのだろうか．しかし，残念ながら，彼の「民主主義の定義」がわれわれにはどうにも不明瞭なのである．彼の名著 Making Democracy Work（日本語訳『哲学する民主主義』）における限りでは，彼は「民主主義」と「市民的コミュニティにおけるシチズンシップ」を同義のものとみなしているようである．例えば，彼は，「市民参加」との関連では，「市民的コミュニティにおけるシチズンシップは，何よりもまず，公的関心事(パブリック・アフェアーズ)への積極的参加によって特徴づけられる」と述べている．この「市民参加」は彼の社会関係資本の1つである「規範」の実体でもあるが，より正確に言えば，それは「市民の積極的参加」，すなわち，「参加の倫理」を意味しているのである．また「政治的平等」との関連で彼は，「市民的コミュニティにおけるシチズンシップにあっては，平等な権利と義務とがすべての人に必然的に伴う．そのようなコミュニティは，権威や依存（従属）といった垂直的関係によってではなく，互恵と協力といった水平的関係によって結びつけられる．市民は，保護者(パトロン)やお客様(クライアント)としてでもまた統治者(ガバナー)や嘆願者(ペティショナー)としてでもなく，平等な人間として相互に影響し合い，協力し合うのである」，と論じている[36]．

(5) シチズンシップと民主主義

しかしながら，パトナムによるこのようなシチズンシップの説明の限りで

は，彼の「民主主義」概念はなお，われわれには不明瞭なままである．そこで，「協同組合と社会関係資本」の文脈を理解するために再びK.フォークスに登場してもらうことにする．フォークスのシチズンシップ論が「シチズンシップと民主主義の相互関係」を分かり易く解説してくれるからである．フォークスはシチズンシップと民主主義の相互関係について次のように主張する[37]．

　互恵的な権利と責任という形での市民同士の結びつきは，少なくとも2つの方法によって政治的コミュニティ（国家）を支える．第1の方法は，市民は社会の構成員として連帯を構築する，というものである．ここで重要なのは，ガバナンスの制度のあり方によって結びつくさまざまな個人同士の連帯とコミュニタリアン理論が暗示する息苦しい従順とを区別することである．第2の方法は，シチズンシップの遂行が一連の教育的な過程である，というものである．個々人はこの2つの方法を実践することによって政治活動の技巧（テクニック）を学ぶのである．このことはシチズンシップと民主主義との密接な関係を認識することを意味する．実際のところ，シチズンシップは民主主義の前提条件とみなされるのである．権利と責任が――たとえ公式的にはガバナンスの構成要素でないにしても――ガバナンスの民主的システムに必ず含まれるのは，民主主義には平等な「参加する権利」という理念が必ず伴うからである．民主主義はまた，例えば，「言論の自由」の権利，「結社の自由」の権利，「異議を唱える自由」の権利といった「意見の表明」に必要な市民権が伴う．逆に言えば，民主主義は政治的組織体としての国家（ポリティ）のメンバーシップを「従属的身分」から「市民の身分」に，すなわち，シチズンシップに変えるのである．個人一人ひとりを自己統治することができる自治的で自律的な行為者と認識することによってはじめて，積極的なシチズンシップが可能となるのである．

シチズンシップと民主主義の相互関係を理解するためには，個々の市民が自主的に連帯を構築することと，彼・彼女たちがシチズンシップの実践を通じて政治活動のテクニックを学ぶことが重要である，とのフォークスの主張は「協同組合と民主主義の濃密な関係」を理解することにも当てはまる．すなわち，協同組合と民主主義の濃密な関係は，何よりもまず，協同組合ガバナンスの民主的システムには——相補的関係にある——「権利と責任」を基礎とする「参加の権利」——あるいは「参加の倫理」——という理念が必ず伴うことによって創り出されかつ維持されるのであり，したがってまた，協同組合の「自治・権利・責任・参加」に即した民主的諸制度やシステムが構築され，さらにその民主的諸制度やシステムに即したメカニズムが効果的に機能し，作用することにより「協同組合と民主主義の濃密な関係」が持続可能となるのである．

協同組合と民主主義の関係をこのように捉えるならば，協同組合は，メンバーシップを有するステークホルダーとしての組合員だけでなく職員や供給者など他のステークホルダーも「自己統治することのできる，自治的で自律的な行為者として承認する」ことによって，「積極的シチズンシップ」を持続的に展開することを可能にするであろう．かくして，フォークスは，「シチズンシップと民主主義」の相互関係をそのように理解することの意味を次のように述べて「民主主義の定義」を示唆するのである[38]．

> このことが論理的に含意していることは，大多数の人たちが共に生活できるよう差異を認識し，民主主義の諸制度をそのための政策決定にまで辿り着く唯一可能な方法として擁護することなのである．民主主義は普遍的な真理を達成しようとするのではない．そうではなく，民主主義は多様な市民同士の間の関係を築いていこうと努力することなのである．

民主主義についてのフォークスの示唆は協同組合の事業と運動にとって大いに有用である．なぜなら，民主主義の理念は，「政治的な公的世界」，すな

わち，公的領域だけでなく，「非政治的な私的王国」，すなわち，「力（権力）関係」を伴う私的領域においても適用されることになるからである．実際のところ，歴史的な文脈は，市民の生活世界を「公的」と「私的」とに分割することそれ自体が「男性たちの利益に肩入れする政治的構成要素である」ことを明らかにしている．フェミニストたちは「このような分割は家庭生活においてしばしば起こる，特に女性や子どもたちに対する暴力を世間の注視から覆い隠す効果を持つ」と主張してきた．それ故，全体論的(ホリスティック)な観点からすれば，シチズンシップの重要な側面は「シチズンシップの目的をこの私的領域に適用することである」[39]．このことは市民生活にとって極めて重要である．なぜなら，市民である個人1人ひとりがシチズンシップを深く意識することは，一方での「人間としてのアイデンティティ」と他方での「市民としてのアイデンティティ」との間にはっきりした分割などあり得ないことを市民である個々人に意識させるからである[40]．協同組合の事業と運動が協同組合人1人ひとりに「シチズンシップを深く意識する」よう求めるのはこの意味においてに外ならない．

(6) 協同組合とシチズンシップ

近代協同組合運動の歴史は，協同組合人たちが「自治」と「参加」に基づいて公的領域と私的領域の双方において「権利の行使」と「責任の履行」とを推し進めてきた歴史でもある．かつて両者は，前者の公的領域が「理性が支配する厳密に公共の事柄」を取り扱う公共世界とみなされ，後者の私的領域が「家族生活と需要・供給の法則によって支配される市場交換とに基礎を置く」生活世界とみなされていたことによって明確に分割されていた．したがってまた，前者は「政治的な公的世界」であり，それに対して後者は「非政治的な私的世界」であるとみなされたのである．このように社会を公的-私的に分割することに対して，協同組合人は——「公と私の分割はまったく不要である」と必ずしも考えなかったとはいえ——社会を「公的」と「私的」に分割することを避けて「権利と責任の相補的関係」という理念を優先

させることによって人間関係全般にシチズンシップを適用するよう努力してきたのである．換言すれば，協同組合人は，公的であろうと私的であろうと，シチズンシップが内包する諸関係は「われわれが関係を持っているすべての人たちの権利を尊重し，彼・彼女たちに対するわれわれの責任を履行するよう求めるのだ」と考えてきたのである．こうして協同組合人は，協同組合アイデンティティを創り出し，育んでいこうと努力するプロセスで「自治・権利・責任・参加」をコアとするシチズンシップを協同組合の事業と運動に採り込んできたのである．

にもかかわらず，「協同組合とシチズンシップ」の関係について論及する際にしばしば看過されてしまう重要な側面がある．それは，「協同組合の事業と運動は市場と密接に関係している」ということであるが，「重要な」という意味は，「市場はわれわれの社会秩序の枠組みを支える1つの重要な構成要素である」ということであり，それ故にこそ，そのことは，「社会は，すべての市民が市場にアクセスできる諸条件を備えておかなければならない」ことをわれわれに教えているのである．既に本論（231頁）で引用したように，アマルティア・センは，「市場と民主主義」の関係について，「市場メカニズムが大きな成功をおさめることができるのは，市場によって提供される機会をすべての人たちが合理的に分かち合う条件が整備されている」こと，また「それを可能にするためには，基礎教育の確立，最低限の医療施設の整備，それから土地資源が農業従事者にとって欠かせないものであるように，あらゆる経済活動のために不可欠な資源を広範囲に分かち合い，自由に利用できることなどが実現されなければならない」こと，したがって，「学校教育，医療，土地改革など」を充実させ，そのために「適正な公共政策も必要とされる」ことを絶えず主張してきた[41]．われわれは，彼のこの「市場民主主義論」が人びとの日常の「生活世界」をより豊かでより安全なものに進化させていくための「必要条件」の提起である，と認識すべきである．その点で――アマルティア・センが主張するように――協同組合の事業と運動は「市場と民主主義」の関係を多面的，複眼的に追究していくよう求められ

ることを協同組合人は意識しなければならない．こうして，協同組合の事業と運動が「市場の内部化」を可能とし，協同組合の「市場民主主義」を普遍化させていく社会的役割を遂行するのである．

　繰り返すが，市場はわれわれの社会秩序の枠組み構成する１つの重要な要素であるのだから，すべての市民が市場にアクセスできる諸条件を備えてはじめて市場は合理的に機能するのであり，そうしてはじめてわれわれ市民は「あらゆる経済活動のために不可欠な資源を広範囲に分かち合う」ことが可能となるのである．しかし，重要なことは，「市場」は「社会的秩序の枠組みの重要な構成要素」ではあるが，その「市場」を「合理的に機能するよう支えている」のはわれわれ市民だという事実である．それは，すべての市民が市場にアクセスできる諸条件を整えることが不可欠である，ということでもある．そのような観点から，協同組合の事業と運動の経済-社会的な機能と役割を考えると，協同組合は，アマルティア・センの言う意味での「市場民主主義」をソーシャル・ミッション（社会的使命）とすべきである，とわれわれは主張したい．もしそうであるならば，協同組合のソーシャル・ミッションは必ずや，市民であるわれわれをして，公的領域においても私的領域においても，「協同の倫理」と「参加の倫理」とを促進する持続可能な民主的統治システムを常に追求し，したがってまた，「シチズンシップと民主主義との密接な関係」に常に関心を払うことによって，市民の「権利と責任」の対立ではなく，その相補性を承認し，以てわれわれ市民がわれわれのコミュニティを持続可能なコミュニティにしていくためにより大きな責任を自発的に受け入れるよう承認するのである．市民が行使する一連の権利は，市民が享受する自治と市民が履行する責任の反映に外ならないのであるから．

　注
1)　第27回ICAモスクワ大会関係資料（未定稿）より．なお，このレイドロー報告概要の説明演説については，拙論「協同組合の哲学―協同組合は『未来の歴史』を書くことができるか―」（中川雄一郎・JC総研編『協同組合は「未来の創造者」になれるか』家の光協会，2014年5月，所収）を参照されたい．

2) 同上．同上拙論を参照されたい．
3) 詳しくは，拙著『キリスト教社会主義と協同組合：E.V. ニールの協同居住福祉論』（日本経済評論社，2002年）の「補遺 II A.F. レイドローの協同組合セクター論」を参照されたい．
4) Ian MacPherson, "Views from a Generation Later: Reflections on Alexander Laidlaw's Co-operatives in the Year 2000", *NIJI*, Co-operative Research Institute, 2010 Spring, No. 629.（和泉真理訳「一世代を経て：『レイドロー報告』再考」協同組合経営研究誌『にじ』協同組合経営研究所，2010年春号，No. 629）
5) アマルティア・セン著・大石りら訳『貧困の克服』集英社，2002年，22-23頁．
6) James Halteman and Edd Noell, *Reckoning with Markets:Moral Reflection in Economics*, OUP, 2012, p. xiv.
7) Keith Faulks, *Citizenship*, Routledge, 2000, p. 152.（中川雄一郎訳『シチズンシップ』日本経済評論社，2000年，227頁）
8) 日本協同組合学会訳編『21世紀の協同組合原則：ICA アイデンティティ声明と宣言』日本経済評論社，2000年，49頁．
9) A.F. Laidlaw, *Co-operatives in the Year 2000*, International Co-operative Alliance, 39-41頁．（日本協同組合学会訳編『西暦2000年における協同組合［レイドロー報告］』日本経済評論社，1989年，104-108頁）
10) *Ibid*., pp. 41-43.（同上，109-113頁）
11) *Ibid*., p. 33.（同上，86頁）
12) 水口剛「企業の社会的責任ブームの陥穽と CSR 報告書の可能性」生協総合研究所編『社会的責任経営と生協の課題―「生協の社会的責任評価と報告研究会」報告書―』生協総研レポート No. 45, 2004年9月, 17-18頁．
13) ロジャー・スピア「協同組合におけるコーポレート・ガバナンスと社会的評価」（財）生協総合研究所主催・ロジャー・スピア救済樹招聘特別セミナー，1998年2月6日，2-16頁．
14) 日本協同組合学会訳編『21世紀の協同組合原則：ICA アイデンティティ声明と宣言』日本経済評論社，2000年，16-17頁．
15) Victor A. Pestoff, *Beyond the Market and State : Social Enterprise and Civic Democracy in a Welfare Society*, Ashgate, 1998, p. 107.（藤田暁男・川口清史・石塚秀雄・北島健一・的場信樹訳『福祉社会と市民民主主義：協同組合と社会的企業の役割』日本経済評論社，2000年，130頁）
16) V.A. Pestoff, *op. cit*., pp. 107-108.（前掲書，131頁）
17) *Ibid*., p. 108.（同上，131-132頁）
18) *Ibid*., pp. 108-109.（同上，133頁）
19) *Ibid*., p. 108.（同上，133頁）
20) *Ibid*., p. 110.（同上，135頁）
21) *Ibid*., p. 112.（同上，137頁）

終章　未来へのメッセージ

22) *Ibid.*, p. 113.（同上，138 頁）
23) *Ibid.*, pp. 113-114.（同上，139-140 頁）
24) 中川雄一郎・杉本貴志編著『協同組合を学ぶ』日本経済評論社，2012 年，174 頁.
25) 中川雄一郎『社会的企業とコミュニティの再生』（第 2 版）第 4 章「社会的企業の定義とビジョン」（大月書店，2007 年）を参照されたい．
26) Leonard A. Jason, *Community Building: Values for a Sustainable Future*, Praeger, 1997, p. 74.
27) 伊豫谷登士翁・齋藤純一・吉原直樹『コミュニティを再考する』平凡社新書，2013 年，22-23 頁．
28) Keith Faulks, *op. cit.*, p. 4.（前掲書，5 頁）
29) *Ibid.*, pp. 4-5.（同上，6-7 頁）
30) *Ibid.*, p. 5.（同上，7 頁）
31) Leonard A. Jason, *op. cit.*, p. 71.
32) Keith Faulks, *op. cit.*, p. 6.（同上，8 頁）
33) Robert D. Putnam, *Making Democracy Work: Civic Traditions in Modern Italy*, p. 170.（河田潤一訳『哲学する民主主義』NTT 出版，2001 年，211 頁）
34) *Ibid.*, pp. 170-171.（同上，211-212 頁）
35) *Ibid.*, p. 185.（同上，231 頁）
36) *Ibid.*, pp. 87-88.（同上，105-106 頁）
37) Keith Faulks, *op. cit.*, pp. 110-111.（前掲書，164 頁）
38) *Ibid.*, p. 111.（同上，165 頁）
39) *Ibid.*, p. 124.（同上，185-186 頁）
40) *Ibid.*, p. 124.（同上，186 頁）
41) アマルティア・セン著・大石りら訳，前掲書，22-23 頁．

執筆者紹介（章順，＊は編者）

杉本貴志＊（序章，第1，2章）関西大学商学部教授
秋葉武（第3章）立命館大学産業社会学部教授
相澤浩也（第4章）全労済協会主任研究員
大高研道（第5章）聖学院大学政治経済学部教授
川島美奈子（第6章）静岡英和学院大学人間社会学部教授
伊丹謙太郎（第7章）千葉大学大学院特任研究員
中川雄一郎＊（終章）明治大学政治経済学部教授

協同組合 未来への選択

2014年5月25日　第1刷発行　　定価（本体2200円＋税）

編　者　　中　川　雄　一　郎
　　　　　　杉　本　貴　志
監修者　　全　労　済　協　会
発行者　　栗　原　哲　也
発行所　株式会社　日本経済評論社
〒101-0051　東京都千代田区神田神保町3-2
電話 03-3230-1661　FAX 03 3265 2993
E-mail: info8188@nikkeihyo.co.jp
URL: http://www.nikkeihyo.co.jp/
装幀＊渡辺美知子　　印刷：太平印刷社　製本：根本製本

乱丁・落丁本はお取替いたします．Printed in Japan ISBN978-4-8188-2328-0
© Y. Nakagawa and T. Sugimoto el al. 2014
・本書の複製権・譲渡権・公衆送信権（送信可能化権を含む）は㈱日本経済評論社が保有します．
・JCOPY　〈(社)出版者著作権管理機構 委託出版物〉
本書の無断複写は，著作権法上での例外を除き禁じられています．複写される場合はそのつど事前に(社)出版者著作権管理機構（電話 03-3513-6969，FAX 03-3513-6979，e-mail: info@jcopy.or.jp）の許諾を得て下さい．

協同組合を学ぶ
　　　　　　　　中川雄一郎・杉本貴志編　本体1900円

明日の協同を担うのは誰か
　―基礎からの協同組合論―
　　　　　　　　　　　　佐藤信著　本体3000円

共済事業とはなにか
　―共済概念の探究―
　　　　　　　　　　　　相馬健次著　本体3800円

未来を拓く協同の社会システム
　　　　　　小木曽洋司・向井清史・兼子厚之編　本体3200円

都市に村をつくる
　―『協同組合コミュニティ』に根ざした国づくりのために―
　　　　　　　　　　　　石見尚著　本体1800円

大学生協のアイデンティティと役割
　―協同組合精神が日本を救う―
　　　　　　　　　　　　滝川好夫著　本体2500円

現代共済論
　　　　　　　　　　　　押尾直志著　本体4000円

シチズンシップ―自治・権利・責任・参加―
　　　　　　キース・フォークス／中川雄一郎訳　本体3200円

協同組合の社会経済制度
　―世界の憲法と独禁法にみる―
　　　　　　　　　　　　堀越芳昭著　本体2500円

欧州の協同組合銀行
　　　　　　　　斉藤由理子・重頭ユカリ著　本体3600円

非営利・協同システムの展開
　　　　　中川雄一郎・柳沢敏勝・内山哲朗編著　本体3400円

21世紀の協同組合原則
　―ICAアイデンティティ声明と宣言―
　　　　　ICA編／日本協同組合学会訳編　本体1400円

日本経済評論社